目录

第一章

传说时代：贪人初现，反腐靠舆论监督

世界上什么东西可以恒久不变？不要说是爱情，山盟海誓亦会分开。也不要说是高山和大海。随着时光的飞逝，曾经沧海变桑田、万仞高山成小丘。

经久不变或许唯有人的发展。从一万年前的茹毛饮血、树叶蔽体，到今天的上九天揽月、下五洋捉鳖，文明高度发达，呈现出螺旋式的跃升。但人性的很多方面，依然停留在史前大洪荒时代。贪婪、虚伪、凶残，与兽性共有的阴暗面，就像难以驱除的鬼魂，一直任性地附着在人类身上，丝毫没有进化。

在人猿作揖告别的那一刻，人性不但没有与兽性彻底决裂，反而滋生了最高级灵长类所独有的丑陋现象——腐败，并伴随着整个文明历程。

腐败，算得是文明社会的难医之疾。

腐败是什么？简单而言，腐败就是贿赂。贿赂是和财富一齐到来的。腐败就是利用最丑恶的手段去掠取财物。腐败，从贪污贿赂、索贿受贿、挪用公款、买官卖官等显性腐败，到性贿赂、感情贿赂、替代行为贿赂、期权贿赂等隐性贿赂，属于人类的另类创新，随着文明的进步，名目愈加繁多，花样翻新，层出不穷。

在敲敲砸砸的原始社会，大家手中只有木棍，天一亮就腰扎树叶，一起出去打猎。夜幕降临，围着篝火平分食物。人们淳朴得像大文豪鲁迅笔

下的闺土，根本就没有私有、财富的观念。夜里男女混居，性贿赂、感情贿赂更是画蛇添足。

那个时代，人们平等相处、知足常乐，正如孔子所说的，“大道之行也，天下为公”——大家都尽心尽力于公益事务，平静的日子如同一弯缓缓东流水，贪污、腐败、贿赂无从谈起。

到了文明的前夜，原始社会的末期，随着生产品的剩余和财物的积累，私有制和阶级应运而生。江苏邳县刘林的大汶口文化遗址中，大部分墓葬没有任何殉葬品。但是有一个规模超大的老妇人墓葬，随葬品特别丰富，不但有数量众多的殉葬猪头骨，还有精致的项链、玉戒指、玉臂环、象牙头梳，洁亮的陶器等等。另一座双男子墓葬发现了带骨角柄的獐牙钩形器、象牙雕筒、殉葬狗等众多的物品，跟其他的墓葬不可同日而语。

这个时期，中原大地上是传说中五帝时代的后期。孔子如是说，“大道初隐，天下为家，各亲其亲，各子其子。货、力为己。”社会上已经出现等级分化，有权有势者巧取豪夺，贪婪和凶残初现，贪人终于冒尖了，腐败也渐露端倪。

五帝时代伊始，实行古老的民主制度——禅让制，天下惟能者居之。五帝之首黄帝不愧为人文始祖，他领导得法，华夏先民不但有房、有车（宫室、车船），而且有保健（《黄帝内经》）、有娱乐（发明音律），开始过上小康生活。日子甜甜蜜蜜的，车水马龙、夜夜笙歌。更令人敬佩的是，“轩辕有明台之议”，黄帝不搞独裁，经常在明台召开民主生活会，大行舆论监督。故而黄帝时期成了历史记忆中最美好、最清宁的时期，远古淳朴遗风依旧在，贪污腐败的杂草深深埋藏在土壤之下，不敢露出苗尖。

黄帝之后的颛顼时代，大道既隐，贪恶初现。在部落联盟中有个共工氏，他的家族世代都担任方伯，负责治理水患。但是共工氏“为诸侯之强”，横行霸道，谁也管不了。《国语·周语》说，“昔共工弃此道也，虞于湛乐，淫失其身，堕高湮庳，以害天下。”——共工氏肩负安民重责，却出了不才子，骄奢淫逸，堕落腐化，在治理洪水灾害时也是乱搞一通，铲平高地、填埋低洼，洪水依然泛滥成灾。更有甚者，共工氏公然挑战颛顼的领导权威，企图另立中央，闹分裂。颛顼不得不以暴制暴，把共工氏赶到荒凉的大西北去，结果共工氏怒触不周山。作恶多端的共工氏不才子甚至在死后还变成疫鬼，继续残害百姓。

剪除了共工氏这一腐败势力之后，中原地区平静了好多年。到了帝喾时代，“顺天之义，知民之急。仁而威，惠而信，修身而天下服。”——帝喾勤政爱民、生活俭朴，百姓安居乐业，出现了太平盛世。

帝喾死后，儿子挚昏庸无能，上下离心，中原地区又是一盘散沙。挚只好乖乖地把部落联盟的领导权交给陶唐氏的族长尧。

尧执政时也仿照黄帝，设有专门的议事厅——衢室，广采民意，实施民主管理和民主监督。但是尧一向推崇仁孝，果断杀伐之力不足，甚至连自己的儿子丹朱也管不好。世风日下，一批公益事务的管理者成为公共权力的执行者，并实行世袭之后，开始堕落变质，腐败的杂草纷纷钻出土壤，日渐丛生。最为甚者，有四大恶人横行于世，尧根本就制服不了。

是哪四大恶人？东方土豪帝鸿氏的富二代，行事阴狠狡诈，世人斥为浑沌（混蛋）。北方豪族少皞氏的富二代，首鼠两端，背信弃义，世人斥为穷奇（小人）。五帝之一颛顼氏的权二代，顽固凶残，无法无天，世人斥为梼杌（恶棍）。南方镇守官缙云氏出了个贪得无厌的官二代，他大肆挥霍，甚至不择手段，索贿受贿，穷凶极恶，老百姓叫苦连天，称之为饕餮（贪婪的人），将他与浑沌、穷奇、梼杌并称四凶。

按照国际货币基金组织的定义，腐败是滥用公共权力以谋取私人的利益。赫赫有名的四凶之首饕餮从此恶名传千古，成了有文字记载的第一个腐败分子。

面对这四个异常棘手的家伙，软弱的尧望洋兴叹，只好退居二线，于是把舜推到风口浪尖。

让这个大孝子去反腐吧！

舜是个很厉害的角色。这位来自黄河之滨的泥腿子庄稼汉以其孝行闻名于世，他走马上任伊始，就出笼了三大反腐措施，开始了历史上第一次轰轰烈烈的“打虎拍蝇”行动。

第一个措施，树立诽谤之木。舜坚持走草根路线，史书上说，“舜有告善之旌，而主不蔽也”——在各个路口都竖起了木牌，让世人可以随意批评公共权力执行者，以强化舆论监督，夯实“打虎拍蝇”的群众基础。

第二个措施，礼贤下士，宾于四门。浑沌、穷奇、梼杌、饕餮四大腐败势力在地方已经根深蒂固，要想把他们连根拔除，必须组织一支强有力的班子团队对付四恶。于是舜积极网罗人才，找来了几个当时的才隽，让皋陶负责纪检，禹负责水利，垂负责手工业，益负责山林，弃负责农业，契负责民政。

第三个措施，创设谏官“纳言”。《尚书》的《尧典》中说，“帝呼龙曰，龙我憎疾人为谗佞之说，绝君子之行而动惊我众人，欲遏之。故命汝作纳言之官，从早至夜出纳我之教命，惟以诚信，每事皆信，则谗言自绝。”舜开创了反腐的先河，任命龙为纳言。纳言是历史上最早的监察官，相当于秦汉时期的反腐专职官员——给事中。其职责是出纳帝命，对部落最高首领的言行教化拥有审核权，监督、纠正部落联盟成员的言论举止。舜还规定，每三年进行一次考核，由考核三次的结果来决定部落联盟公职人员的升降。

经过舜的整顿之后，“允厘百工、庶绩咸熙”——各行各业都出现了兴旺发达的可喜局面，由是深得百姓的爱戴。万事俱备，只欠东风。在广大群众的支持之下，舜轻而易举地拿下四只大老虎，把四凶及其家族流放到遥远的地方去，让他们去戍边，抵御外族的入侵。

打完老虎，舜把矛头直指老领导尧的儿子丹朱。丹朱很不成器，史书说他“惟慢游是好，罔昼夜雒雒，罔水行舟，朋淫于家，用殄厥世”——只知游手好闲，不分昼夜地寻欢作乐。倒行逆施，跟一群猪朋狗友鬼混，整天醉生梦死。仗着老爹尧做过部落酋长，竟然想跟舜争夺大位。

舜的威望却如日中天，取代年老力衰的尧已是人心所向、大势所趋。于是舜囚禁尧于平阳，将他与丹朱隔离开来。尧一倒台，丹朱成了秋天的蚱蜢，蹦不了几天了。在议事会上众口一词，把丹朱批得体无完肤。最后舜将丹朱拘押在冀州的南宫。那时候没有宪兵、没有警察，但是丹朱的政治生命就此告终。

剪除四凶，扳倒丹朱。舜干净利落地完成了历史上第一次反腐斗争。

舜的儿子商均也不成材，舜苦心积虑，想把他培养成接班人，甚至发明围棋来开导他。但是商均沉湎歌舞酒色，难成大器，最后被治水有功的禹所取代。

禹绝对是一位好领导，反腐倡廉做得比前两任更出色。《淮南子·氾论训》中提到，“禹之时，以五音听治，悬钟鼓磬铎，置鞀，以待四方之士。为号曰：教寡人以道者击鼓，谕寡人以义者击钟，告寡人以事者振铎，语寡人以忧者击磬，有狱讼者摇鞀。”——夏禹下令架起五种乐器，钟、鼓、铎、磬、鞀（拨浪鼓），木架上还有文字说明：要教我道的请打鼓，要教我义的请敲钟，要教我事的请摇铎，要诉苦的请击磬，要打官司的请拨鞀。

禹不但沿袭尧舜时代的舆论监督，悬鞀建铎，广开言路。而且以身作则，为廉洁奉公的表率。禹的宫室卑陋低矮，高不过三尺，简简单单覆盖茅草就了事。粗茶淡饭，吃的都是那些狗不理的“粝粱之食、藜霍之羹”。更难能可贵的是，禹真正做到了大公无私，三过家门而不入。禹身体力行，深入群众、深入基层，把贪腐不法的行为扼杀在萌芽状态。

禹传子，家天下。华夏先民迈入文明的门槛，随着夏商周三代国家政权的建立，古老而淳朴的氏族社会被私欲横流的阶级社会所取代，引用恩格斯的话说，“最卑下的利益——庸俗的贪欲、粗暴的情欲、卑下的物欲、对公共财产的自私自利的掠夺，揭开了新的、文明的阶级社会”。“偷窃、暴力、欺诈、背信”，人性的阴暗面日益狰狞、扩张，贪污腐败与反贪反腐的激烈较量正式拉启帷幕。

第二章
先秦：为反腐立法，为贪官划红线

由于史料的缺乏，贪污腐败起源于何时尚未得知。但是可以肯定的是，贪腐与政治相挂钩。以文明冲突论闻名于世的萨缪尔·亨廷顿一针见血，腐败的基本形式是政治权力和财富的交换。历史学家翦伯赞更是直截了当地下定义，贪污是统治阶级的职业，并认为这种职业就发轫于殷商时期。

可见，贪污腐败是随着阶级和国家的产生而出现的。夏朝时，启在位期间马马虎虎。太康上台以后就不行了，这位爱打猎不爱江山的昏君很快地就把江山拱手让给了外族人后羿。

太康之弟仲康虽然登上了王位，但充其量也就是个后羿的玩偶。朝政混乱不堪，官员们各行其是。由于天文官羲和玩忽职守，吃酒误事，竟然忘记了向中央汇报日食。在那个年代，观测天文异象可是国家的头等大事啊。

国家这么乱，贪官污吏们趁机浑水摸鱼，能抱走几坛酒就抱走几坛酒，能摸几个铜板就摸几个铜板。因为没有留下文字记载，才让他们侥幸逃过了历史的清算。

殷鉴不远，在夏后之世。成汤灭夏之后，吸取末代夏王桀腐败亡国的教训，颁发了一部法律——《汤刑》。后来商代“五朝元老”伊尹引用了《汤刑》有关条款，将当时腐败之风总结为三类，以告诫文武群臣，“敢有恒舞于宫，酣歌于室，时谓巫风。敢有殉于货色，恒于游畋，时谓淫风。

敢有侮圣言，逆忠直，远耆德，比顽童，时谓乱风。惟兹三风十愆，卿士有一于身，家必丧；邦君有一于身，国必亡。臣下不匡，其墨刑，具训于蒙士。”——在宫中纵情歌舞，饮酒作乐，称作巫风。贪恋女色，沉迷游猎，称作淫风。诬蔑圣贤，背逆忠言，疏远德高望重的长者，亲近顽劣愚蠢的小人，称作乱风。这三种腐化之风有十种过失，如果公卿大夫随便染上一种，家庭必然衰败；国君随便染上一种，国家必然灭亡。为官不纠正不良的作风，就要被处以“墨刑”（脸上刺黑字）。这些记载出自《尚书》中的一篇《伊训》，堪称历史上最早的惩腐条款。

殷商的国王们整天忙着迁都搬家，文书档案散落殆尽，甲骨文上的零星记载，让后人无法一窥当时反腐的详情。但是西汉的太史公在《史记》中提及到殷商末期的腐败情况，盘庚迁殷之后，国家曾经鼎盛一时，出现了武丁之治，但是帝甲“淫乱，殷复衰”。帝甲之后，殷商逐渐走下坡路，直至灭亡。末代商王帝辛（纣王）的荒淫腐败更是到了登峰造极的地步，沉湎酒色，“好酒淫乐，嬖于妇人”；横征暴敛，大兴土木，“厚赋税以实鹿台之钱，而盈巨桥之粟”；奢华无度，荒淫糜烂，“大聚乐戏于沙丘，以酒为池，悬肉为林，使男女裸相逐其间，为长夜之饮”；巨贪大腐当道，帝辛重用的都是那些蝇营狗苟、贪利善谗的奸佞，如费仲、恶来等。

周朝的奠基者——西伯周文王由于受到崇侯虎的诬蔑，被囚禁于羑里。周人闳夭等大臣为了拯救西伯，搜集有莘氏的美女、骊戎族的好马、还有熊等稀有动物，通过费仲行贿帝辛。帝辛大喜，就毫不思索地释放了西伯。这就是有史记载的第一次重大政治贿赂事件。帝辛利令智昏，头脑发热，纵虎归山，终于在血流漂杵的牧野大战中，绝望地登鹿台自焚。帝辛极度腐败，导致身亡国灭，成为千古笑料。

西周立国之后，周武王的弟弟周公旦很在意老祖宗们辛辛苦苦打下的江山，担心重蹈殷商覆辙。于是从软硬件上下功夫，不但卜都定鼎，而且制礼作乐，建立一套完备的典章制度，以确保了国家的长治久安。西周初期几个周王按照周公的既定方针办事，的确干得很出色，政治清明，从上到下，清正廉洁，于是出现了中国历史上第一个太平盛世——“成康之治”。各级官员兢兢业业，自觉与违纪违法划清界限，以至于刑法束之高阁，长达四十余载。

到了第五代君主周穆王时期，西周立国恰好一百年，由于承平日久，官场渐渐滋生腐败。周穆王又忙着西游昆仑山，结果他从西王母那儿回来一瞧，不得了了。各级官员贪赃枉法，顶风作案，令周穆王头疼不已。如此以往，恐将辜负了周公的教诲。周穆王赶紧命令吕侯为反腐立法，这就是著名的《吕刑》。《吕刑》是中国最早的成文法典之一，堪称当时反腐倡廉的利器。

《吕刑》为司法人员办案划下红线，不得有“五过之疵”。所谓的“五过之疵”就是指办案人员可能存在的五种徇私枉法行为：

惟官——办案人员与涉案罪犯是同僚。惟反——诱逼、敲诈涉案罪犯翻供或隐瞒实情。惟内——办案人员与涉案罪犯是亲属。惟货——办案人员向涉案罪犯索取贿赂。惟来——办案人员暗中私通涉案罪犯。

周穆王的态度很明确，谁触及这条红线，谁就与涉案罪犯同等处罚（其罪惟均，其审克之）。后人有理由相信，头悬利刃，恐怕那时谁也不敢以身试法。

周穆王为后世开了一个先河，依法反腐。之后东周各诸侯国竞相仿效，晋、齐、楚、秦等。从保存下来的文献来看，做得最好的当属秦国。湖北云梦泽睡虎地秦墓挖出的《秦律十八种·法律问答》，让我们得以一窥战国时期秦国反腐的究竟。

有一条说，“府中公金钱私贷用之，与盗同法。”秦律规定，贪赃同盗。非法窃取公共财物，也就是监守自盗，以贪污罪处理，按盗窃罪来量刑。

秦律对行贿罪的处分尤加严厉，“通一钱黥城旦罪”。那时候一钱的购买力有多少，大致相当于今天的十块钱。可是秦律规定，即使受贿一钱，也要判处黥城旦。就是脸上刺下墨字，让他服筑城劳役四年的有期徒刑。有人贿赂你十块钱，一旦东窗事发，就判个四年的苦劳刑罚，实在是太不划算了。

《法律问答》还特别提及两条对行贿罪的惩罚规定。

其一，“邦亡来通钱过万，已复，后来盗而得，何以论之？以通钱。”——偷渡出境的人向国内官员行贿一万钱，不过得到了宽恕。但是后来又溜回国犯了盗窃罪，被抓住了该怎么量刑？秦律的判处直截了当，就是行贿罪。

其二，“知人通钱而为藏，其主已取钱，人后告藏者，藏者论不论？论。”——明知某人行贿，代管钱财。主人把钱财取走了，但是后来有人告发代管者，代管者该不该判刑？判刑呗！只要跟行贿罪打过擦边球，对不起，一律严惩不贷。

可见秦国统治者对贪污、行贿的腐败行为已到了深恶痛绝的地步。春秋战国时期，大大小小的诸侯国纷争不已。西陲偏远的秦国，日后为什么能够吞并东方六强，一统天下？我们可以从这里找到答案。

依法反腐的最典型案例当属晋国太傅羊舌肸诛杀羊舌鲋。

羊舌一族，在晋国朝政中起着举足轻重的作用。羊舌肸的老爹羊舌职做过晋国中军尉之佐（相当于国防副部长），有赤、肸、鲋、虎四子，均在国中担任要职，晋人称之为“羊舌四族”。当时的中军尉是四朝元老祁奚，祁奚退休离岗之际，做了一件千古传颂的美事——外举不避仇，内举不避亲。

祁奚先推荐有杀父之仇的解狐继任中军尉，可惜解狐来不及上任就死了。祁奚又推荐自己的儿子祁午接替解狐，一仇一亲的，令晋悼公大跌眼镜。不久，羊舌职也死了，祁奚就推荐羊舌职的儿子羊舌赤做祁午的副手。

羊舌肸在晋国是红得发紫的大人物，他当过晋平公的老师。晋平公即位之后，赐封羊舌肸为太傅，算得上晋国的元老。羊舌肸因其品德高尚，与郑国的国相公孙侨（子产）并称侨肸。

羊舌鲋是羊舌肸的异母弟，也是晋国数一数二的人物。公元前529年七月，晋昭公在邾南举行声势浩大的阅兵仪式，甲车多达四千乘。羊舌鲋担任代统帅（摄司马），身披金灿灿的甲胄，在众多的诸侯面前风光一时。

第二年，两个投奔晋国的楚国贵族之间发生了一件土地纠纷。当时晋楚形势类似于二战后的美苏冷战，国内一出乱子，大臣就躲到对方去。楚国内乱时，贵族雍子逃到晋国去避难，晋侯把鄐（今河北邢台）赐给他。后来，楚国另一贵族申公巫臣拐走春秋第一淫女夏姬，也跑到晋国去。晋侯又把鄐割出一小块地盘，称为邢，给申公。申公的儿子就成了邢的主人，号曰邢侯。但晋侯在封地时留下了一笔糊涂账，鄐与邢之间界限不清。雍子因而跟邢侯争吵不休，多年不得解决，最后两个冤家把官司打到晋国执政韩起跟前。

这时候，大法官士弥牟出使楚国，羊舌鲋暂代其职。韩起就把断案的事交给了羊舌鲋。羊舌鲋仔细审案之后，发现过错在雍子。雍子听说羊舌鲋是个好色之徒，心下一横，将自己的美貌女儿贿赂给羊舌鲋。

如果此时羊舌鲋能够秉公办案，多年的纠纷马上平息。孰料羊舌鲋抱得美人归，态度急转，改判处邢侯有罪。邢侯怒从中烧，一不做二不休，宣判之时，当庭把羊舌鲋和雍子剁成两半。这一起由性贿赂引发的人命案，惊动了晋国朝野。韩起登时傻了眼，三个人该怎么定罪？赶紧跑去问元老羊舌肸。

羊舌肸搬出《夏书》，夏朝留下来的一部经典。书上有这么一句话，“昏、墨、贼，杀。”传说这是夏朝大法官皋陶制定的一条刑法。羊舌肸依据皋陶的刑法，做了最后的判决：羊舌鲋、雍子、邢侯“三人同罪，施生戮死”。雍子知法犯法，企图以性贿赂霸占他人的财产，这就是《夏书》所说的昏；羊舌鲋执法犯法，贪污腐败，这就是《夏书》所说的墨；邢侯犯了故意杀人罪，这就是《夏书》所说的贼。请按照皋陶的刑法立案。韩起就下令将邢侯处以死刑，雍子与羊舌鲋戮尸于闹市。

从此，贪污腐败罪有了一个新的代名词，墨。意即贪污不廉洁，下黑手掠夺不义之财。贪腐分子的实质就是一块脏兮兮的黑炭。对待贪腐分子决不能心慈手软，姑息养奸。在处决贪腐罪犯上，战国中期的齐威王绝对算“心狠手辣”。

齐国阿大夫（今山东阳谷的父母官）是个不折不扣的腐败分子，鱼肉百姓，贿赂朝官，欺上瞒下，为了升官发财，无所不用其极。结果逃不过齐威王雪亮的双眼，被扭送到临淄训斥一顿。

齐威王说，寡人把你派到阿去，这几年混得不错啊！寡人身边的随从都把你捧上天。寡人暗地派人去阿体察民情，却发现田野一片荒芜，老百姓面黄肌瘦。之前赵国侵犯鄄，你见死不救。卫侵占薛陵，你视若无睹。可为什么寡人身边有那么多人为你唱赞歌？明明是你沽名钓誉，暗中行贿。

训罢，齐威王杀鸡儆猴，下令将阿大夫和那些受贿的官员，下饺子似的，一个个扔进油锅，登时煮的皮开肉烂。看得朝中大臣浑身颤抖，谁也不敢再贪污腐败了。齐威王的铁血反腐很快就收到奇效，齐国大治，国力鼎盛，一跃成为当时最强大的诸侯。齐威王自称为王，号令天下。

春秋战国时期，像齐威王那样实行狠字当头的反腐政策毕竟罕见。绝大多数统治者尸位素餐，贪婪成性，腐败事例，数不胜数，令人怵目惊心。老百姓们困苦不堪，《诗经》里就有《硕鼠》和《伐檀》等诗篇，那些都是老百姓撕心裂肺的叫喊声，“不稼不穑，胡取禾三百亿兮？不狩不猎，胡瞻尔庭有县貆兮？”可恶的大老鼠啊，你们什么时候才会灭绝呢？

第三章
汉代：反腐倡廉兴，贪污腐化亡

第 1 节　刘邦和吕后：不打大老虎

春秋战国过去了，迎来了暴秦的黑暗时代。秦朝立国十五年，年年腐败，日甚一日。修长城、修阿房宫，苛捐杂税，征丁征粮。赵高指鹿为马，翻手为云、覆手为雨。各级官吏变本加厉，肆意盘剥。老百姓生活在水深火热之中，怨声载道，终于顶不住腐朽政治的高压态势，纷纷揭竿而起，为腐败亡国的教训做了令人刻骨铭心的注释。

推翻了暴秦，大汉帝国横空出世。前车之辙，后车之鉴。汉帝国的开国君主刘邦也不是不知道江山来之不易，腐败分子就是大蛀虫，迟早会把整个江山吃得千疮百孔。只是那时候经过战火的洗劫，百废待兴，民生凋敝，物品奇缺。连皇帝出行，都坐不上像样的马车。那些文臣武将能搭乘牛车招摇过市，就派头十足了。民间更是一贫如洗，老百姓们住在残垣断壁里，连遮阳避雨的屋顶都没有。就算你大贪特贪，也贪不出什么名堂来。故而刘邦的经济工作重心是围剿那些非法囤积、哄抬物价的富商大贾，并未开展轰轰烈烈的反腐倡廉运动。

但是在刘邦的晚年，却发生了轰动一时的反腐案件，被誉为“汉初三杰”之首的萧何竟然因为贪污罪锒铛入狱。

这个萧何是刘邦的第一功臣，汉帝国的第二把手。史学家班固如此评价萧何，“位冠群臣，声施后世，为一代之宗臣”。可以说，没有萧何，就没有刘邦。

萧何深谙谋略，精通世故，是个行贿受贿的老手。秦末刘邦担任亭长时，督责派送官吏到咸阳去服徭役。小吏们纷纷凑出三个铜板，孝敬刘邦。刘邦也却之不恭，照单全收。萧何尤其狡猾，别人贿赂三个铜板，我就贿赂五个铜板，结果大受刘邦的赏识。

刘邦跟萧何的密切关系，就是从不起眼的五个铜板开始的。

刘邦称帝之后，萧何负责督建未央宫。萧何大兴土木，不但有东阙、北阙、前殿，还有武库、太仓，极其堂皇壮丽。刘邦回来之后龙颜震怒，国家这么贫困荒乱，到处都在打仗，你还如此铺张浪费，穷奢极欲！

萧何振振有词，修建了宫殿之后，人心才会安定。何况天子以四海为家，不把宫殿修得壮观一点，怎么显示天子的威风，号令天下？几句话就说得刘邦手舞足蹈。

如此擅长拍马溜须的股肱大臣，怎么会惹毛了刘邦，身陷囹圄？

公元前 195 年，想当皇帝的黥布在安徽举兵造反，由于之前陈豨和韩信相继出事，刘邦整日神经兮兮的，特别提防那些跟随他一起干过“革命”的老部下。唯恐发生多米诺骨牌效应，一个一个叛离而去。刘邦亲征黥布时，让萧何留守长安城。萧何在大后方尽心尽责，一如往昔，兢兢业业做好各项后勤工作，确保刘邦能够打胜仗。可是刘邦夜里却睡不好觉，屡屡派人回长安城暗下盘查萧何都在干啥。

有个萧何的门下实在看不下去了，劝告萧何，皇帝对你疑心重重，恐怕是凶多吉少，很快就会大难临头。你官居相国，位极人臣，皇帝就是想再赏赐也没得赏了。最担忧的是，自从你入关中之后，深得民心。十多年来，都是靠着你一个人，才把民心凝聚起来。皇帝之所以多次派人了解你的动向，就是害怕你在关中闹事，朝他背后捅一刀。

飞鸟尽，良弓藏。狡兔死，走狗烹。萧何心中也是惶惶不安，那我该怎么办？那人给萧何出了个馊主意，何不如你多买些田地，多做些买卖勾当，把自己伪装成一个腐败分子，以示胸无大志。皇帝自然放心！

于是出现了令人纳闷的一幕，萧何为了保全性命，不得不自甘堕落，被迫腐败。

贪污腐败有两种，一种是主动腐败，主动出击，黑手一伸，索贿受贿。另一种是被动腐败，下级以财、物、色贿赂你，成堆成堆的金银珠宝往你家里送，不收也不行啊。

可是在专制时代，有时候贪污腐败不但不会被处分，而且还成为升官发财的护身符。南宋战火连天，生灵涂炭。张俊等一批抗金将领却躲在后方搂着美女，大肆购买田宅，就连抗金名将韩世忠也不例外。只有岳飞傻乎乎地高喊："文臣不爱钱，武臣不惜死，天下太平矣！"结果其他的将领都平安无事，官越升越高，而抗金功劳最大的岳飞却落个含恨风波亭的悲惨结局。这是为啥啊？岳飞不会腐败呗。

一个人整天热衷于那些娱乐明星的八卦新闻，不关心国家大事，能有多少出息？古代皇帝就需要这样没出息的人。让你整日沉溺酒色，深陷金山银山而不能自拔，丧失斗志，成了一具行尸走肉，皇帝的位置才能坐稳千载百年。

在安徽前线的刘邦听到萧何又是搞土地买卖，又是放高利贷，心中高悬的石头砰然落地。等他平定了黥布叛乱，载歌载舞凯旋而归时，却遇到了群体性上访。长安一带的老百姓铺天盖地，黑压压的跪在马前，纷纷控诉萧何强买、贱买民间的田地屋宅，以千万计，简直就是一个天文数字。

不管萧何动机如何，主动腐败或被动腐败，取悦刘邦或趁机捞一把，总之利用了非法手段，猎取暴利，就是一个巨贪大腐。

一代豪杰，竟然沦为彻头彻尾的巨贪！

出人意料的是，刘邦不怒反喜。当萧何前来接驾时，刘邦把所有的诉状书都给他看，还笑呵呵地说，萧老弟应该好好地去感谢那些老百姓！

刘邦之意不言而喻，你买你的田宅，我做我的皇帝。只要对我忠心耿耿，一切既往不咎。

双簧戏本该圆满收场了，但是接下来萧何就画蛇添足，节外生枝了。萧何显然高估了自己跟刘邦之间的同志关系，开始为民请命：长安地势狭小，上林苑一带空地很多。皇上你就放弃了吧，让老百姓进去种植粮食，不要把稻草割下饲养飞禽走兽！

萧何大概是想给老百姓一个交代，以消除被动腐败给自己带来的影响。不料这么一来，表忠诚的双簧戏就唱走调了。刘邦立刻翻脸不认人，让萧何看清两人之间的真正关系。刘邦大骂萧何：你暗中收了那些富商大贾的多少贿赂？胆敢觊觎我的后花园！

结果萧何弄巧成拙，顶上一个贪污受贿的罪名，捆绑下狱，送交司法部门隔离审查。一时朝野震惊，谁也不敢过问。

几天后，一个正直的侍卫官壮着胆子问刘邦：萧何到底犯了什么罪，陛下会那么惩罚他？

刘邦回答说：过去秦始皇的丞相李斯，把好事都给秦始皇，把恶名都给自己。萧何收取富商大贾的贿赂，想让我放弃上林苑，献媚于老百姓，为自己博得美名，所以将他抓起来。

刘邦的两句话，前面一句才是重点。刘邦并非痛恨萧何的贪污受贿，而是臆断萧何居心叵测，对己不忠。

不明就里的侍卫官继续啰嗦下去：当宰相的职责就是为民请命。陛下怎可猜疑萧何收了富商的贿赂？陈豨、黥布造反时，陛下率军亲征。要是萧何趁机在长安城内闹事，半壁江山就姓萧的了。我就不信萧何有这么傻，丢了西瓜拣芝麻，会去贪恋那些富商的贿赂。更何况秦朝灭亡，李斯难逃其责。如此亡国丞相，值得我们去效仿吗？陛下不该乱猜疑萧何的。

糊里糊涂的侍卫官越说越跑题，刘邦哭笑不得，只好把萧何放了。

老态龙钟的萧何遇到大赦，光着脚丫，跌跌撞撞进宫向刘邦谢罪。

刘邦没好气地说，萧老弟就不要这么客气了！你为民请命，要我献出后花园，我不答应，我是残暴的纣王，你是耿直的比干好了。我把你抓起来，就是要让老百姓看到我的过失！

萧何得到了平反，也摘掉了贪污犯的黑帽子。萧何是个明白人，吃一堑长一智，从此小心谨慎，田地都买在偏僻贫瘠之处，屋宅甚至连个围墙也没有。

萧何贪腐案，只不过是刘邦一手导演的闹剧而已。刘邦自己就是贪财好色之徒，热衷于奢侈豪华的享受。上梁不正下梁歪，朝中官吏竞相效仿，最为腐败者当为北平侯张苍。此人跟李斯、韩非子师出同门，都是荀子的学生。张苍投靠刘邦之后，功封北平侯，后任御史（计相、主计）、丞相。

张苍深悉养生之道，皮肤保养得相当好，肥硕皙嫩，为世人所称奇，其中的奥秘就是吃人乳。史书记载张苍的生活糜烂不堪，常常猎取美貌女子做乳母。为了保证乳源充足，张苍的妻妾数以百计，堪比皇帝的后宫。更令人发指的是，张苍让妻妾怀孕以吸取人乳，乳源枯竭之后就被甩在一旁。如此靠人乳苟活下去的腐败分子，竟然能够堂堂正正坐地在丞相位置上，与刘邦的包庇纵容分不开。

汉惠帝时代的元老陈平做了丞相之后，终日无所事事，只知道整天喝的醉醺醺，调戏妇女，结果也没有受到汉惠帝或吕雉的责罚。

刘邦、吕雉不打大老虎，是投鼠忌器，虑及政权的稳定。当时的将相功臣，大都亲身经历过秦末农民战争，深知打江山难、守江山更难，因而绝对忠诚于刘家王朝。即使像张苍那样的高官存在某种腐败行为，还谈不上严重冲击到统治秩序和社会经济。没必要痛下杀手，闹得人人自危。

但是刘邦时代在反腐上也并非毫无作为。中下层官员鱼目混珠，一旦揪出贪腐分子，则毫不留情，依法予以严打。湖北江陵出土的张家山汉简《二年律令》，是吕雉在公元前 186 年颁布的，可以帮助后人了解刘邦时代“打小老虎、拍苍蝇”的细枝末叶。

《二年律令》对贪污盗窃罪的量刑标准进行了规范化，其严密细致丝毫不逊于今天颁布的《刑法修正案》。《二年律令》规定：贪污盗窃金额超过 660 钱，黥为城旦舂（五年期徒刑）。贪污数额在 660 钱与 220 钱之间，完为城旦舂（四年期徒刑）。220 钱（不含）与 110 钱之间，耐为隶臣妾（劳役附加刑）。110 钱（不含）与 22 钱之间，罚金四两。22 钱（不含）与 1 钱之间，罚金一两。

受贿罪等同于贪污盗窃罪。《二年律令》规定，收贿人与行贿人同罪，赃款数额及处罚，完全按照贪污盗窃的量刑标准执行。

《二年律令》中也第一次出现了官员赌博罪和通奸罪。西汉政府严禁官员参与赌博，“博戏相夺钱财，若为平者，夺爵各一级，戍二岁”。——违禁赌博，那就是经济犯罪了。不但降一级处分，而且还要戍边两年。

通奸又叫和奸，“诸与人妻和奸，及其所与皆完为城旦舂。其吏也，以强奸论之。强与人奸者，腐以为宫隶臣。”——民间通奸，通常判处四年有期徒刑（**完为城旦舂**）。但是官吏涉及通奸，受到的惩罚要比民间严厉的多。通奸罪是典型的性贿赂罪，领导干部通奸，影响恶劣，罪加一等，直接以强奸罪论。而在当时对强奸罪的处罚是物理阉割，入宫终身为奴，让你生不如死。

尽管刘邦、吕雉立法严惩各类贪腐行为，但是敢顶风作案大有人在。许多官员心存侥幸，以为事毕之后只要把屁股揩干净，自然无事。

张家山汉简《奏谳书》上记载了一起集体贪腐案。公元前200年，江陵丞汇报说，醴阳县令恢盗用官米二百六十三石又八斗，指使属僚从史石、舍人士伍兴与义三人私自贩卖，非法获赃六斤三两黄金、一万五千五十钱。

西汉之初，物资严重匮乏，一石米价高达五千钱，饿殍千里，甚至出现了人吃人的惨象。老百姓为了活命，不惜卖掉儿子，换来盘缠，跑到天府之国四川去谋生。醴阳地处洞庭湖畔，盛产稻谷，是鱼米之乡。在粮食供给极度紧张的非常时期，恢一次就将两百六十多石的公粮中饱私囊，如此性质恶劣的腐败案件堪确实令人不耻。

按照《二年律令》，盗贪国家财产超过六百六十钱，判罚黥城旦，并不准以爵位减免赎罪。醴阳令恢秩为六百石，但依律不得赎免，等待的处罚是黥城旦，也就是脸刺黑字、服筑城苦役五年的有期徒刑。服刑期满之后，恢还要面临着终身没为官奴的严厉制裁。

收贿金额低，不足以黥城旦的贪污犯，则判处高额的罚金。有个叫贤的基层人员，因追捕逃犯未果，就拘留其母做人质。贤收取了小猪、酒的贿赂计九十钱之后，将其母释放。这个数目不算太大。结果收贿行为曝光之后，按《二年律令》，罚款黄金四两，值两千五百钱，超过收贿数额的二十五倍。

第2节　田蚡和主父偃：两个巨腐的沉浮

汉高祖之后，少主惠帝即位，吕雉垂帘听政。吕后及朝中元老奉行黄老之学，轻徭薄赋、休养生息，天下晏然，初呈盛世气息。吕雉死后，大汉王朝面临着易姓换代的危机，刘氏皇族与元老重臣陈平、周勃等空前团结，铲除吕氏的残余势力。继任的汉文帝和汉景帝父子实施更为开明的政治，克勤克俭，把黄老之术和休养生息政策推行到极致。长期实行“三十税一”的超低田赋税率，甚至十几年没有征税，让利于民，纳税人的负担降到历史的最低点。社会经济得以强劲增长，持续繁荣，皇家粮仓米粟爆满，吃也吃不完，结果都腐臭不可食。国库里的铜钱堆积如山，因多年没有动用，连串钱的绳子都朽烂了，这就是后人津津乐道的“文景之治”。

“文景之治”的出现，除了执行开明的经济政策，也跟统治者卓有成效的反腐倡廉运动分不开。汉文帝、汉景帝不但关心百姓疾苦，废除秦代以来的酷刑，而且大力倡导节俭，反对奢靡浪费，严惩腐败。

这俩父子都是“抠门”的皇帝，汉文帝不但自己穿粗麻布衣，就连最宠幸的慎夫人，也不许穿着拖到地上的裙子。蚊帐、帘布都没有刺绣花纹，比贫穷人家还要简朴。皇宫里盛夏酷热，有一次汉文帝心血来潮，准备搭建一个乘凉的露台。让工程师预算一下开支，结果需要一百斤黄金，相当于十个中产阶级家庭的财产。汉文帝吓了一跳，心想，“我住在老爹（刘邦）盖的宫殿里，尚且心中有愧，现在还要建什么露台？”！于是露台的事不了了之。

有其父必有其子。汉景帝在位期间也是极少兴建宫殿楼阁，他有句名言“黄金珠玉，饥不可食，寒不可衣”。为了保护农业生产，汉景帝甚至下令禁用谷物酿酒、禁用粟喂马。

皇帝就这么抠，那些当官的日子更不好过。汉文帝最恨的是大吃大喝，曾经下令“官吏以饮食免”——谁吃了别人一顿饭，谁掉乌纱帽。后来连汉文帝自己也感到这个规定有点离谱，请客吃饭，人之常情啊，总不能把朋友相会、同学聚餐一并禁止。就稍稍改动规矩，“吏及诸有秩受其官属所监、所治、所将，其与饮食计偿费，勿论”——跟同僚、下属聚餐时，酒饭钱是自掏腰包的，那就另当别论。

有个词语叫腐败饭局。餐桌上杯觥交错之际、谈笑风生之间，腐败悄然降临。文景二帝的反腐，就是从领导干部的吃喝玩乐小细节抓起。

杜绝了餐桌上的腐败，汉文帝又向贪腐开战。公元前 167 年，汉文帝下诏，“吏坐受赇枉法，守县官财物而即盗之，皆弃市”。——领导干部贪污受贿，胡作非为。地方官员监守自盗，私自挪用国家财产。此两类贪腐分子，一旦揪出来，无论是谁，通通杀头。

当时的法律规定，凡是贪污金额超过二百五十钱或五百钱，一律就地免职。不但丢了乌纱帽，而且终身禁锢，不得从政。贪污金额超过十金的，那就是一只特大老虎了，以大逆不道罪论（类似于企图颠覆国家政权的反革命罪行），要判处死刑（弃市）的。

正因为最高统治者以身作则，狠刹腐败之风，政治清廉，这才会出现千古传颂的太平盛世——“文景之治”。

文、景之后，汉武大帝刘彻闪亮登场。汉武帝继承的是一个欣欣向荣的庞大帝国，不存在发展社会经济的迫切需求。于是彻底抛弃了黄老之术，肆意挥霍修养生息六十年积累下来的巨大财富。加强中央集权，对外征伐不断，罢黜百家、独尊儒术。

帝国的清廉政风也为之骤变，贪污腐败成风，大老虎日渐猖獗。汉武帝时代的第一只大老虎是国舅爷武安侯田蚡。田蚡的发迹开始于汉武帝即位的第一年，公元前 140 年。在姐姐皇太后王娡的暗箱操作之下，大将军窦婴被任命为丞相、田蚡为太尉。田蚡手握枪杆子，权势不亚于丞相窦婴。但是好景不长，第二年崇信儒学的窦婴、田蚡跟崇尚黄老之术的皇祖母窦太后（汉文帝的皇后）不和，两人都被炒了鱿鱼。

下台之后，田蚡养精蓄锐，时刻准备东山再起。由于身份特殊，再加上田蚡积极拉拢人心，很快就形成了一个以他为核心的官僚集团。

公元前 135 年，薄太后（汉文帝生母）死去，汉武帝借口丞相许昌、御史大夫庄青翟治丧不力，将他们革职。田蚡凭借着尊贵的国舅爷身份，终于如愿以偿，登坛拜相。韩安国为御史大夫。这个韩安国在田蚡担任太尉时，曾经向他贿赂了五百金，结果如愿做了北地都尉、大司农。

田蚡一爬上权力的巅峰，将他的贪婪、凶残本性展露得一览无遗。田蚡奢侈的生活令人咋舌，豪宅堂皇富丽，为京城所有贵族的府邸之冠。那些最为膏腴肥沃的田地，都落入田蚡之手。从各郡县买来的奢侈品，就像流水般在大路上络绎不绝。行贿的人从四面八方而来，几乎就要将门槛踏破。田蚡的宅邸简直就是一个万花筒，无奇不有，金银珠宝、倩女美妇、名犬好马、古董珍玩等等数不胜数。

田蚡每一次入宫奏事，都要喋喋不休，瞎扯了大半日。汉武帝碍于老娘王娡的情面，对这个骄奢无度的舅舅言听计从。田蚡推荐的人，汉武帝一律聘用，有的一夜暴贵，昨天还闲坐在家中，无所事事，今天就站立在朝堂上，年薪二千石。渐渐地整个朝廷都是田蚡的人马，几乎把汉武帝架空。汉武帝生气地问田蚡：你想用的官员都任命完了吗？我也想提拔几个。

但是田蚡还不知足，腐败行为变本加厉，争分夺秒贪污索贿。有一次竟然要汉武帝把考工官署划给他，以扩建宅邸。这回汉武帝忍不住了，怒声斥责：干脆把武器库的官署也给你算了！田蚡这才稍稍收敛。

在汉武帝面前碰了鼻肿眼青，田蚡又把黑手伸向另一没落贵族窦婴。窦婴是窦太后的侄儿，也有过辉煌的岁月，田蚡曾经像乖孙儿那样对窦婴弯腰屈膝。如今窦太后已死，靠山没了，窦婴众叛亲离，只有一个灌夫不离不弃。

窦婴在长安城南有一块风水宝地，田蚡对此垂涎三尺。于是田蚡让手下籍福去找窦婴，被窦婴、灌夫二人骂得狗血淋头，结果引爆了田、窦两大外戚之间的战争。汉武帝对田蚡这只大老虎深恶痛绝，准备借机将其铲除。但在皇太后王娡的庇护之下，田蚡愈加嚣张跋扈，先将灌夫下狱族诛，再让窦婴背上“伪造先帝遗诏”的黑锅，最后在渭城大街上将其斩首示众。

田蚡骄纵霸道、贪婪凶残，连汉武帝也奈何不得，堪称政坛上一个超级黑老大。公元前 130 年春，田蚡突然中邪，惊呼而死。这只坏事做绝的大老虎横行人间十数年，至此天开眼，终于得到了应有的报应。

田蚡才死，又一只大老虎粉墨登场，他就是汉武帝的智囊人物主父偃。不过这个主父偃并不像田蚡那样骄横跋扈，人神共愤。他的生平经历惹人怜、惹人喜，又惹人恨。

主父偃绝对是个智慧型人才。他是山东临淄人，学富五车，却很不得志。主父偃最早学习的专业是外交学——长短纵横之术，他的理想就是像战国时期的大外交家张仪、苏秦那样纵横天下，建功立业。后来又学习了儒家的经典《周易》、《春秋》，以及其他诸子百家的学说，可谓是一个大杂烩。

那些自命不凡的儒生们对此嗤之以鼻，把主父偃当做邪恶的异端。主父偃走到哪里，哪里就排斥他。偌大的山东半岛，竟然无主父偃的立锥之地。家里穷得叮当响，锅盖掀起就扬起了一阵灰尘。亲戚嫌弃他，更没有一个知心朋友，主父偃就连一个铜板都借不来，脱下裤子去当铺，谁也不敢要。穷困潦倒如此，主父偃决心出走。可是在齐、燕、赵之间流窜了几年，如同孤魂野鬼，没人肯收留。

主父偃并没有灰心，公元前 134 年又西奔长安城，去见赫赫有名的大将军卫青。卫青一瞧此人有点学问，就推荐给汉武帝。可汉武帝压根儿没把这个流浪汉放在心上。连觐见皇帝的机会都没有，身上的盘缠也花光了，主父偃走到了人生的穷途末路，就差跳渭河。

绝望之下主父偃给汉武帝上了一道奏疏。奏疏上说了九件事，其中八件是法律，一件是攻打匈奴。没想到最后一搏出现了奇迹，主父偃时来运转，命运由此彻底改变。《史记》上记载，“朝奏，暮召入见”。主父偃早晨呈上奏疏，傍晚汉武帝就找他谈话，惊为奇才，马上授予郎中之职。一年之间四次破格提拔主父偃，从谒者到中郎，最后官居中大夫（**即后来的光禄大夫，皇帝的顾问**），秩比二千石。从此主父偃飞黄腾达，成了汉武帝身边的大红人。

主父偃先后提出了推恩令、“内实京师、外销奸猾”、立卫子夫为皇后、置朔方郡抵御匈奴等等切中时弊、极具前瞻性的建议，均被汉武帝采纳，为国家的大一统立下功勋。

熬了四十多年，终于熬出头了。但是一朝暴富暴贵之后，主父偃开始堕落变质，明目张胆地索贿受贿。朝中百官畏惧主父偃的权势，担心他在皇帝面前胡言乱语，于是纷纷行贿。主父偃接受的贿赂累计千金，那时候一个中产阶级的家产不过十金。法律也规定，受贿超过十金，就得弃市。依此来看，主父偃这么一个巨贪，就是千刀万剐也不为过。

有人因而为主父偃捏了一把汗：你也太狠了吧！

主父偃却猖狂地放言：我苦苦奔波了四十多年，世人不容我、爹娘不要我、兄弟不认我、朋友不收我，犹如无根浮萍，孤零漂泊，还不如一头丧家犬。“丈夫生不五鼎食，死即五鼎烹耳。吾日暮途远，故倒行暴施之。”——人生如白驹过隙，生前不过得风风光光，死后就凄凄惨惨。我已是黄泉路近、日落黄昏，有权不用枉做官。此时不享乐，更待何时？

主父偃的一席话，道出了所有大贪官的腐败逻辑，人生一世草生一秋，今朝有酒今日醉。享乐心理和颓废思想的作怪，已经把主父偃折磨成一只无可救药的大老虎。结果是自掘坟墓，葬身于填不满的欲壑之中。

主父偃垂涎齐国（西汉的地方封国）临淄的富庶，就异想天开，要把女儿嫁给齐王，结果遭到齐国王太后的拒绝。千秋富贵的美梦成空，主父偃恚恨在心，伺机报复。

公元前127年，齐王爆出一宗大丑闻，他跟姐姐乱伦。主父偃正愁着过不了河，不巧来了个摆渡的，赶紧去见汉武帝：临淄的居民超过十万户，税赋何止千金。人口之众，财赋之多，远远超过长安。不是皇帝的亲人，不该封到那儿去啊。如今的齐王和陛下是葭莩之亲，又听说跟亲姐姐胡来，何不趁机将他废了？

既然主父偃这么说，那就这么做吧。汉武帝封他为齐相，去临淄查办齐王。主父偃一到临淄，王宫里就弥漫着白色恐怖，宫女、太监全部被抓起来拷问，供词牵连到齐王。齐王又惊又愧，最后精神崩溃，服毒自尽。

这之前主父偃也揭发过燕王通奸，燕王自杀。主父偃穷困时流浪过的齐、燕、赵三个封国，竟然有两个被他扳倒。赵王惶惶不可终日，担心这颗扫把星光临邯郸城，干脆先发制人，上书汉武帝称：主父偃私自收取宗室诸王的巨额贿赂，所以他们的后代都得到分封。

赵王的书信还没有看完，又传来齐王自杀的消息。汉武帝暴跳如雷，认定是主父偃逼死齐王。下令立案审查，结果发现主父偃受贿不假，逼死不实。汉武帝怜惜主父偃之才，想放他一马。御史大夫公孙弘厌恶主父偃之贪，趁机落井下石：齐王自杀无后，就得废封国置郡县。这件事上主父偃是首恶，首恶不杀，何以谢天下。

公孙弘这么一说，汉武帝狠下心来，将主父偃满门抄斩。司马迁写道，“主父偃当路，诸公皆誉之。及名败身诛，士争言其恶。”人性便是如此！破鼓万人捶。那些高高在上的贪官污吏，老做着树碑立传的美梦，一旦事发，人们不把他的头颅当夜壶就大幸了。

田蚡、主父偃有着不同的人生经历、为官之道，却走上了相同的贪腐之路。这证明了，贪腐与出身无关。甚至有人认为，贫贱出身的更难以抵挡糖衣炮弹的袭击，更容易腐化堕落。清代史学家赵翼如是云，“盖出身寒微，则小器易盈，不知大体。虽一时得其力用，而招权纳贿，不复顾惜名检。”说的正是主父偃类型的贪腐分子。

第 3 节　汉武帝铁腕反腐：酷吏和刺史

一个胡作为非的外戚田蚡，一个浑身浸透着享乐主义的主父偃，让汉武帝看到了反贪反腐的急迫性和艰巨性。正是汉武帝自己无休止的对外扩张、穷奢极欲、横征暴敛，将文景之治积累的巨额财富消耗殆尽，而且没有遏住愈演愈烈的奢靡贪污之风，才使得一手缔造的庞大帝国航母有日渐沉沦之势。

法国作家巴尔扎克说过，即使伟大的政治家也只是杂技表演者，一不当心，就眼睁睁看着自己最美好的建筑物倒塌。汉武帝当然不愿意看到苦心经营的高楼大厦轰然坍塌，于是开始铁腕反腐。

汉武帝坚信，腐败之源在于道德的沦丧、个人私欲的恶性膨胀。那些具备孝廉德行的高尚人物是不会自甘堕落，走向腐败的。朝政要清廉，必须从基层抓起。只要堵住了浑浊之源，一切就会清如许。

公元前 134 年，汉武帝向民间征集反腐治国之策，儒生董仲舒呈上了一篇《举贤廉对策》，正戳中汉武帝的思考点。汉武帝当即下诏，郡国守相每年推荐孝、廉的官员各一名，这就是举孝廉。举孝廉的目的在于改变官员的结构组成，从源头上杜绝贪腐的产生。

但是日益猖獗的贪赃枉法，迫使各地民众揭竿而起，已经危及到政权的稳定。汉武帝意识到，一条浑浊奔流的大河，在上游正本清源固然很重要，还需要强有力的手段，去清理中下游的污泥。崇尚暴力征服的汉武帝，就把严刑峻法当做震慑、拔除腐败分子的法宝，他先后任用十大酷吏（宁成、周阳由、赵禹、张汤、义纵、王温舒、尹齐、杨仆、减宣、杜周），试图以血腥的政策来确保官员们的纯洁性。

这些酷吏作为汉武帝的鹰犬爪牙，被赋予特殊的权力，可以在执法过程中为所欲为，甚至凌驾于司法之上，使用各种法外手段打击政敌。十大酷吏中，张汤最受宠信，每次入朝奏事，汉武帝总是听得如痴如醉，乃至于忘记了午餐，直到夕阳西斜。各项重大国策，如盐铁专卖、告缗算缗等等，都是由张汤制定，丞相成了一个摆设的花瓶。

宁成被视为宗室豪强的克星，人人畏之如虎。周阳由每到之处，第一个拿地方豪强开刀。赵禹则发明两种钳制官员的办法，见知法和相监伺——官员必须互相监督，明知他人腐败而不揭发检举的，同罪连坐。

义纵做过三件惊天动地的大事。第一件是捉拿横行长安城的修成君之子仲，这个修成君非同小可，她是皇太后王娡和前夫金王孙的生女，跟汉武帝是同母异父的姐弟关系。第二件是将河内郡土豪穰氏举族杀灭。第三件是任定襄太守时，将监狱中没上枷锁的重罪犯两百余人，以及私自探监的罪犯亲戚两百余人，合计四百余人一并杀害。定襄全郡不寒而栗，那些流氓阿飞立马改邪归正。

王温舒更是残忍，短短的两三天之内，将河内郡千余奸猾土豪族诛，一时间血流千里。河内郡登时死一般寂静，夜间谁也不敢行走，就连狗吠声也听不到。

尹齐斩处豪强贵族，做的比宁成还要绝。杨仆阴沉凶猛，浑身是胆，后任楼船将军，出征朝鲜。减宣因治主父偃案、淮南王谋反案而名声大噪。杜周最为骇人，办案间共逮捕下狱六七万人，受到牵连的官吏超过十万。

汉武帝任用酷吏反贪反腐，确实做出一点成就，特别是惩治那些不法的皇戚贵族、豪强地主。但不少案狱是在迎合圣意、打击腐败的烟雾遮掩之下，大肆借机敛财。除了张汤、尹齐居官清廉，其他酷吏均为祸国殃民的巨贪大腐。如下表所示：

酷吏	家资或腐败情况
宁成	购陂田千余顷，役使数千家，致产数千金，从骑数十。
张汤	家产直不过五百金，皆所得奉赐，无它业。
王温舒	家直累千金。
尹齐	家直不满五十金。
杜周	两子夹河为郡守，家资累巨万。

汉武帝任用酷吏，不但未能有效地遏制腐败，反而产生新的腐败现象——司法腐败。司法腐败比贪赃枉法更可怕，不断触发官民对立。各地暴乱蜂拥而起，“掠掳乡里者，不可胜数。”

司法腐败，败在缺乏有效的监察机制。为了堵住体制性漏洞，汉武帝祭出反贪的大杀器——十三州部刺史。

监察制度创立于秦代，其功能类似于今天的反贪局或中纪委。秦始皇首设御史大夫，其地位仅次于丞相，与丞相、太尉并称“三公”。御史大夫就是中纪委主任，担负着纠察百官、弹劾丞相的使命。在地方上，秦始皇也派驻检察官，最初称巡察官，没有固定的办公点，后为监守官，有固定的办公署衙。

汉承秦制，照抄秦始皇的那一套管理模式，有时还加以创新发展。西汉立国初期，对地方郡县的监察比较混乱、松弛。公元前 191 年，汉惠帝派出御史，负责监督京兆尹、左冯翊、右扶风三位京畿首长的政风。可是派出去的监察御史往往与地方郡守狼狈为奸，相互包庇，甚至出现贪赃枉法的腐败现象。

为了防备地方高官和监察御史相互勾结，公元前 167 年，汉文帝又从丞相史中抽调出一些精干人员，密切监视地方郡守、监察御史的一动一静，这称作丞相史出刺。丞相史，其性质类似于今天的国务院，设官员十五人，秩六百石。

但这一些由中央派出去的临时性反腐机构，以不定期的巡行方式监察地方郡县，在实践中并未取得令人满意的结果。全国一百多个郡，单单看那些郡守名单就让人心烦，更何况能混到郡守的位置，都不是泛泛之辈。派出去的监察御史，一个个沦为地方首长贪污腐败的帮凶。汉武帝即位以后，干脆在公元前 110 年废除御史出监，让他们呆在中央好好办事，省得给皇帝添堵。

四年之后，即公元前 106 年，汉武帝正式推行刺史制，这是反腐机制的一大创新。汉武帝将全国百来个郡、国（**不含司隶校尉监察的三辅、三河、弘农等京畿七郡**）划分成十三个巡视区，分别是冀州、幽州、并州、兖州、朔方、凉州、青州、豫州、徐州、扬州、荆州、益州、交趾，称之为十三部。每部设一个刺史，负责若干个郡国的反腐重任，时称州刺史或部刺史。

刺史就是中央纪检巡视员，由中央政府直接任免，随时可以向皇帝打小报告。这个前所未有的中央纪检巡视小组上面有个头——御史台长官御史中丞，相当于今天的中纪委书记。

刺史不受地方郡国的控制，也不像以前那样跟地方首长组成联合政府，共同治理，而是独立的巡视监察机构，直接对皇帝负责。刺史本身地位不高，年薪六百石，官阶为下大夫。但是权力特殊，巡视对象都是那些秩二千石的郡守、国相，起到了四两拨千斤、以卑临尊的制约作用。

刺史肩负着监督地方廉政、反贪反腐等重任，具体内容就是汉武帝手订的“刺史六条”。除了这六条之外，刺史不兼它职，也不得过不问它事。

“一条，强宗豪右田宅逾制，以强凌弱，以众暴寡。”——巡视地方是否存在官僚主义、奢靡之风、侵犯群众的利益等问题。

“二条，二千石不奉诏遵承典制，倍公向私，旁诏求利，侵渔百姓，聚敛为奸。”——巡视地方领导是否存在违纪违法，权钱交易、以权谋私等问题。

“三条，二千石不恤疑狱，风厉杀人，为百姓所疾”等等。——巡视地方领导是否存在司法腐败、滥用刑罚等问题。

“四条，二千石选署不平，苟阿所爱，蔽贤宠顽。”——巡视地方领导是否存在选举舞弊的不正之风和腐败问题。

“五条，二千石子弟恃怙荣势，请托所监。”——巡视地方领导的家属是否存在不法行为。

“六条，二千石违公下比，阿附豪强，通行货赂，割损正令。”——巡视地方领导是否存在违法庇护坏人、勾结恶势力、贪污贿赂等问题。

刺史通常在每年的秋冬出巡所属的郡国，有固定的署衙，蹲点监察，有时深入基层，便利群众的上访，检举、揭发地方官的腐败罪行。年底打道回府，向朝廷汇报，一旦揪出有问题的高官，轻则免职、重则处死。

汉武帝打出了这一系列反腐组合拳，确实收效很大，避免了整个官僚队伍在“官乱民贫、盗贼并起”之中垮掉。

第 4 节　西汉第一腐败家族

公元前 87 年，汉武大帝在对“即位以来，所为狂悖，使天下愁苦”的无限懊悔中撒手人寰，八岁的汉昭帝刘弗陵在霍光、上官桀、桑弘羊、金日磾四位托孤重臣的簇拥之下，登临大位。

幼主当国，朝政注定是不会安宁的。汉武帝归天的哀歌未毕，顾命大臣之间争夺权势的刀光剑影暗自涌动。霍光和上官桀本来是一对儿女亲家，他们的孙女上官氏刚刚年满六岁，就已经母仪天下。

尽管同为皇亲勋臣，享不尽的荣华富贵，但是霍光和上官桀就像两个饥饿不堪的乞丐，为了一小撮面包屑而大打出手。上官桀密谋捷足先登，发动政变，废掉汉昭帝，结果被霍光一举击灭。霍光由此一手包揽朝政，大搞独裁十八年。一人成仙，鸡犬升天。随着霍光权势的急剧膨胀，以大汉帝国的决疣溃痈为代价，养肥了一个史无前例的腐败家族。

这个家族的核心人物霍光是以扫灭匈奴为己任的名将霍去病之异母弟。凭借着“霍去病”这个金字招牌，霍光一跃成为光芒四射的政坛领袖，甚至凌驾于皇帝之上，成为大汉帝国实际上的掌权者。

霍光通过政治资本捞取的私人财富是惊人的，“所食凡二万户。赏赐黄金七千斤、钱六千万、杂缯三万匹、奴婢百七十人、马二千匹、甲第一区”。

这些数字是什么概念？黄金七千斤，大致是今天的一千八百千克黄金，值四亿五千元。钱六千万，大致相当于今天的两千五百万元。再加上京城内最豪华的一栋别墅（甲第一区），霍光的家产超过五亿元，是当时二十五万户普通家庭的年收入。虽然巨额财富都是通过合法手段——皇帝的赏赐而来的，但是西汉政府为了支付这笔御赐，必将掏空国库，给劳动人民带来沉重的负担。

霍光未死之前，一个庞大的腐败家族业已形成。成员包括霍光的亲属子女，以及霍去病的两个孙子。霍光之子霍禹、霍去病之孙霍云都是中郎将，霍去病另一孙霍山官居奉车都尉、侍中，掌控着一支少数民族的雇佣兵。霍光的两个女婿范明友、邓广汉都是皇家卫队长，霍光的党羽遍布朝廷内外，帝国政权已沦为霍氏家族的囊中物。

更可怕的是，在霍光死后，霍氏家族对政权的控制力有逐渐加强之势。公元前68年，霍光死去，霍禹升任右将军，统领京城警备队。霍山封乐平侯，以奉车都尉领尚书事——虽然只是个奉车都尉，却控制了朝廷的行政中枢机构。从而，霍氏家族的权势达到空前鼎盛。

霍去病两个孙子，霍云为奉车都尉侍中、冠阳侯。霍山为奉车都尉侍中、乐平侯。（霍去病之子霍嬗暴卒无后，这里又冒出两个孙子。有人据《西京杂记》记载称霍显曾经产下一对双胞胎，由此推测一个过继给兄长霍去病为后。如属实则霍云、霍山都是霍光之孙。）

> 霍光姐夫张朔官居给事中光禄大夫。
>
> 霍光遗孀霍显本是卑贱的女奴，上位之后赐宣成侯夫人。
>
> 霍光之子霍禹，官居右将军，嗣封博陆侯。
>
> 霍光长女婿上官安已死，外孙女为汉昭帝皇后。
>
> 霍光次女婿邓广汉官居长乐卫尉。
>
> 霍光三女婿范明友官居度辽将军、未央卫尉，封平陵侯。
>
> 霍光四女婿赵平官居骑都尉。
>
> 霍光五女婿任胜官居诸吏中郎将、羽林监。
>
> 霍光六女婿金赏，是金日磾之子，封驸马都尉秺侯。
>
> 霍光七女霍成君为汉宣帝皇后。
>
> 霍光之孙女婿王汉官居中郎将。

霍氏举族狂欢，一门两皇后，全天候监视着皇帝；几个女婿手握京城御林军，随时可以掐断朝廷的咽喉，让帝国窒息而亡。高高在上的皇帝只不过是霍氏家族鱼肉天下的代理人而已。霍家打一个喷嚏，整个帝国都将咳嗽。

权力过大、集中，而且得不到有效的制约，这是腐败滋生之源。霍氏家族很快就发展成为西汉立国以来绝无仅有“涉黑贪腐的反动集团”。

霍光尸骨未寒，霍氏一族就群魔乱舞。腐败的核心是敛财无度，挥霍奢靡。霍光死后，遗孀霍显的糜烂生活已到了令人发指的地步。她私自扩筑霍光的陵墓，规模之大、规格之高，堪比帝王陵寝。霍显完全依照皇帝的最高级别，修建三重山阙。长长的墓道北起汉武帝茂陵的昭灵馆，南至茂陵的承恩馆，道上阁楼绵绵。霍显甚至把仆人、奴婢关押起来，让他们去守陵。

霍显的宅邸也是峻宇雕墙，其恢宏豪华一点也不逊于皇宫。霍显还私自打造车舆，雕画精美，铺上绚丽的绣花地毯。车身涂抹黄金，阳光一照，耀眼夺目。车轮外缘包裹着厚厚的皮革，内填丝绵，即使行进在崎岖的山路上，依然如履平地。霍显对自己的杰作甚为满意，时不时就坐上去，让奴婢用五彩丝带拉着，在府中兜圈子，嬉戏玩乐。寡居的霍显春心荡漾，恬不知耻，竟然与管家冯子都通奸，为世人所不齿。

霍禹、霍山也不甘落后，不但把豪宅装饰得美轮美奂，而且将皇家园林——上林苑平乐观，当做随心所欲的跑马场。

霍氏家族在贪欲的极度膨胀中，迅速滑向腐败的深渊，演化成一个藐视国法、挑战君权，甚至阴谋篡国的政治集团。

霍氏两大家奴王子方、冯子都，狗仗人势，作威作福。朝中百官谈之色变，阿谀奉承的俯拾皆是，把王子方、冯子都当做主子，连丞相都被晾在一边。霍氏兄弟更是视丞相之下为可随意叱骂的小儿，践踏百官、欺君犯上，已成家常便饭。霍云经常借口生病不上朝，扯了一大帮人，溜到黄山苑去狩猎游玩，随便叫一个白发老头顶替自己出席朝会，敷衍了事。朝中百官却视若罔闻，谁也不敢吭声。

霍显跟她的六、七个女儿们，不分早晚，随意出入上官太后所居的长信宫。碰到了上官太后，又冷风热潮，根本就不把她当太后看待。

汉宣帝耳闻目睹了霍氏家族的种种罪行，早就想拔掉这株祸害帝国的大毒草。只是忌惮霍光气焰熏天的威势，一直隐忍不发。公元前 68 年，霍光死去，霍氏家族的支柱轰然坍塌，汉宣帝见时机成熟，开始着手铲除这一声名狼藉的贪腐集团。

面对霍氏家族在朝中盘根错节的恶势力，汉宣帝决心采取迂回战术，不做正面冲突，免得玉石俱焚。汉宣帝另立炉灶，甩开霍氏家族，提拔御史大夫魏相，让他以皇帝顾问的身份（给事中）参预政事，赐封国丈许广汉为平恩侯，暗中培养自己子弟兵。

御史大夫魏相的迅速蹿红，令霍显这个目空一切的老太婆起了警惕心，她告诫霍禹、霍山：你们不设法光大霍光的伟业，现在魏相成了皇帝身边的大红人，万一有人在他耳边叽叽喳喳，你们就祸从天降了！

但是霍禹、霍山骄纵已久，依旧我行我素，从来不把魏相放在眼里。两个家奴冯子都、王子方与魏相的家奴为了争路大打出手，甚至发生了冯子都、王子方强闯魏相宅第，准备砸场子的恶性事件。逼得魏相叩头求饶，事态才平息下来。后来魏相升任丞相，屡屡进宫去见汉宣帝，出谋划策，为国锄奸，以洗踢馆之辱。

不久，霍显为了让幼女霍成君当上皇后，指使妇科医生淳于衍毒毙皇后许平君的事也东窗事发。霍氏的罪恶日益彰显，一日不除，帝国一日难安。汉宣帝、魏相、许广汉等君臣拧成一股粗绳，准备将霍氏奸孽一网打尽。

汉宣帝反腐除恶的策略是采取剥蒜皮战术，将霍氏的羽翼逐一剪去，让他们变成一群没有翅膀的鸟，想飞也飞不高，乖乖束手就擒。

霍光的几个女婿中，次婿范明友和三婿邓广汉对汉宣帝的直接威胁最大，一个是未央卫尉、另一个是长乐卫尉，东、西两大要害宫殿都逃不出他们的手掌心。于是汉宣帝将范明友调离未央宫，另任光禄勋（警卫局长）；将邓广汉调离长乐宫，到少府（税务总局、工业部）去任职。

汉宣帝的侍从武官，霍光第五婿羽林监任胜，外调安定太守；霍光姐夫光禄大夫张朔外调蜀郡太守；群孙婿中郎将王汉外调武威太守。没收霍光第四婿赵平的骑都尉帅印，让他成了一个光杆司令。同时汉宣帝的贴身侍卫全部裁撤，换成国丈许广汉、祖母史良娣的亲族。

斩断了霍氏的利爪，汉宣帝又单刀直入，矛头直指霍氏的核心骨干，霍禹、霍山、霍云兄弟。霍禹从右将军提拔为大司马——表面上威名不亚于霍光，实则明升暗降，不但兵权上缴，而且右将军下设的机构及队伍全部解散。

霍山、霍云两个家伙常常借着宿卫的名义，心怀不轨，是皇帝身边两颗随时就会引爆的危险炸弹。汉宣帝当机立断，勒令他们不许在宫中留宿，呆在家里就好。霍山领尚书事，跟丞相的权力不相上下。汉宣帝又令官员、百姓有事奏告，直接进宫即可，无须经过尚书之手，把霍山架空。

汉宣帝逐渐拉紧套在霍家脖子上的绞索，霍氏举族恐慌。霍禹兄弟整天躲在家中，惶惶无策，最后咬碎口中牙，恶从心头起，炮制出了一个的“弑君、窃国、篡政”的歹毒阴谋。具体步骤是，在长信宫摆下鸿门宴，以上官皇太后的名义宴请汉宣帝的外婆博平君——思成夫人王媪，命丞相魏相、平恩侯许广汉以下文武百官前来赴宴。然后范明友、邓广汉突然杀出，当场大开杀戒，并伪造上官皇太后的旨意，诏令废除汉宣帝，立霍禹为皇帝。

孰料霍氏的“窃国阴谋”还没有来得及实施，就传来圣旨，把霍云贬到遥远的朝鲜半岛去做玄菟太守。霍氏家族被逼入墙角，顿时阵脚大乱，错漏百出。霍山因为抄录宫廷机密文件违禁当诛。霍显上书汉宣帝，愿意献出长安城西的豪宅、一千匹马，替霍山赎罪。结果赎罪书呈上之后，霍氏乱成马蜂窝，险恶的阴谋全部露馅。

不做死就不会死。霍云、霍山、范明友见事败，绝望自杀。霍显、霍禹、邓广汉等人逃跑未果，落入法网。霍禹被腰斩，霍显和她的女儿们被拉到闹市斩首示众。皇后霍成君因未卷入这场阴谋，饶她不死，但也被打入冷宫。受到霍氏谋反案牵连的不计其数，族株连坐一千余家。长安城内一片腥风血雨之中，汉宣帝终于铲除了西汉史上最可怕的一个贪腐涉黑集团，堪称一次辉煌的反腐捷胜。

清除霍氏集团，为汉宣帝最显著的政绩之一。汉宣帝幼年流落民间，从草根中走出，亲身体会到民间疾苦。所以上台之后励精图治，整饬官吏，反腐态度鲜明，除了霍氏，还有大批高官因贪腐纷纷落马。

如霍光的助手大司农（农业部长）田延年，对汉宣帝有拥戴之功。但是在修建汉昭帝陵墓期间，田延年贪污牛车运费三千万。汉宣帝下令将他移交司法机关法办，田延年畏罪自杀。

韩延寿先后担任过淮阳、颍川、东郡的太守，政绩斐然，口碑极好。

特别在东郡任太守不过三年，治安显著改善，犯罪率全国最低。汉宣帝甚为倚重，让他暂代理左冯翊。左冯翊，京畿三大首长之一，这可是韩延寿入朝为官的前奏。韩延寿果然不辜负皇帝的期待，任期满一年考核称职，予以转正，俨然是未来政坛一颗耀眼的新星。可是有人挖出韩延寿做东郡太守期间，私自挥霍公款达千余万钱，大肆挪用公共财物。韩延寿的完美形象瞬间崩塌，汉宣帝一怒之下，判了个“狡猾不道罪”，将他斩首。

丞相丙吉之子太仆丙显，任职十余年，贪污赃款超过千万，汉宣帝将他削爵降级。诸如此类，不可胜数。

为了惩治司法腐败，公元前 66 年，汉宣帝发布红头文件，“令郡国岁上系囚以掠笞若瘐死者，所坐县、名、爵、里，丞相、御史课殿最以闻。”——发现因滥用刑讯导致犯人死亡，相关官员在年度考核时给予行政记大过处分。

汉宣帝也试图通过加薪手段以遏制腐败和灰色收入。公元前 58 年，汉宣帝诏令，“吏不廉平，则治道衰。今小吏皆勤事而俸禄薄，欲无侵渔百姓，难矣！其益吏百石已下俸十五。”——官员腐败，国家就走向衰落。但是基层公务员实在很苦逼，一年到头忙忙碌碌，薪水微不足道，还要养家糊口。要他们不贪不腐，比登天还难。自今年起，官秩百石以下（**县级以下**）的年薪上涨一半。

汉宣帝惩腐倡廉，成就非凡，遏制了贪腐的蔓延，史学家班固赞誉说：“是故汉世良吏，于是为盛，称中兴焉。”汉宣帝所任用的魏相、丙吉、黄霸、于定国都是一代名臣，在他们的辅佐下，“政教明、法令行、边境安、四夷清，单于款塞、天下殷富、百姓康乐”，“信赏必罚，文治武功”，国力因而强盛，经济再度繁荣，史称“孝宣中兴”。世人对他的评价丝毫不逊于汉文帝、汉武帝。

第 5 节　反腐斗士盖宽饶和诸葛丰

“孝宣中兴”时期的吏治大为改善，营造了良好的反腐倡廉氛围。在汉宣帝、汉元帝时代，涌现出一批为国为民、勇往直前的反腐官员，其中以担任过司隶校尉的盖宽饶和诸葛丰为代表。他们不畏强暴，积极献身于反腐事业，却又步履维艰，结局令人嗟叹唏嘘，不能不发人深思。

盖宽饶年轻时博学多才，品德高尚，屡屡受到提拔重用。由于精通儒家经义，被聘为魏郡文学官（相当于当地的教育局长），又举孝廉，在天子身边谋得一职，做了侍从郎官。不久，在朝廷举方正的选拔考试中，盖宽饶因对策脱颖而出，被提拔为谏大夫，代理郎中户将的职务，也就是负责宫殿大门的警卫工作。

盖宽饶准备在这个平凡的岗位上，满腔热血地履行神圣的使命，不料却在阴沟里翻船。有一回，他弹劾阳都侯张彭相到了殿门不下马车，违反皇宫里的交通规则。并把张彭相的老爹张安世一并弹劾，骂他尸禄素餐，简直就是一条寄生虫。这个张安世可是汉宣帝的得力干将，麒麟阁十一功臣之一、官居卫将军。汉宣帝让人核实一下，结果反馈说张彭相确确实实在殿门前下了马车，是盖宽饶走漏眼。当时没有电子监控设备，盖宽饶有口难辨，被安上一个举报不实的罪名，降职处分，被贬为卫司马。卫司马是京城卫队的低级军官，当时卫队很腐败，有个潜规则，卫司马见了顶头上司卫尉要三拜九叩，还经常被呼来喝去，甚至被派到市场去买东西，形同奴仆。

盖宽饶做了卫司马后，也按照老规矩，每次见了卫尉都拱手作揖。一次卫尉私下派盖宽饶外出，盖宽饶是有脾气的，这回不干了，立刻去见尚书，投诉卫尉的不法行为。尚书狠狠地教训了卫尉一顿。卫队里的潜规则从此废除了，卫司马不再受卫尉的任意驱使，见了卫尉也无须行跪拜大礼。每一次出差办事，都要报上备案，一切制度化了。

真正效忠国家的人，不分职位高低。盖宽饶被降为卫司马时，还没有离开殿门，就把身上的禅衣剪短，戴上大帽子，配上长剑，下基层视察普通士兵的饮食居所。士兵生病了，盖宽饶亲身抚恤慰问，送药治疗，恩若父子。年末交班时，汉宣帝举行酒宴，犒赏退伍士兵。结果有数千士兵在酒宴上唰唰跪倒一大片，为报盖宽饶之恩，自愿留下再服役一年。

汉宣帝感动不已，对盖宽饶刮目相看，提拔为太中大夫，让他巡察各州郡，纠正地方的不良之风。盖宽饶尽忠尽职，多次举荐贬黜，都令汉宣帝很满意。由此升任司隶校尉，负责监察京畿七郡，踏上了反贪反腐之路。

做了司隶校尉，盖宽饶肩上的责任更重了。整天忙着突击检查，揭发官员的腐败行为，无论大事小事，一律上报。遭到盖宽饶检举的官员非常之多，朝中负责司法的廷尉依法处置，对盖宽饶的意见半采用半不采用。盖宽饶却乐此不疲，搞得那些公卿贵勋、差使进京的地方官员心惊肉跳，无不循规蹈矩，谁也不敢违禁，长安城登时一片清宁。

盖宽饶以不惧权贵而著称。平恩侯许广汉为扫灭霍氏集团立下了大功，威望素著。他乔迁新居时，朝中那些什么丞相、御史、将军等，俸禄二千石以上的官员都过去捧场，只有盖宽饶不去。许广汉很尊重他，特地下帖邀请，盖宽饶这才过去祝贺，从西阶走上厅堂，在东头一人独坐。许广汉亲自为他斟酒，热乎乎地说道，你迟到了，该罚几杯！盖宽饶却不给面子，大呼小叫起来，不要再倒酒了，喝醉了我就会发狂起来。

一时间弄得许广汉尴尬不已，丞相魏侯只好出面打圆场，盖老弟清醒时就会发狂，哪里需要喝酒。魏侯这么一说，在座的都用鄙夷的眼光盯着盖宽饶，不识抬举的家伙！

酒宴上长信少府檀长卿向许广汉献媚，在音乐伴奏下冉冉起舞，表演猴狗相斗的节目。大家看得起兴，掌声不断。盖宽饶却抬头看着屋顶，叹气说，多漂亮的房子啊！但是富贵无常，转眼就会换了主人。这样的房子就像旅舍，我见过的多了。只有小心谨慎，才能长久。你们怎么各个都那么糊涂呢？说罢跑到汉宣帝面前，弹劾檀长卿当众耍猴戏，有辱朝廷命官的身份，这是对皇帝的大不敬。

汉宣帝大怒，要惩罚檀长卿。事情闹到这个地步，许广汉不得不亲自出马替檀长卿求情，汉宣帝的怒气才平息下来。

盖宽饶刚正不阿，是一条铁骨铮铮的汉子。他一心为公，从不为己谋私利。虽说每个月有数千钱的薪水，但大半付给替他打探消息的耳目。所以家中贫穷，身居司隶校尉，儿子却连雇马车的钱都没有，只好步行去北方戍边。

人无完人，金无足赤。盖宽饶虽然廉洁奉公，但是为人刻薄，喜欢吹毛求疵，动不动就向皇帝打小报告，朝中百官及皇亲贵戚对他恨之入骨。最让汉宣帝讨厌的是，盖宽饶长着一张臭嘴巴，整天针砭时弊，把朝政贬得一文不值。汉宣帝看在盖宽饶是个儒生的份上，对他一忍再忍，但也不升他的官。

见许多资历不如自己的人都爬到九卿的位置上，盖宽饶心里很失衡，凭着自己的才干和品德，辅佐皇帝绰绰有余。于是开始向汉宣帝大发牢骚。

太子庶子王生非常仰慕盖宽饶的高风亮节，但对此举不以为然。王生规劝盖宽饶说，皇帝知道你廉洁公正，所以才让你坐上司隶校尉的位置，你身衔皇命，得到了高官厚禄和荣华富贵，也该知足了。作为执政大臣，你应当把精力放在国家大事上，遵法守礼、政教风化，为百姓分忧，为苍生鸣不平。即使天天有贡献、月月立功劳，也不足以报达浩大的皇恩。可是你现在整天计较个人的得失，竟然想仿照上古的圣人，要匡正辅佐天子。因为几次进谏得不到皇帝的采纳，就闹起情绪，跟皇帝喋喋不休。这实在不是守护名节、保全性命的法子啊！

可惜盖宽饶不懂王生的苦口婆心，终于惹祸上身。当时汉宣帝重用太监，刑法治国。盖宽饶看不下，给汉宣帝上了一道密奏。奏疏上说，今天圣人之道被放弃了，儒家之术也被荒废了。把那些阉人当做周公、召公，把刑法当做《诗经》、《尚书》！又引用《韩氏易传》的话说，五帝禅让，三王家天下。家天下是世袭传子，禅让是传贤让能。如同四季轮替，功成身退，不得其人则不居其位。

自周秦以来，有识之士就提出“君位乃天下之公器，唯有德者可以居之”，盖宽饶更是直截了当地提出“天下乃天下人之天下”，有德有才者居之。这恐怕是古代反腐思想的最高境界吧！

盖宽饶的这一“反动”奏章上呈之后，立即在朝中引发轩然大波，掀起了一股狠批盖宽饶的声浪，说他逼皇帝退位禅让、大逆不道、罪不可赦。谏大夫郑昌可怜盖宽饶的忧国忧民，只是因为言辞不当为人所中伤，于是上书汉宣帝为盖宽饶求情。

汉宣帝再也无法忍受盖宽饶的咄咄逼人之势，根本就听不进郑昌的劝谏，下诏将他送进大牢。盖宽饶精神瞬间崩溃，拔出腰间佩刀，在朝廷上自刎而死。这个语不惊人死不休、史上罕见的反腐斗士，终于落个令人叹息、令人惋惜的下场。

汉元帝时代的诸葛丰，是因脾气鲠直而触怒皇帝的又一个反腐斗士。诸葛丰的后裔诸葛亮大名垂宇宙，为后世所敬仰。诸葛丰的官宦生涯也不同寻常，足以流芳百世。

诸葛丰简直就是盖宽饶的克隆，他也精通儒家经义，被聘为琅邪郡文学官。盖宽饶浑身一副硬骨头，诸葛丰也不比他逊色，性格刚烈，特立独行。西汉名臣贡禹担任御史大夫时，聘请诸葛丰为自己的助手，后又推荐他做侍御史。不久，汉元帝又把他提拔为司隶校尉，成了京畿七郡的反腐骨干。诸葛丰上任之后，敢于同任何恶势力做斗争，深受百姓的爱戴。那些害人精一看到诸葛丰手中的符节，就吓破了胆，纷纷逃离京城。以至于流行一句话，“间何阔，逢诸葛”——为什么久别不相见？碰到了诸葛丰这个丧门神啊！因而受到了汉元帝的赏识，加封诸葛丰为光禄大夫。

侍中许章仗着自己是皇亲国戚，藐视国法，枉顾朝纲，胡作非为。有一回，许章卷入了一起贪腐大案。不巧的是，恶虎遇到打虎能手。诸葛丰在路上撞见了许章，决定秉公办事，趁机除掉这条蠹国虫。诸葛丰高举手中的符节，拦住许章的马车，滚下来！准备将他逮捕。许章见势不妙，掉头而跑，于是上演了警匪追车的惊险一幕。许章不顾一切地狂奔乱逃，最后闯入宫门，躲到汉元帝的身边去。汉元帝很宠爱许章，没等诸葛丰赶来，就下令没收了他手中的符节。司隶校尉没有符节就是从诸葛丰开始的。

失去了符节，司隶校尉的威力大减。气得诸葛丰狠摔头上的乌纱帽，干脆辞职算了。于是向汉元帝递上奏疏：我生性愚蠢软弱，文不足以劝善，武不足以镇邪。皇帝也不管我能力如何，就让我做了司隶校尉。也没有做出什么贡献，皇帝又加封我为光禄大夫。如今我行将朽木，随时就可能被拉去填埋沟壑。平生最大的忧虑就是无从报答皇恩，被人讥笑占着茅坑不拉屎，尸位素餐。所以发下宏愿，不惜此生，随时砍下奸贼的头颅，高悬于闹市之上。再公布他们的罪状，让世人知道恶有恶报，邪不压正。如能如愿，纵然被千刀万剐，我也无怨无悔。但我志不能伸，心中不胜愤懑，请皇帝赐我一个清闲的日子吧！

汉元帝虽然没有批准诸葛丰的辞呈，但是对他的信任大不如昔。

诸葛丰反腐主要集中在春夏时节，朝中别有用心的官员对此污蔑中伤，说什么诸葛丰不按季节办案，不遵行法制，苛刻暴虐。汉元帝耳根一软，就调任诸葛丰为城门校尉，让他去统领京城守门的卫队。诸葛丰又上书揭发光禄勋周堪、光禄大夫张猛的腐败行为。这回汉元帝终于不耐烦了，给诸葛丰安上诽谤的罪名，将他贬为庶民。诸葛丰最后老死家乡琅邪郡。

盖宽饶、诸葛丰为了反腐大业不屈不挠，但是他们成也耿直、败也耿直，命运多舛。由此可见，在封建君主专制的时代，反腐还需看统治者的脸色。腐败可以反，但是超越了统治者一定的容忍度时，也很难逃脱“被反腐”的命运。

第 6 节　“度田、检籍”引爆武装叛乱

反腐有罪，盖宽饶、诸葛丰的命运说明了正是中兴之主汉宣帝及其儿子汉元帝，埋下了西汉覆灭的祸根。汉宣帝在位期间的一些弊政，尤其是任用宦官、外戚，让朝中邪恶势力逐渐抬头。汉元帝之后，再无强势君主，一代不如一代。朝中贪腐之风如洪水般泛滥，终于一发而不可收拾，掀起一阵阵贪污狂潮。

汉元帝时期的安定五官掾张辅，“怀虎狼之心，贪污不轨，一郡之钱尽入辅家”。下狱之后，获其赃款百余万。汉成帝的国舅爷王立，勾结南郡太守李尚，侵夺垦草田数百顷，私吞公款超过一亿，创下西汉朝贪污款额的纪录。凿壁偷光、苦读成才的丞相匡衡竟然也是个大贪官，“专地盗土”四百余顷，收取田租谷千余石，值十金以上。

贪腐横行，使得帝国从上到下，散发出一股腐烂的臭味。吏治彻底崩溃，政府完全失去公信力，民心思变。结果外戚王莽趁火打劫，篡国改政，怪胎王朝——“新”哇哇坠地。

新朝更是一个不堪一提的荒谬皇朝，吏治就像被一阵飓风卷过，极端混乱，短短十五年，从头到尾与贪腐为伍。农民暴动此起彼伏，绵绵不绝，终于将处处藏污纳垢的新朝埋葬在历史的最深处。

经过战火和热血的洗涤，东汉帝国在一片废墟上崛起了。开国之君光武帝刘秀面临的主要任务是缓和日益激化的阶级矛盾、恢复衰敝的社会

经济，故而实行仁政，释放奴婢，省刑薄敛，黜奢崇俭等等。特别是公元39至40年间（**建武十五、十六年**）在全国范围内通过“度田”“检籍”——土地登记和人口普查，打击不法的地方势力，掀起了一次反腐浪潮。

民以食为天，食以地为本。土地问题永远是中国社会最基本的问题。从战国时期商鞅“废井田，开阡陌”被五马分尸，到李闯王杀入北京城时高喊“均田免赋”，到洪教主信誓旦旦的“有田同耕，有饭同食”，再到孙中山的“平均地权”，最后到农民翻身得解放的土改运动，数千年来压在亿万人民心头最沉重的巨石块这才坠落消失。

新朝皇帝王莽篡政之后，曾经天真地幻想一劳永逸地解决土地问题，宣布恢复井田制。这一复古逆流严重损害了既得利益者，遭到无数人的重拳打脸，结果王莽头颅高悬城墙头上，连舌头也被切成碎片，做了下酒菜。王莽的教训告诫后来的当权者，土地问题非儿戏，万万碰不得。

东汉建立初期，土地问题也成为光武帝最头大的难题。地方豪强不但没有在如火如荼的农民暴动中被打倒，反而坐收渔利，大肆兼并土地。大量失去耕田的农民变成流民，不得不像一条忠实的哈巴狗，依附在主人身旁。如此一来，耕田和劳动力都集中在地方豪强手中，朝廷要征收赋税，结果上缴的寥寥可数；皇帝要征兵打仗，结果抓不到几个壮丁。

为了扭转困局，公元39年，光武帝诏令“度田、检籍”——下达红头文件，核实各地的垦田面积和户口清查。光武帝目的只有一个，全面摸清家底，掌握国情国力。

但是“度田、检籍”诏书一下到地方，立即掀起轩然大波。地方领导——各郡的刺史、太守根本就不买中央政府的账。上有政策，下有对策。他们借着“度田”的名义，把老百姓都赶到田里去，还将房屋、村落都当做耕地来丈量，卑鄙地嫁祸于人。老百姓走投无路，只好在大道上搭起帐篷，如丧考妣般的哭哭啼啼、呼天抢地，甚至围殴前来清查的官员。

各地派人进京汇报工作时，光武帝看到陈留郡的文书上有一句话，“颍川、弘农可问，河南、南阳不可问”。意思是颍川、弘农两郡可以“度田”，河南郡、南阳郡就不行。

光武帝越瞧越糊涂，问陈留郡的官员，文书谁给的？

陈留郡的官员耍赖说，是在洛阳长寿街上捡到的。

死鸭子嘴硬！光武帝龙颜震怒，要把他宰了。此时汉明帝刘庄才十二岁，他躲在幕后冷不防冒出一句话：这是陈留郡守教给他一个清查垦田的原则。

光武帝还是稀里糊涂，那为啥说河南、南阳就不行？

刘庄解释说，河南郡是京城所在地，那儿住着天子近臣。南阳郡是皇帝的老家，那儿住着皇亲国戚。他们广占耕田、宅邸豪华，大大超标，谁敢去惹他们？

光武帝二话没说，马上派出纪检人员，到各地去突击检查。重点查处在“度田、检籍”中弄虚作假、作奸犯科的二千石以上官员（**省部级以上高官**）。这一场雷厉风行的反腐斗争战果赫赫，挖出了一大批超级蛀虫。

公元39年（**建武十五年**）十一月，查出大司徒（**国土部长**）欧阳歙在担任汝南太守时贪污千余万，光武帝立即将他打入大牢。此人博学多才，门生遍及于世，是个名动天下的大儒学家。一听说欧阳歙被抓起来了，儒生们群起激昂，门徒一千余人全部集合在皇宫门外静坐示威，有人甚至断发抗议。身体发肤，受之父母，如此的热血男儿，不禁令人想起绝食断指反日的韩国义士。

更有一个十七岁的愤青叫礼震，从山东平原风尘仆仆跑到洛阳去，自绑双手，上书光武帝，痛陈一旦杀了欧阳歙，后果不堪设想，“上令陛下获杀贤之讥，下使学者丧师资之益。”要替欧阳歙殉身。

天下儒生誓死捍卫欧阳歙的生命，大有欧阳歙不存，地球就有停止运转之势。光武帝却不为所动，眼皮眨也不眨，抓大老虎，越是名人越应该狠打。结果欧阳歙命丧监狱中。

第二年九月（**建武十六年**），又查出河南尹张伋、东平相王元等地方郡守十余人，在“度田”中隐瞒垦田数额。光武帝铁青着脸，张伋、王元等全都下狱论死。一次就干掉十来个郡守，如此狠心任性的反腐行动，还真是史上罕见。

除了处以极刑的张伋、王元等外，还有大批因度田不实的地方高官遭到召回或免职处分。如东海相鲍永和琅邪太守李章被召回洛阳、河内太守牟长被免职等等。搞得那些豪族大姓、兵长风声鹤唳，唯恐城门失火殃及池鱼，遂铤而走险，煽动依附的农奴发动叛乱，准备用枪杆子维护自己的剥削本钱和既得利益。

由“度田、检籍”引起的反贪风暴，终于触发了一场激烈的武装斗争。叛乱者不但凶残，到处烧杀抢掠、捣毁官府、戕害长吏（秩四百石至二百石的县级官员）；而且狡猾，平叛部队一到，乱军就化整为零，平叛部队一走，乱军又化零为整，继续为非作歹，祸害世间。

因土地问题而反腐，因反腐而导致叛乱，可见中央与地方之间的利益差异和冲突已到了无法调解的地步，反腐成败攸关政权的生死存亡。

不度田、不检籍，就无法解决土地高度集中的问题。不反贪不反腐，就无法严格执行“度田、检籍”。不平定武装叛乱，就无法彻底地反贪反腐。

光武帝反应迅速，一听到叛乱的消息，立即制定出剿抚并用的平叛方案。十月，派人到叛乱最严重的地方去，宣布两条法令。

第一条，“五人共斩一人者，除其罪”，借以瓦解分化叛军。

第二条，“吏虽逗留回避故纵者，皆勿问，听以擒讨为效。其牧守令长坐界内盗贼而不收捕者，又以畏懦捐城委守者，皆不以为负，但取获贼多少为殿最，唯蔽匿者乃罪之。”——曾经对叛军回避、纵容、相互推诿的官员概不追究，今后只看他消灭多少叛军。但那些包庇、藏匿叛军的一律严惩不贷。

法令一下，叛军内讧不断。各级官员争先恐后奔赴战场，不到一个月，叛乱平息。光武帝把那些叛军头目——大姓、兵长都转移到其他郡去，给田给地，让他们安居乐业。一切又恢复了平静，“度田、检籍”得到了严格的执行。

大乱之后有大治。经过这次平叛，那些不法的地方势力遭到沉重打击。吏治上“勤约之风，行于上下”，勤政廉政蔚然成风。由于实施“度田、检籍”，户口增加，经济得以繁荣，终于有“光武中兴”，再次验证了反腐倡廉国必昌盛这条千古颠扑不破的真理。光武帝也被誉为历史上能够做到“齐家治国平天下”的唯一君主（南怀谨如是云）。

光武帝的儿子汉明帝刘庄、孙子汉章帝刘炟继承光武帝的衣钵，不停地挥舞着反腐大棒，朝政清明、经济繁荣，国势蒸蒸日上，史称“明章之治”，东汉帝国进入全盛时期。

第 7 节　反腐防线崩溃：东汉灭亡

汉武帝反腐卓有成效，是因为祭出大杀器——十三州部刺史。同样的，光武帝、汉明帝、汉章帝祖父孙三人也有他们的反腐杀手锏——司隶校尉。

司隶校尉跟十三州部刺史的发明专利权都属于汉武帝。公元前 89 年，长安城内整个皇宫笼罩在邪恶巫蛊的阴影之下，每一块地砖下都埋藏着恐怖的咒语纸条和木偶人，凄厉的猫鬼惨叫声回荡在夜空中，令人毛骨悚然。于是汉武帝建立一支部队，专门用来捕捉暗地里搞阴谋诡计的巫师，还有那些祸国殃民的巨贪大腐。这支队伍一共一千二百人，他们的长官就叫做司隶校尉。司隶校尉手握汉武帝特赐的符节凭证，拥有先斩后奏的生杀大权，后人将之跟明代的锦衣卫相提并论。

为了反腐需要，汉武帝设置十三州部刺史，监察地方郡、国。而三辅、三河、弘农等京畿七郡的反腐使命，则落在司隶校尉肩上。这时候的司隶校尉除了符节之外，手头上没有一个兵。

此后，司隶校尉的权力逐渐萎缩。公元前 45 年，连符节也被汉元帝收缴。诸葛亮的老祖宗诸葛丰做司隶校尉时，是有符节的。诸葛丰之后的司隶校尉再也没有见过符节了。公元前 9 年，荒淫无道的汉成帝觉得司隶校尉简直是在糟蹋纳税人的血汗钱，干脆把它废了。公元前 7 年，汉哀帝恢复这个官职，但去掉校尉两个字，归大司空掌管，负责督察京师百官。

东汉建立之后，光武帝重新设置司隶校尉，不但负责监察京畿七郡，而且变成一个编制齐全的反腐机构，下属官员有从事史（主管人员）十二人和假佐（办事员工）二十五人。

从事史包括都官从事（监察部长）、功曹从事（人事部长）、别驾从事（档案主管）、簿曹从事（财务总监）、军曹从事（武装部长），以及地方郡国派遣的部郡国从事等。

假佐包括主簿（秘书）、门亭长（警卫员）、门功曹书佐（招聘员）、孝经师（考试官）、月令师（祭祀官）、律令师（司法官）、簿曹书佐（会计师）、都官书佐（监察员）、典郡书佐（检录员）等。

身为这个反腐机构的掌门人，司隶校尉“举纲而万目理、提领而众毛顺”，号称卧虎，在那些贪腐分子的眼中，不啻于一只瞪圆双眼，耽耽相视的猛虎。其权力和地位大大提升，位列九卿之上，跟三公平起平坐。朝政会议上的待遇与尊贵的尚书令、御史中丞相等，有专门的座位，又称“三独坐”。

司隶校尉睥睨朝中百官，威权之重，堪比美国的独立检察官，除了皇帝，谁都可以弹劾，是东汉统治者肃清贪腐势力的得力干将、维护政治清明的定海神针。

除了司隶校尉这一重量级的反腐工具之外，郡级干部督邮也在东汉的吏治舞台上扮演着一个不容忽视的角色。《三国演义》中有个脍炙人口的情节，张飞怒鞭督邮。这个督邮到底是管什么的？汉文帝时期就有督邮，通常郡内划分成若干部，譬如东部、西部等等，每个部设置一名督邮。他是郡太守派出去的纪检巡视员，其职权范围非常的广，不但负责一郡之内的驿站邮政，而且“传达教令、督察属吏、案验刑狱、检核非法等，无所不管。”一旦发现问题，飞马加鞭直接向太守、刺史汇报。到了东汉，督邮的权力逐渐扩大，不再局限于巡察监督，还可以发布逮捕令，捉拿不法分子。监管的对象包含部内辖区的王侯豪族、奸猾吏民，可谓位卑权重。

司隶校尉负责中央政府和京畿七郡，十三州部刺史负责地方郡国，督邮负责郡内县乡，经过光武帝、汉明帝、汉章帝三代的苦心经营，终于形成了一套从中央到地方，再到基层，层层监控、严密有序的反腐体系。只要这个系统健康运行，就可以确保“政治清明、政府清廉、干部清正”，从而国泰民安、繁荣富强。东汉最初的六十年间，连续出现了“光武中兴”、“明章之治”两个朝气蓬勃的太平盛世，离不开反腐系统的正常运转，发挥着保驾护航的巨大作用。

但是从东汉的第四位皇帝——汉和帝刘肇开始，在外戚和太监两大腐败集团的轮番轰击之下，坚固的反腐防线就像暖春的冰封，慢慢地融化、裂开，随着隆隆一声巨响，土崩瓦解。潘多拉魔盒被打开了，贪腐的恶魔竞相冲出，傲视天下的东汉大帝国，终被埋葬在腐臭与糜烂的土壤之中。

光武帝、汉明帝、汉章帝三帝吸取了西汉末年由于外戚乱政，王莽钻营取利、窃国篡权的教训，故而一再严范外戚。光武帝“度田、检籍”，管束了宗族外戚。

汉明帝对外戚更是绝情，馆陶公主（光武帝的第三女）曾经走后门，要汉明帝给她的儿子官做。汉明帝断然拒绝，宁可赐钱千万，也禁止外戚插足朝政。伏波将军马援可谓战功赫赫、威震天下，可是汉明帝在追封“云台二十八将”时，因为女儿是皇后，马援榜上无名，只得暗自惆怅。

汉章帝时，国舅爷窦宪抢占了沁水公主（汉明帝第五女刘致）的田庄，汉章帝得知之后，予以当头棒喝，让窦宪面壁思过，“国家弃宪如孤雏腐鼠耳！”——再不悔改，我就像踩烂一只死老鼠那样惩罚你！吓得窦宪魂飞魄散。窦皇后出面求情，过了很久汉章帝怒气才稍稍平息，勒令窦宪物归原主。

到了汉和帝就不一样了，他十岁登基，窦太后垂帘听政，外戚的几个兄弟一飞冲天。窦宪由虎贲中郎升为侍中，窦笃任虎贲中郎将，窦景、窦环均为中常将，东汉政权第一次落到外戚手中。窦氏家族的跋扈骄横，不亚于汉宣帝时期的霍氏集团。

汉和帝亲政之后，决心效仿汉宣帝，扳倒碍手碍脚的窦氏。公元92年，历史再次重演，在太监郑众等人的襄助之下，汉和帝一举歼灭了窦氏家族，出现了东汉帝国最后一个清明盛世——“永元之隆”。“永元之隆”是东汉由盛转衰的转折点，郑众因诛杀窦氏之功，被封为大长秋。公元102年，郑众又封鄛乡侯，食邑一千五百户。在帝、后之间，出现了第三极势力，失去男根标志的太监开始染指政治，使得原本就诡异多变的朝政，更笼罩着一层令人作呕的阴森邪气。

从汉和帝到汉质帝，将近半个世纪，外戚势力与太监集团走马灯似的，轮流执政，把朝政糟蹋得乌烟瘴气。汉安帝刘祜时代的外戚邓氏家族、阎氏家族，中黄门李闰、江京，你方唱罢我上台。汉顺帝刘保时代，中黄门孙程等十九名太监得势。汉冲帝刘炳和汉质帝刘缵在位期间，跋扈将军梁冀独揽朝政，一手遮天，甚至肆无忌惮地毒杀皇帝，书写了皇权史上最悲惨的一页。整个反腐体系快要被外戚和太监压垮了。连皇帝都落得如此下场，更别说那些司隶校尉、十三州部刺史了。

公元 159 年，被压得喘不过气来的反腐体系终于做了一个超跌反弹。这一年，在汉桓帝刘志的授意之下，司隶校尉张彪大显身手，将大魔头梁冀剁成碎肉，外戚梁氏一扫而光。不幸的是，朝政再次落到太监手中。单超、左倌、徐璜、具瑗、唐衡五个太监，同日封侯，太监集团的势力空前强盛，反腐系统面临崩溃之危。东汉帝国犹如一艘失去碇石的破败游轮，在惊涛骇浪之中重心不稳，摇摇晃晃，几欲倾覆。

公元 161 年，以汉桓帝可耻的卖官鬻爵为标志，东汉政治进入立国以来最腐败、最黑暗的时期。这个时期反腐斗争最值得一提的是司隶校尉李膺。李膺为人耿直，刚正不阿。初举孝廉，甚受司徒胡广的器重，被任命为青州刺史。郡守、县令听说要来一个铁面无私的“李青天”，纷纷卷起铺盖，逃之夭夭。此后李膺相继调任渔阳太守、蜀郡太守，转护乌桓校尉，负责守卫边关。在抗击鲜卑族的战争中，李膺身先士卒，所向披靡，令剽悍的鲜卑骑兵望而却步。之后又镇守河西走廊，羌人闻风丧胆，不战而退，威名远播西域。公元 159 年，这位铁血战将回到中原，升任河南尹，步入充满艰难坎坷的官途。

李膺一到任，就准备弹劾宛陵的大贪官羊元群。不料羊元群贿赂太监，反咬一口。李膺被送到洛阳进行劳动改造。司隶校尉应奉甚为同情李膺的遭遇，上书汉桓帝为他辩解。汉桓帝不但赦免了李膺，还让他接任司隶校尉，又踏上危机四伏的反腐之路。

李膺上任后做的第一件事，就是捉拿腐败分子野王县令张朔。此人是大太监张让的弟弟，贪婪、残忍，甚至连孕妇也被杀害。张朔听说李膺的反腐手段任性而又冷酷，吓得连夜跑到洛阳去，躲在张让府邸的空心柱中。

李膺得到消息，带上一队人马，直奔张府，劈开空心柱揪出张朔，捆成一个粽子，直接送进监狱。没等录下口供，张朔就人头落地。从此，大大小小的太监对李膺畏若神明，见了他气都不敢喘。甚至休假期间，也不敢迈出宫廷半步。天下正义之士无不将李膺捧为帝国的政坛领袖，以被李膺接见为荣，誉之为“登龙门”。朝中太监势力却视之为眼中钉、肉中刺，欲除之而后快。

公元 166 年，太监势力以结党营私的罪名指控李膺等二百余人，并坐下狱，史称第一次党锢之祸。众望所归的反腐急先锋惨遭迫害，整个反腐体制在太监势力的高压之下，气若游丝，奄奄一息。

两年之后，太监王甫、曹节发动九月政变，将外戚窦氏斩尽杀绝。公元 169 年，大获全胜的太监集团挑起第二次党锢之祸，“前司空虞放、太仆杜密、长乐少府李膺、司隶校尉朱寓、颍川太守巴肃、沛相荀昱、河内太守魏朗、山阳太守翟超皆为钩党，下狱，死者百余人，妻子徙边，诸附从者锢及五属。制诏州郡大举钩党。”——这一次惨不忍睹的镇压事件中，前任司隶校尉李膺，以及现任司隶校尉朱寓，竟然同遭迫害。

太监势力由此彻底控制了整个监察体系，司隶校尉彻底沦为太监势力的附庸，霸持朝政的工具、压制正义之士的帮凶。如太监扶持的司隶校尉王寓厚颜无耻地要求百官举荐他，百官唯唯诺诺，俯首听命，只有一个太常张奂拒绝。王寓恼羞成怒，制造冤狱，陷害张奂，“禁锢归田里”。

公元 172 年，在大太监中常侍王甫的指使之下，司隶校尉段颎逮捕进步学生一千余人，段颎因而被提拔为太尉。继任的司隶校尉阳球就是中常侍程璜的女婿，两人合谋扳倒王甫，段颎失去靠山，也被阳球害死。司隶校尉演变成类似于明代东厂、西厂的恐怖组织。

而担负地方反腐重任的十三州部刺史情况也不妙，日益行政化，逐步从反腐体制中剥离出去。光武帝时期，赋予刺史人事选举权。汉明帝时，刺史具备了民政功能。汉顺帝时，刺史兼掌地方军、政大权。汉灵帝时，正式把刺史更名为州牧，集行政、军事、司法、财政大权于一身，完全变成地方长官。拥兵自重，甚至对抗中央，加剧了帝国的分崩离析。在华丽转身的同时，有的刺史堕落成贪官蠹役。如益州刺史侯参贪污赃款过亿，不惜一切手段掠夺富豪人家的钱财。后来被逮捕起来，半路上自杀于槛车里。京兆尹袁逢在长安城内的一家旅舍缴获了辎重三百多乘，车上装满了侯参贪污、掠夺而来的金银珠宝，不下三万斤。

十三州部刺史变质、司隶校尉变节。督邮更是为虎作伥，变成害民贼，被黑张飞（史书上是菩萨心肠的刘皇叔）“攀下柳条，去督邮两腿上着力鞭打，一连打折柳条十数枝。”就这样，到了东汉末期反腐体系宣告溃败，荡然无存。

反腐体系被摧毁之后的东汉帝国就像油料燃尽的飞机，急速坠落。公元 178 年，最大的腐败头子——汉灵帝公然大规模地卖官鬻爵，国家从头烂到脚，各级官员的贪腐已经无法用语言形容了。极致的政治腐败让老百姓忍无可忍。公元 184 年，爆发黄巾大起义，地方军阀割据纷争，东汉政权名存实亡。

第四章

魏晋：乱世反腐，骤雨不终日

第 1 节　从“惩腐铁汉”到“吏治六条”

黄巾大起义之后出现了历史上最长的大分裂期——魏晋南北朝，超过三个半世纪。春秋战国时期尽管纷争不息，可至少人们的内心深处还存在一个模糊的概念——“天下共主”。魏晋南北朝则不然，虽说期间夹杂着西晋三十七年的短暂统一，但是中原陆沉，生灵涂炭，诸葛亮“北伐曹魏，兴复汉室”的呼声早已成绝响。随着周边夷狄之民融入华夏，大一统的观念一度陷入迷惘混乱的状态。战争频仍，如同家常便饭。政权更迭，好似繁忙奔驰的车马，毂交蹄劘。三个半世纪中一共涌现出三十个政权，几乎都是沙堆上的城堡，波浪一拍打，哗啦啦散倒，存活率极低，平均每个政权三十八年。除了东晋与北魏立国超过一百年外，其余大多是三、四十年以下的短命王朝。最短的南燕仅有十二年，真是昙花一现。

一年三百六十五天，天天血流漂杵，命不保夕。政权的高度不稳定性，决定了持续的反腐不过是空中楼阁，但也不乏富有成效的反腐斗争。

三国时期的反腐就很有特色，尤其是曹魏政权最具代表性。作为曹魏政权的缔造者，曹操因为一部《三国演义》，获得草根化普及，其知名度和影响力令其他历史人物望尘莫及。在《三国演义》中，曹操的形象阴险、残酷，“名为汉相，实则汉贼”，贪婪、虚伪、好色，完全是一个贪腐集大成者。但历史上真正的曹操却是一个无人能及的反腐行家。

名闻遐迩的赤壁大战之后，为了反击敌对集团孙刘联盟以及朝中拥汉派的嚣张言论，打赢一场舆论战，公元 211 年，曹操写了一个名叫《让县自明本志令》的人生回忆录，畅谈自己的从政经历和体会。根据这个回忆录，曹操刚踏上官途，初生牛犊不怕虎，曾经有过颇为引人瞩目的反腐举措。在那个官吏贪污腐败、社会极端混乱的年代，堪称吏治的楷模。

曹操的官途起点跟其他人无异，都是“初举孝廉”。刚开始只是一个洛阳北部尉——相当于公安局长。当时洛阳治安极差，朝中重臣子弟横行霸道，谁都惹不起。曹操到任的第一天，就展现他的硬朗作风，不但把办公署衙装点得派头十足，而且准备好几十把五色杀威棒。不论皇亲国戚，谁犯了法，一律棒杀。当时太监当政，汉灵帝的心腹蹇硕手握兵权，更是作威作福，人人敬而远之。曹操做了洛阳北部尉没几个月，蹇硕的叔叔犯了夜行的禁令。曹操毫不留情，一棒将他打入地府。整座洛阳城为之肃然起敬，那些豪强子弟、地痞流氓登时销声匿迹。曹操因而被提拔为顿丘县令。

公元 184 年，黄巾大起义爆发，汉献帝任命曹操为骑都尉，率领一支精锐的皇家骑兵，大破颍川黄巾军。曹操因功授任济南国相，也就是一郡的太守。济南国辖境内有十个县城，人口四十五万，并非大郡。但就是这么一个不大不小的地方，“长吏多阿附贵戚，赃污狼藉”——那些七品芝麻官仗着朝中有人，肆无忌惮地贪污受贿，历任济南国相对此无可奈何，是个腐败重灾区。

曹操莅任之后，再现反腐“铁汉”本色，强力推行“除残去秽”。曹操首先重拳出击，狠打贪官污吏。他上奏汉献帝，任性地将十个县令一下子罢免了八个，一时朝野震惊。

紧接着曹操又开展“禁断淫祀”的整风运动，倡导“健康进步”的精神文明。所谓的淫祀就是指擅自祭祀官方法定正统神祇之外的妖淫精鬼，历代均受到政府的严令禁止，乃至于武力制裁。当时济南国中迷信成风，权贵土豪私下设立各种祭祀老祖宗的祠堂、庙灶，大大小小的竟然有六百多座。富商与官员沆瀣一气，装神弄鬼，借机盘剥百姓，过着淫靡不堪的日子。历任济南国相也是睁一只眼闭一只眼，民众叫苦连天。

曹操到任不久，就严令禁止祭祀鬼神。甚至不惜动用暴力机器，将那些违章建筑强行拆毁。一夜之间，六百余座祠堂变成一堆堆瓦砾。豪奸巨滑哭天抢地，淫祀污秽之风，自此一去不复返。曹操此举，最为惊世骇俗，从精神上重创了那些不法的地方权贵，因而受到反对者的疯狂反扑，举朝沸沸扬扬，众口一致，对曹操笔伐口诛。曹操担心累及家族，辞官不做，告病还乡。曹操早年的官宦生涯，就因为铁腕反腐，得罪了当时最有权势的人，被迫终止。

后来曹操芟平群雄，一统中原，俨然如帝王，俯瞰天下。可曹操仍然保持勤俭节约之风，并身体力行，为世人表率。

曹操虽然妻妾成群，但是她们衣着朴素，很少穿戴绫罗绸缎，就连鞋子也没有鲜艳的绣花。曹操死后，也没给她们留下钱财，要她们自力更生，学做针线活，卖鞋度日。

曹操反对铺张浪费，蚊帐、屏风坏了，缝缝补补后又用上。棉被暖和实用，没有镶缀的花边。吃的更是简单，除了肉之外，看不到山珍海味。曹操的夫人卞氏回忆说，她跟随曹操四十五年，已经养成了俭朴的作风。有一回曹操小舅子卞秉的新房落成，卞氏去弟弟家请客吃饭，“菜食粟饭，无鱼肉。”——没有大鱼大肉，只有粗茶淡饭。曹操的儿媳妇、曹植之妻崔氏竟然因为“衣绣违制”——穿着过于豪华,违反规定而被曹操勒令自杀。

曹操嫁女儿，一点也不见王侯将相的风光派头。嫁妆除了黑乎乎的质次帏帐、几个陪嫁丫鬟之外，别无他物，比寻常百姓还要寒酸。

曹操对自己更是苛刻。临终遗命，死后要把自己埋葬在邺城西边的高地上，跟西门豹祠相近，陵墓中不许有金玉珍宝。下葬之后，所有的人都要脱下丧服，回到自己的岗位上，继续为国家效劳。

但曹操绝对不是巴尔扎克笔下的守财奴葛朗台。他对下属和士兵慷慨大方。攻城略地之后，凡是有缴获，曹操毫不吝惜地大行封赏，奖励有功之士。

正因为曹操的以身作则，使得东汉末年的奢靡腐败之风，在曹操执政的建安时期大为改观。

曹魏代汉之后，曹丕继承曹操的反腐倡廉思路，以豫州刺史贾逵制定的“吏治六条”为蓝本，向全国推广，用法律规范来惩治腐败。“吏治六条”的精神在于将反贪反腐与人事选拔合为一炉，对地方长官——六百石以上（墨绶长吏）、二千石以下（长吏）——的职权进行监察。

“吏治六条”内容包括：

其一，察民冤、疾苦、失职者。——督察地方违法渎职行为。

其二，察墨绶长吏以上居官政状。——督察县级以上的官风政风。

其三，察盗贼为民之害及大奸猾者。——督察地方治安状况。

其四，察犯田律四时禁者。——督察地方农业生产状况。

其五，察民有孝悌、廉洁、行修、正茂、才异等者。——督察人才选拔培养工作。

其六，察民不簿入钱谷发散者。——督察县级以上官员的经济犯罪情况。

“吏治六条”与汉武帝的“刺史六条”相类似，意在遏制地方腐败，建立一个清廉公正的社会。

曹丕的儿子魏明帝曹睿对反腐也很重视。公元229年，曹睿下诏重新修订法律，编成《新律十八条》，专门列出了《告劾律》、《请赇律》和《偿赃律》三个反腐条款。新律提到的贪污贿赂罪有：

断盗、割盗官物——职务侵占罪。曹丕的小舅子郭夫人之弟在河北曲周县做官时，盗窃官库中的布匹。在汉代该称作主守盗，当处以弃市。曹魏沿袭汉律，西部都尉鲍勋依法要将他斩首弃市，曹丕却私下向鲍勋求情。鲍勋不敢徇私枉法，上报朝廷，结果触怒了曹丕。

私易、贱卖官物——挪用公物罪。曹操讨伐马超时在潼关被追得狼狈不堪，幸亏丁斐放出牛马，救了曹操。第二年，丁斐跟随曹操南征孙权时，偷梁换柱，将家中的病牛换成官牛，差点儿入狱丢官。另一个官员秘书令路粹低价贱卖曹操军中的毛驴，获取暴利，结果掉了脑袋。

赃、受所监临——受贿罪。驸马都尉孔桂收取了西域商人的贿赂，被曹丕处死。庐江太守文钦贪污受贿，也被曹睿召回洛阳。

曹魏政权为反腐立法，不断地整顿优化吏治，政治较为清明，国力昌盛。因而尽管陷入东、西两个战场，却始终牢牢掌握战争主动权，应付自如，反而让蜀、吴两国疲于奔命。

第 2 节　蜀汉出了个诸葛亮

魏、蜀、吴三国之中，蜀汉国力最弱。一代名臣诸葛亮执政时期，蜀国吏治却是最好，朝政最为清明。诸葛亮的军事才能尚有人质疑，但是诸葛亮的治国之术却世所公认，为千古风范。

诸葛亮崇尚法治，倡导依法治国的理念。公元 214 年，刘备夺取西川之后，诸葛亮做的第一件事就是跟法正、伊籍、刘巴、李严等人共同制定了一部治蜀法典——《蜀科》。《蜀科》集中体现了诸葛亮的安邦大法——严刑峻制。

刘备的另一个助手法正对此颇为不解，刘氏集团尚未在四川站稳脚跟，就对老百姓如此刻薄，不怕惹得天怒人怨吗？他引用汉高祖刘邦入关之后约法三章的例子，劝诸葛亮宽刑省法，以收民心。

诸葛亮告诉法正，秦朝暴政，百姓惨遭涂毒，生不如死，陈胜吴广振臂一呼，义军此起彼伏，秦朝土崩瓦解。所以刘邦占据关中之后，反其道而用之，就是为了让老百姓得到喘息的机会。此一时彼一时。四川的前任领导刘璋为人懦弱，驭下无方。文武百官目无法纪，胡作非为，搞得整个四川一盘散沙似的。乱世重宽容，弛世用重典。矫枉必过正，如今严刑酷法，人们才体会到什么是恩德。不胡乱提拔，人们才知道做官的荣耀。

制定法规法律之后，接下去就该清算那些逍遥已久的贪腐分子。诸葛亮在《便宜十六策·治乱》中提到了反腐的一条原则，“先理强，后理弱；先理大，后理小”。也就是说，先打大老虎，后拍小苍蝇。

诸葛亮狠打的大老虎有两只——长水校尉廖立、托孤重臣李严（**后改名李平**）。这两人都是刘备从荆州带过来的嫡系部下。廖立堪称青年俊才，未满三十就被刘备任命为长沙太守。刘备入川之后，廖立先做巴郡太守、后任侍中，可谓前程似锦。但是廖立自命不凡，认定自己有将相之才，做诸葛亮的副手绰绰有余。没想到在阿斗时代，廖立被晾在一旁，只做一个高级军官——长水校尉。看到跟自己一起过来的李严都进入了领导核心，失衡心理让廖立迅速蜕化变质。

廖立心怀怨恨，先是抹黑刘备的光辉形象，后又逐个污蔑朝中大臣，散布极端言论，破坏整个执政队伍的团结，存在着严重的官僚主义作风。诸葛亮为了严肃国法军纪，公元 225 年以诽谤罪（诽谤先帝，疵毁众臣）起诉廖立，免掉他的一切职务，流放汶山郡。

李严是白帝城的托孤重臣之一，阿斗继位后，李严封侯、加节，地位仅次于诸葛亮，绝对算得上重量级的政治人物。但是李严居功自傲，私欲不断膨胀，趁着诸葛亮北伐中原，以投奔曹魏来要挟诸葛亮放权。企图浑水摸鱼，扩充自己的势力，甚至有另立山头对抗诸葛亮的嫌疑。

李严生活奢侈腐化，即使丢官之后府中仍有“奴婢宾客百数十人”，而且狡诈凶狠，睚眦必报。李严的老乡陈震狠批李严“腹中有鳞甲”，李严在荆州南阳做官时就是一个酷吏，只想着为自己谋利益，置他人和集体于不顾。南阳的乡亲还给李严编了一条谚语，“难可狎，李鳞甲”，意说李严浑身长满尖刺，难以亲近。

公元 231 年诸葛亮第五次北伐，李严借口阴雨连绵筹粮困难，假传阿斗诏令把诸葛亮骗回成都，破坏了整个战争计划。李严已经彻底沦为蜀汉危害最大的“老虎王”，诸葛亮忍无可忍，成立一个调查委员会，成员包括当时最有名望的人士，诸如魏延、吴懿、高翔、吴班、杨仪、邓芝、刘巴、费祎、姜维等等，最后把李严贬到梓潼郡去。

诸葛亮在《便宜十六策·思虑》中有一句警言，“欲思其利，必虑其害”。这句话道出了反腐和倡廉之间的辩证关系。反腐和倡廉，是一枚硬币的正反两面，既具有统一性，又具有差异性。反腐属于政治道德范畴，倡廉则属于社会道德范畴。要想建立一个清明的社会，必须做到反腐与倡廉同时并举，放在相等的位置上。

年轻时代开始就淡泊名利、胸怀大志的诸葛亮为后世反腐倡廉树立了标杆。正如诸葛亮在《诫子书》中所说的，“夫君子之行，静以修身，俭以养德。”诸葛亮虽然身居高位，但是心系社稷，生活之俭朴，在那个时代，无人可以超越。

诸葛亮是历史上第一个进行财产公示的高官，他前后两次将家底公诸于众。第一次是在公元 224 年，诸葛亮给未来的政敌——李严书信中有句话，“吾受赐八十万斛，今蓄财无余，妾无副服。”——政府拨给我的经费合计八十万斛，但是现在我银行没有存款，家中就连妇人换身的衣服都短缺。

公元 224 年是刘备病死白帝城之后的第二年，诸葛亮成为蜀汉的大管家，肩负着重振士气、兴复汉室的神圣使命。诸葛亮以坦荡荡的君子风度，率先公开财产状况，既解除了李严等人对自己的疑虑，又为朝中官员树立反腐倡廉的榜样，有利于凝聚人心、促进团结。

第二次是在公元 234 年，陨落五丈原之前，诸葛亮给阿斗留下一封感情真切的书信：“今臣家成都，有桑八百株，薄田十五顷，子孙衣食，自有余饶。臣身在外，无别调度，随时衣食，悉仰于官，不别治生，以长尺寸。若臣死之日，不使内有余帛，外有盈财，以负陛下也。”——我在成都的家中有桑树八百棵、贫瘠的田地十五顷，这些可以让子孙丰衣足食了。我经常在外，一切开销都由政府买单。也没有搞其他的副业，增加收入。我死之后，不让家中有多余的财物，外面有多余的资产，这会辜负你的。

诸葛亮如此表态，也如此行动。此时公示财产到底有何用意？就是为了给后继的当权者一个行为准则，督促他们构建一个清廉高效的政府。若能持之以恒，必将做到国富民强，如此一来，兴复汉室的期望值大增。

诸葛亮不但生前节用，而且死后也节葬。按照诸葛亮的遗命，蜀汉把他埋葬在定军山。以山做坟，只在山上凿了一个坑洼，刚好容纳得下诸葛亮的灵柩。下葬时用当时最普通的服装入殓，也没有什么陪葬器物。赤条条而来，光溜溜而去，诸葛亮什么都没有带走，真正达到了“修身、齐家、治国、平天下”的最高人生境界。

诸葛亮死后，蜀汉的许多执政者也的确受到诸葛亮高尚人格魅力的感染，自觉紧绷廉洁自律这根弦，兢兢业业、勤政廉政。所以在后诸葛亮时代，蜀汉政权仍然保持了长达二十五年的稳定、清廉。

如蒋琬、费祎、董宛颇有诸葛亮之遗风，崇尚务实、不尚奢侈，后人将他们与诸葛亮并称四相。蜀汉的三军总司令姜维，“宅舍弊薄，资财无余，侧室无妾媵之亵，后庭无声乐之娱，衣服取供、舆马取备、饮食节制、不奢不约，官给费用，随手消尽。”——姜维的住房简陋，银行无存款，家中女人衣服不多，也没有文娱活动。所有的衣食住行，不奢侈也不刻意俭约。政府给多少就用多少，从不浪费，简直就是诸葛亮第二。另一个高级将领邓芝，也跟姜维那样，随用随取。但是家财贫乏，连妻儿都吃不饱、穿不暖。邓芝死之日，家中一贫如洗。诸葛亮的亲密战友董和深受诸葛亮的言传身教，做了二十多年的官，临终时家中余粮竟然不足一石。

蜀汉的反腐倡廉，在诸葛亮时代犹可圈可点，但是诸葛亮一走就江河日下了。公元 258 年，太监黄皓干政，蜀汉朝政犹如瀑布临空而落，五年之后为曹魏所灭。诸葛亮为反腐倡廉呕心沥血了大半辈子，最后在一个太监手中功亏一篑，不能不令人扼腕叹息。

第 3 节　夹缝中的孙吴反腐

与曹魏和蜀汉两个政权整顿吏治的反腐不同，孙吴政权的反腐明显带有派系斗争的色彩。孙吴的统治阶级主要由两大相互对立的群体构成，一个是以张昭、诸葛瑾、周瑜、鲁肃、胡综、薛综、吕蒙等为代表的淮泗集团，他们在东汉末年为了找寻自己的理想，跟随江东的土豪孙坚、孙策，南渡长江，开疆拓土，最后在江东落地生根，奠定了孙吴政权的基业。另一个是吴郡顾、陆、朱、张四大豪族，代表人物是顾雍、陆逊、朱治、张温。他们是江东的土豪，在当地拥有庞大的产业，担心那伙外来移民会鸠居鹊巢，抢了自己的饭碗。

在建政初期，内忧外患不断，张昭、周瑜等淮泗集团成了东吴的中流砥柱，占据绝对上风。而江东土豪一直对孙氏政权心存疑虑，采取不合作甚至敌视的态度。但是赤壁之战的一把大火改变了一切，孙权为了保住自己的宝座，开始向江东土豪倾斜。毕竟强龙不压地头蛇，更何况随着周瑜、鲁肃、吕蒙等淮泗集团骨干的相继凋谢，淮泗集团的影响力开始下降，而江东土豪则成逐步抬升之势。

到了公元222年，刘备倾全蜀之师顺江东下，为二弟关羽报仇。孙权任命江东土豪的标杆人物陆逊为大都督、假节，统率三军抵御刘备，江东土豪的另一代表人物顾雍也在朝中担任尚书令，标志着江东土豪已经取代淮泗集团，成为东吴政权的主导力量。

这时候，东吴的形势一片大好。与曹丕的几次交手，孙权均取得傲人的战绩。蜀汉的当权者诸葛亮也采取务实态度，按照当年“隆中对”的思路，恢复了蜀吴联盟，集中精力对付曹魏。东吴的外部环境从未如此宽松过，但是孙权并未抓到来之不易的战略宽松期，在整顿吏治的同时，打击日益嚣张的江东土豪势力。结果，东吴政权全面江东化，吏治开始腐败，朝政逐渐堕落。

朝中有识之士为此忧心忡忡，一个叫暨艳的官员试图挺身而出，惩处贪鄙腐败，以挽救日益沉沦的江东小朝廷。结果在派系倾轧之中，左冲右突，却始终无法突出重围，最后功败身死，此即发生在公元224年的暨艳反腐案。

这个暨艳是吴郡人，是个货真价实的江东派人士，跟吴郡四大家族特别是张温有着千丝万缕的关系。暨艳在张温的推荐下，进了选曹署做一个选曹郎。由于江东豪族势力权倾朝野，暨艳很快就被提拔为选曹尚书——相当于中央组织部部长，执掌干部提拔、任免大权。

暨艳洁身自好，为人清高，常常针砭时弊，对朝政评头论足。当时朝中各个部门里简直就是一个大染坊，什么样的人都有。下属瞧不起领导，我行我素，任性妄为，把整个朝廷搞得乌烟瘴气。作为人事部门的一把手，愤世嫉俗的暨艳决心干出一番业绩，狠狠惩治那些不法的贪腐分子。

暨艳的反腐斗争先从各个部门（郎署）中的那些不称职官员开始，而后拓展到朝中所有的官员，重点是三署（五官署、左署、右署）中的那些吴郡四姓子弟，甄别考核，该降级的坚决降级，该调离的坚决调离。一大批行为恶劣的贪官污吏被调整到军队里去，还专门设立一个营房来收容他们，受到了战俘般的歧视。经过了暨艳及其亲信选曹郎徐彪一轮暴风骤雨似的扫荡之后，三署为之一空，能够坐稳位置的官吏不到十分之一。

暨艳的反腐斗争给死气沉沉的朝政注入了一丝活力，可是在张温、顾承（顾雍之孙）两大土豪的暗中支持、怂恿下，上纲上线地扩大化，调转矛头，直指孙权的第一任丞相孙邵、鄱阳太守王靖，企图借机狠整淮泗集团。

这么一来暨艳和张温四面出击、树敌太多，既得罪了淮泗集团，又跟江东豪族闹翻脸。

吴郡四姓中的陆、朱二族（代表人物陆逊、陆瑁、朱据）对此提出严正警告。军事统帅陆逊告诫暨艳，若不见好就收，必招来横祸。陆逊的弟弟陆瑁亲自给暨艳写了封书信，对他一锅端的粗暴做法表示担忧，“恐未易行也”。五官郎中朱据看到子弟兵一个个被打倒，也婉言相劝，“天下未定，宜以功覆过，弃瑕取用，举清厉浊，足以沮劝，若一时贬黜，惧有后咎。”——当今世界还不是那么太平，应不拘一格降人才。无论黑猫白猫，能抓老鼠的就是好猫。你现在是一棍子打死，早晚会摊上大事的。

果然不出陆、朱等人所料，很快地，暨艳和张温就大难临头了。“怨愤之声积，浸润之谮行矣。”——淮泗集团和江东豪族同时发难，一天从早到晚在孙权耳边叽叽歪歪。

帝王驾驭群臣的最佳策略在于施展平衡的艺术。由于江东豪族的大肆排挤，淮泗集团怨声载道，朝政失衡有崩解之危。孙权早就想寻机煞煞江东豪族的威风，以安抚满腹牢骚的淮泗集团。而张温出使成都回来后，把蜀汉吹得天花乱坠，比天堂还要美好，听得孙权心里酸溜溜的。又扛不住淮泗集团的巨大压力，孙权决心杀鸡儆猴，就拿暨艳跟他的靠山张温开刀。

结果暨艳和徐彪以“专用私情，爱憎不由公理”的罪名下狱，两人不堪打击，在狱中自杀。而张温跟暨艳、徐彪相勾结，暗中书信往来，被孙权贬官还乡。

暨艳的反腐斗争如同在两大派系势力的夹缝中走钢丝绳，由于策略不当，最终坠落悬崖，身败名裂。

发生于公元 238 年的吕壹事件，则是继暨艳案之后东吴政权的又一个反腐大案。

吕壹，官居中书典校。当时的中书典校是东吴政权的纪检监察专员，也是孙权监控群臣的工具。由于有孙权在背后撑腰，典校狐假虎威，各个都是酷吏，为了办案不择手段。骠骑将军步骘曾经痛斥说，“诸典校擿抉细微、吹毛求瑕、重罪深诬，辄欲陷人、以成威福，无罪无辜、横受大刑，是以使民局天蹐地，谁不战栗？”——为了取悦孙权，典校不惜栽赃诬陷。无辜的人莫名其妙就被抓进大牢，遭到严刑拷打。不论是朝廷命官还是黎民百姓，一见到典校就心惊肉跳，连走路都不敢大步走。

身居纪检要职的吕壹更是江东一只万人憎恶的大老虎。为谋私利，吕壹竟然禁止私自贩酒。吕壹最拿手的本领是让别人背黑锅。江东豪族顾雍为相十九年，可谓权倾一时。但是吕壹在孙权面前只说了几句话，结果顾雍遭到孙权劈头盖脸的痛斥，差点儿被赶下台。有一个叫谢厷的官员告诉吕壹，一旦顾雍下台了，潘濬最有可能接任丞相。潘濬曾经准备宴请百官，然后在酒席上亲手宰了吕壹。因而吕壹最怕潘濬，这才放过顾雍。

做过江夏太守的刁嘉，一次酒会过后迷迷糊糊就被吕壹栽上诋毁朝政的罪名。孙权一怒之下，把他打入大牢，并让人当庭对质。除了侍中是仪，其余官员慑于吕壹的淫威，都说耳闻了刁嘉的诽谤声。孙权大怒，又让吕壹拷问是仪，逼他招供。一时间搞得人心惶惶，谁也不敢吱声。

吴郡的另一豪族朱据文武全才，孙权把幼女孙鲁育许配给他，吕壹竟然连这个武功高强的驸马爷也敢得罪。

公元236年，东吴货币改革，铸造大钱，一枚大钱相当于五百枚小钱。孙权每个月拨给朱据的军费是三万缗，结果被军中的工匠王遂冒领了。吕壹怀疑落入朱据的腰包，就把军费主管抓起来拷打，要他供出朱据贪污的事实。最后军费主管被乱棍打死，还是没有发现朱据贪污的证据。

朱据可怜军费主管无辜而死，将他厚葬。吕壹又诬陷朱据丢车保帅，否则怎会优恤部下？这下子朱据是跳进黄河洗不清，被孙权骂得无地自容，只好坐在草席上等待发落。孙权的侍从武官刘助仔细翻阅之后，把真凶王遂揪出来。孙权感慨不已，连朱据这样的高官都受到陷害，更别说升斗小民了！马上将吕壹立案审查，任命丞相顾雍为“大老虎”主审官。

入狱提审后，顾雍和颜悦色问吕壹，你还有什么话吗？吕壹连连叩头，一个字也没有说。一旁的尚书郎怀叙实在气愤不过，当众指着吕壹詈骂侮辱。被顾雍痛斥一番，国有国法，怎能如此！

拿下吕壹，世人无不拍手称快。甚至有人主张将他先烧死后车裂，以彰元恶。孙权去问中书令阚泽，阚泽认为太平盛世，不该有如此的酷刑，最后将吕壹斩首。

吕壹这只大老虎为何可以横行，与孙权的背后支持分不开。孙权希望凭借中书典校这个反腐工具，打击江东势力，维护皇权。吕壹的过人之处就是猜透了孙权的心思，所以敢于直面吴郡豪族顾雍、朱据，差点儿将他们挑落下马。但是吕壹窃弄权柄，擅作威福，打击面过大，令孙权骑虎难下。最后不得不向江东势力妥协，将吕壹绳之以法。

暨艳和吕壹事件的实质是孙权借反腐维护皇权，压制不断增长的江东势力。可是前后努力了十五年，仍以失败而告终。随着淮泗集团的衰落，孙吴政权日趋江东地域化，皇权沦为江东豪族势力的傀儡。孙吴的吏治也逐渐滑入腐败的深渊，地方官员鱼肉百姓的现象屡见不鲜，社会矛盾不断激化。如交州刺史朱苻以乡人虞褒、刘彦之徒为爪牙，横征暴敛，处处刮取民膏民脂，“黄鱼一头，收稻一秤，百姓怨叛，山贼并起”。

到了孙吴末代皇帝孙皓时期，“肆行残暴、忠谏者诛、谗谀者进、虐用其民、穷淫极侈”。为建一座昭明宫，孙皓命令二千石以下的官员，全部进山砍柴。又大兴土木，起土山、筑楼阁，耗费以亿万计。上行下效，老百姓以骄奢为荣，勤俭为耻。由于民间财物都被政府搜刮一空，家中没有一甔一石之粮，穷的叮当响，都掀不开锅了。妇女们却打肿脸充胖子，倾尽家产，穿着绮靡，深怕被人取笑。结果国贫民更贫，吏治已经走到极端腐败、无可救药的地步，终于分崩离析，长江天险瞬间失守，为晋武帝司马炎所灭。

第 4 节　晋武帝反腐二、三事

晋武帝司马炎在立国之初，吸取曹魏败亡教训，施行仁政，劝课农桑，严禁私募佃客，减轻赋税，促进社会生产。为了笼络人心，掩饰自己篡魏的罪行，晋武帝也积极反腐倡廉，整顿吏治。

当时牛车是皇帝和达官贵人专用的交通工具。如菩萨般端坐车上，行走起来纹丝不动，再配几条漂亮的青丝牵引绳，更显得玉树临风，因而乘坐牛车成为贵族阶层流行的时尚。晋武帝上台的第一年（**公元 265 年**），有人报告说御驾牛车的牵引绳断了，该换条崭新的青丝绳了。晋武帝认为青丝做缰绳简直就是暴殄天物，下令用青麻绳代替。公元 278 年，有一个叫程据（**此君后来跟黑皮皇后贾南风有一腿**）的官员献上一件珍奇的雉头裘，孰料马屁拍在马腿上，晋武帝以此作倡廉的反面教材，在前殿将雉头裘烧成灰，并下令日后有进献奇服怪装的，一律严惩。

晋武帝也注重立法反腐，澄清吏政。公元 267 年，诏令杜预、贾充、羊祜编订《晋律》二十篇。除了沿袭曹魏律法中的《告劾律》、《请赇律》和《偿赃律》三篇之外，晋武帝为惩治贪官污吏特意创立了一个行政法——《违制律》。《违制律》中规定，“诸不敬，违仪失式，及犯罪为公为私，赃入身不入身，皆随事轻重取法，以例求其名也。”——凡是官员违反政治纪律、化公为私、行贿受贿等犯罪行为，都依据《违制律》予以定罪量刑。从此，行政法正式纳入国家法律系统。

《违制律》还有一个了不起的地方，就是对各种贪腐罪名进行了前所未有的规范化，对当时的反贪反腐确实具有十分重要的实质意义。如：

取非其物谓之盗——非法占有他人财物，称作盗窃罪。

货财之利谓之赃——侵吞、窃取公共财物，称作贪污罪。

不以罪名呵为呵人——滥用职权，包庇罪犯分子，构成袒护罪。

呵人取财、以罪名呵为受赇——利用职务之便利，索取他人财物，为他人谋利益，称作受贿罪。

不求自与为受求——收钱收礼，称作收贿罪。

所监求而后取为盗赃——即所谓监守自盗。

输入呵受为留难——故意刁难罪。

敛人财物，积藏于官为擅赋——挪用钱财，私设小金库。

西晋律法对官员的贪赃枉法、行贿受贿、监守自盗等各种腐败罪行的处罚极为严苛，贪污盗窃五匹布帛的就要弃市处死，即使罪不至死，也是终身禁锢，不得从政。

在晋武帝咸宁初年（约公元 276 年），曾经发生了一起惊动朝野的行贿大案，案件的主犯是一个小小的县令——鬲令袁毅。但这个七品芝麻官非同一般，他是曹魏五朝元老卢毓的乘龙快婿，故而朋友圈很广，上通朝廷，下关升斗小民。袁毅不甘心委身屈居一个百里侯，于是发疯地搜刮民财，用于贿赂朝中要员。就像一只八脚章鱼，紧紧抱住每一条巨鳄。为浮名虚誉终日忙忙碌碌，以求得升官发财。

最后东窗事发，晋武帝下令凡是收过袁毅行贿的统统抓起来。结果发现，朝中几乎所有的达官贵人，都沾过腥。晋武帝震怒，大兴刑狱，因卷入袁毅行贿案而丢官的不计其数，站在干岸上的寥寥无几。就连被司马昭誉为"在事清明，雅操迈时"的竹林七贤之一山涛也收过袁毅的一百斤丝绸。后来袁毅案发，被推入囚车送交法办，供出行贿的官员名单。幸亏山涛把东西藏于高阁，抄家时取下已经覆盖了厚厚的尘埃，当年袁毅的包装封条仍完好如初，这才保住了山涛的名节。

袁毅也向晋武帝的舅舅王恂贿赂过一匹骏马，王恂拒收。名士郑袤的儿子廷尉郑默兄弟也将袁毅的贿礼拒之门外。他们经住了利欲的考验，因而未受牵连，成了那个时期最可爱的人。

西晋开国元勋何曾的儿子何劭、何遵，被弹劾收过袁毅的贿赂，应该移交法办。由于晋武帝的一味袒护，两兄弟才没有受到惩罚。但是另一个官二代华廙就没有这么幸运了。他是西晋元老华表之子，也是卢毓的女婿，与袁毅是一担挑的关系。

华表有三个佃客在鬲，当时佃客没有独立的户口，完全依附于官僚地主。因为当时禁止私募佃客，华表就让袁毅把三个佃客的户籍直接转到华廙名下。可是在袁毅的供词中，对此事含糊其辞，变成了直接送给华廙三个农奴。这下子出事儿，中书监荀勖曾经要跟华廙结为儿女亲家，遭到拒绝。荀勖悔恨在心，就趁机给晋武帝打小报告，说朝中收过袁毅贿赂的官员比比皆是，不可能将他们全部罢免。应该首先责罚跟袁毅最亲近的人，以示惩戒。结果还在服丧之中的华廙被贴上贪污受贿的标签，免官削爵，赶回老家种菜养猪。

袁毅案可以说是西晋初期最为轰动的反腐大案。

那个时期反腐重任落在两个人的身上，御史中丞和司隶校尉。两人分工细致，御史中丞负责京城内朝廷上的反腐，称专纠行马内；司隶校尉负责京畿地区及地方郡县的反腐，称专纠行马外。

做过司隶校尉的刘毅是当时唯一令人称道的反腐勇士。刘毅冷面寒铁，无惧皇权，狠批晋武帝连昏君的典型汉灵帝、汉桓帝都不如，对那些不法的豪强贵族更是无所顾忌。

刘毅成名很早，先前寄居平阳郡时，被太守杜恕聘请为功曹，负责整顿郡内的吏治。刘毅雷厉风行，一下子裁汰了百余名不合格的官员，在山西、河北一带声名大振。深受老百姓的爱戴，民间流行一句话，“但闻刘功曹，不闻杜府君”——只听说平阳郡有个刘功曹，没听说过有个杜太守。

公元 278 年，刘毅接替傅玄，走马上任司隶校尉，专门对付天子脚下的土豪霸哥。京城肃然，成了反腐肃贪的中坚力量。那些违纪的高官再也混不下去了，自动上缴乌纱帽，逃之夭夭。老百姓把他比作汉代的反腐专家诸葛丰、盖宽饶。

有一次太子司马衷（即后来的白痴皇帝晋惠帝）带着一帮人马大吹大擂，要经过东掖门上朝会。刘毅认为这是对皇帝的大不敬，硬是把太子一干人堵在东掖门外，还上疏晋武帝，要严惩太子的老师。逼得晋武帝发出诏书，赦免太子等人的罪过，刘毅这才放行。

外戚羊琇曾经有恩于晋武帝，居中护军、散骑常侍，总领京城禁卫军，参预机密政事十多年，是晋武帝最为倚重的心腹之一。羊琇矜功恃宠，眼中根本就没有国法，妄作胡为，恶迹累累。刘毅上奏晋武帝，痛骂羊琇罪当该死。吓得晋武帝赶紧让齐王司马攸暗中向刘毅求情。司马攸是晋武帝的弟弟，颇有威望，刘毅给他面子，准备饶了羊琇。

刘毅的部下都官从事程卫也是个疾恶如仇的人，断然拒绝放羊琇一马。他带一队人径直冲进护军营，揪出几个羊琇的属吏。拷打之后，将供出的羊琇一宗宗罪行上报刘毅。晋武帝进退两难，只好罢免了羊琇。但是不久，又让他白衣领职——即戴罪任职。

西晋第一巨贪何曾可谓一人之下万人之上，连晋武帝也敬他三分。如此的大佬刘毅也不怕，多次上疏弹劾何曾奢泰无度，这回又是晋武帝的纵容包庇，说他是个国家重臣，花点小钱不足为虑。

史书称刘毅为了反腐大业，殚精竭虑，夜里都睡不好觉，一直坐到天亮。因而深孚众望，朝廷百官唯他马首是瞻。刘毅对家属也是严格要求，有一次在散斋期间（**古代皇帝祭祀天地、祖宗之前，大臣要连续斋戒七天七夜**）生了大病，妻子去探问，刘毅大怒，要将她治罪。平时妻子一旦犯错，刘毅就抡起木棒狠狠责罚，决不轻饶。虽然有家暴的嫌疑，但是如此的不徇私情，无疑是后世高官治家的楷模。刘毅为政清廉、生活检点，身居高位，家中却很贫穷，经常揭不开锅。晋武帝感慨不已，赏赐三十万钱，每日还供给米、肉。

刘毅七十岁时要告老还乡了，晋武帝依依不舍，犹豫了许久才批准他带着光禄大夫的官衔退休。晋武帝不但赐钱百万，还允许刘毅的家门前放置行马（**交叉的木架子，禁止人马过往**）。公元 285 年，刘毅病逝。晋武帝闻讯大惊，抚几长叹，老天爷夺走了我的一个名臣啊！

正因为晋武帝即位之初厉行节约，以德治国，严惩贪腐，出现了长达十年的繁荣景象，史称“太康之治”。经历了黄巾起义之后近百年的兵荒马乱，老百姓这才安居乐业，过上幸福美满的日子，当时还流行一句“天下无穷人”的谚语。

此时的晋武帝俨然为一位千古明君，“制奢俗以变俭约，止浇风而反淳朴”，世人竞相颂谀，称他“聪明神武，有超世之才。”

但是在公元 280 年吞灭东吴之后，晋武帝突然来个令人措手不及的大变脸，由明君蜕变成庸君，甚至昏君，埋下了西晋灭亡、天下大乱的祸根。

第 5 节　西晋的炫富族

天下太平了，到处歌舞升平。晋武帝完全抛弃勤俭节约的作风，沉溺于享乐主义之中。不再是那个身体力行、反腐倡廉的好皇帝，开始冒出极其荒诞的惰政思维。不理朝政，痴迷酒色游宴，亲近小人，为攀比斗富摇旗呐喊，助长了奢靡浪费之风。吏政渐渐沉沦，贪污腐败蔚然成风。

晋武帝的淫欲好色比东吴亡国皇帝孙皓有过之而无不及。称帝之后，晋武帝两次下令选美入宫，供其享用。灭吴之后，孙皓的五千佳丽成了战利品，被晋武帝全部接收。此后晋武帝又不顾河南、荆州灾害连年，再接再厉，在全国增选美女，致使后宫队伍迅速超过一万人。

后宫数量这么庞大，各个花枝招展，看得晋武帝眼花缭乱，退朝之后不知道要找谁。于是在宫中遛羊，羊车停在哪里就在哪里落脚。宫中的女人为了得到临幸，竞相用盐水和鲜嫩的竹叶来招引羊群。搞得整个皇宫羊屎遍地，臭不可闻。

除了遛羊泡妞，晋武帝还生财有道，公开叫卖官爵。晋武帝即位后期，挥霍无度、奢靡淫秽，是一个彻头彻尾的昏君。但他却恬不知耻，竟然大言不惭地问司隶校尉刘毅，我可比作汉代的哪个皇帝？

刘毅回答，你可比昏庸无能的汉灵帝、汉桓帝。

晋武帝很不高兴，怎么这样子损我？

刘毅毫不客气地说，汉灵帝、汉桓帝卖官鬻爵所得的钱财都充公归国库，而你卖官鬻爵的收入却中饱私囊。这么看来，你还不如灵、桓二帝。

在晋武帝这个腐败“带头大哥”的示范之下，西晋的官僚集团出现了史上罕见的群体性腐败现象。从皇帝到地方小吏，侈靡之风犹如原野烈火迅速蔓延，令人刿目怵心。

吏部尚书王戎，为竹林七贤之一，素有清淡之称。实际上王戎徒有虚名，贪婪成性，聚敛无度，却又悭吝刻薄，堪比莎士比亚笔下的夏洛克。王戎善于经营敛财，田庄、仆人、肥田沃野不计其数，洛阳城内无人能比。但是王戎常常跟老婆拿着象牙棍子，点着蜡烛，通宵达旦，噼里啪啦忙着计算家产。《世说新语·俭啬》中留下几则王戎的丑闻记录。一则说王戎的侄儿结婚了，王戎忍痛割爱，拿出一件单薄的衣裳给他做贺礼。可是没几天王戎就后悔了，又向侄儿要回单衣。不久，王戎的女儿下嫁裴頠，这回王戎总算大出血，拿出数万钱给女儿做嫁妆钱。孰料女儿回娘家时，王戎厉色相对，吓得女儿赶紧送还嫁妆钱，王戎这才微微露出笑容。

中书令和峤世称清官，其实也是个钱癖，贪财滥权，家资胜过王侯。骁骑将军王济是司马炎的驸马爷，更是穷泰极侈，不但穿着极其华丽，就连盛装菜肴也都是精美的玉器，甚至使用人乳蒸煮猪肉。那时候洛阳的地价涨破天，寸土寸金。王济喜欢跑马骑射，硬是任性地撒钱买下一大块地皮，作为跑马场。更让人瞠目结舌的还在后头，王济将一串串铜钱扔得满地皆是，作为骑射的驰道，被人们称作“金沟”。

晋武帝灭吴之后大变脸，有的官员也是脱胎换骨、判若两人。朝廷重臣何曾，本是曹魏时期的司隶校尉，以铁腕肃贪闻名于世。抚军校事尹模仗着大将军曹爽的权势，奢靡聚敛，作威作福，朝中百官为之侧目。何曾怒目一喝，上书弹劾尹模，将他拉下马，令文武百官肃然起敬。之后因参与密谋篡魏，晋武帝即位之后，何曾荣耀一时，官至太保兼司徒。这个靠反腐起家的元老得志之后，摇身一变，成了一个超级大贪官。疯狂掠财，比尹模更加猖獗。所用的帷幕、车舆、服饰，光彩夺目，极其豪华奢侈。而且最讲究饮食，馒头上面不开个十字花纹就不吃。每天的伙食开销超过一万钱，还常常抱怨连筷子都无处放。府中的厨师手艺连宫中御厨也甘拜下风。每次入宫赴宴，何曾都要自备佳肴，根本就无视太官（宫廷服务员）端上的菜，晋武帝对此也只能忍气吞声。何曾的儿子何邵青出于蓝而胜于蓝，比其父尤为奢侈，每顿都要吃上四面八方来的山珍海味，耗钱两万。

西晋的官僚阶层不但崇尚铺张浪费，而且都是病态炫富一族。摆阔斗富的歪风邪气日甚一日，做过吏部尚书的任恺听说何邵一天就要吃掉两万钱，心中很不服气，就要一餐万钱来压倒他。

但是何邵、任恺跟“三巨富”石崇、王恺、羊琇一比，简直就是小巫见大巫。石崇为西晋元勋石苞之子，王恺为王恂之弟、晋武帝的三舅，羊琇为名将羊祜的堂弟、也是皇族外戚。

知子莫若父，石苞临终前没分给他任何遗产，石崇的母亲问石苞怎么啦。石苞告诉她，石崇虽然是个小屁孩，但是与生俱来就有敛财的天赋，不必为他担忧。石崇勇而有谋，后来伐吴有功，被晋武帝赐封为安阳乡侯。不久出任荆州刺史，石崇公然抢劫往来的富商、使者，由此暴得大富。家资敌国，府邸宏伟，可比宫殿。有小妾百余，都穿金戴银，浑身绫罗绸缎，豪光四射。

石崇拥有一个庞大的庄园，地处河南县界金谷涧中。庄园内有清泉、茂林，还种植了大量的经济作物，如水果、竹、柏、药草等等。有肥田四十顷，劳力八百余人，山羊两百只，鸡、鸭、猪、鹅之类的家禽更是不可胜数。各种设施齐全，舂米的水碓，养鱼的水池，储存物品的地下室或半山石窟，无不具备，堪称一个自足自给的经济独立体。

据说阿联酋迪拜的帆船酒店拥有纯金马桶，但论服务还是不如西晋首富石崇的厕所。《世说新语》中记载石崇如厕时，两旁都有十来个佳丽服侍着。那些佳丽妆饰浓艳，涂抹甲煎份做的唇膏，喷洒香气袭人的沉香水。客人如厕之后，都要换上新衣服才能出来，吓得客人们口呆目瞪。

国舅爷王恺不服石崇的奢华，要跟他进行一场别开生面的斗富大赛。王恺首先用上等的饴糖涮锅，向石崇发起挑战。石崇嗤之以鼻，下令用成捆的蜡烛当木柴烧火做饭。王恺又用紫丝布做步障，有四十里之长。石崇不动声色，马上用昂贵精致的蜀锦搭成五十里的步障。比到最后，两人都发疯了。石崇斗红了眼，用名贵的中药花椒来刷墙，王恺不甘落后，也用开采艰难的止血神药赤石脂刷墙，结果难分胜负。

如此疯狂、变态的挥霍本应该被遏制，但是晋武帝不但不阻拦，反而像一个热乎乎的旁观者，开始插手这场遗臭万年的斗富大赛。晋武帝赞助王恺一株世所罕见的珊瑚树，高两尺有余，枝叶繁茂，疏密有致。王恺趾高气扬地送到石崇的府中，要让石崇大开眼界。

孰料王恺的珊瑚树还没有摆出来，就听见叮当一声清脆响，竟然被石崇手中的铁如意击破成无数个碎片。王恺暴跳如雷，既痛惜又生气，这可是晋武帝的镇宫之宝啊，有钱也买不到。石崇却很淡定，嚷什么嚷，陪你一株就是！右手一挥，仆人马上抬出一盘盘珊瑚树，高三、四尺的就有六、七株，枝干超俗，光彩耀目，与日月争辉，至于像王恺那样的珊瑚树更是数不胜数。

在晋武帝的庇护之下，那些皇亲勋贵无视国法，荒淫腐化，挥金如土，过着纸醉金迷的糜烂生活。官僚阶层弥漫着拜金逐利的风气，贪腐现象普遍化，社会风尚严重败坏。虽然也存在刚正廉明的官员，但是犹如荧荧烛火，很快就消失在弥天黑夜之中。

晋武帝死后，朝政掌握在两个畸形的人物手中，晋惠帝和皇后贾南风。晋惠帝是一个令人啼笑皆非的白痴，这个连男欢女爱都不懂的傻子，有两条经典的笑料流传下来。一条说他怎么也听不懂华林园池塘里的癞蛤蟆到底是为谁而鸣，另一条说他怎么也想不通挖不到野菜的灾民为何不弄点猪肉充饥。皇后贾南风更是一个令人呕吐连连的侏儒，相貌丑恶，心灵更加丑恶。生性妒忌而好淫，秽乱后宫，跟太医令程据通奸，又强令把路上的美男子拉进宫中，以供她作乐。太子司马遹幼年聪明，有司马懿的遗风，但是长大以后却不学无术，整天跟身边的随从嬉戏鬼混。贾南风又暗中让几个太监，把司马遹教唆成一个玩世不恭的坏孩子。因为生母出身于屠户，司马遹耳闻目濡，迷上了屠宰买卖。于是在东宫摆设肉铺，由司马遹亲自操刀，卖羊卖猪，竟然练就了"一刀准"的手上功夫。朝廷每个月拨给东宫的经费是五十万钱，司马遹常常透支一个月，还嫌不足。于是又在西园搞了一个菜篮子工程，做起葵菜、蓝子、鸡蛋、面粉的买卖，收益不菲。

畸形的执政者，必然产生畸形的腐败。晋惠帝昏庸无道，贾南风淫秽乱政，朝廷权力落在豪强贵族手中。特别是外戚贾、郭二氏，恣横侈泰，无所顾忌。朝中的官帽买卖，就像市场上的交易，充满了铜臭味。南阳名士鲁褒特地写了一篇《钱神论》，予以无情的讽刺和鞭挞。

上流阶层日甚一日的腐败奢华，极大地动摇了西晋的统治根基。再加上党派乱起，宗室内讧，终于酿就了长达十六年的八王之乱。公元 316 年，草原南下的匈奴骑兵横扫腐朽如草灰的西晋王朝，终结了三十七年短暂的大一统，重新陷入长达两、三百年的军阀混战局面，给中华民族带来无穷无尽的灾难。

第 6 节　乌衣巷豪宅与廉吏吴隐之

西晋灭亡之后，逃到建康的皇族司马睿在王导、王敦等人的支持下，重建政权，史称东晋。东晋初年有一个特殊的政治格局，"王与马共天下"——琅邪王司马睿与琅邪王氏兄弟结成政治同盟，实际上就是二元首长体制。在这种体制下，门阀世族山头林立。南渡的侨姓士族、江东的吴郡土豪，为了争抢政治地盘，形成一个个利益集团。党争纷沓，相互倾轧，上流阶层贪奢成风，地方官僚也是明目张胆地贪赃枉法，使得西晋末年的奢侈腐败得以延续下去。

建康城内、秦淮河南岸的乌衣巷豪宅区，最能反映东晋统治阶层的腐败。“朱雀桥边野草花，乌衣巷口夕阳斜。旧时王谢堂前燕，飞入寻常百姓家。”唐代刘禹锡这首脍炙人口的七绝，让世人看到了腐朽的东晋门阀士族衰落之后的惨景。但在东晋百余年间，朝中的政治名流竞相汇聚于此，府邸别墅鳞萃比栉，霸气侧露，这里是朝廷的大后院。

第一个在乌衣巷大搞圈地造房的大人物是江南士族领袖——侍中、尚书纪瞻。纪瞻与王导共同拥戴司马睿为帝，立下了劝进大功。其后权臣王敦叛乱，纪瞻卧病在床，统领禁卫军誓死守护建康城，可谓东晋政权的“社稷之臣”。这个纪瞻颇懂得享受，每天大鱼大肉，还率先在乌衣巷建了盖起了一栋花园式豪宅，“馆宇崇丽，园池竹木，有足赏玩焉”，假山喷水池，竹林环绕，树木幽深，颇具小资情调。

与他同时期的王导给后人的印象要好的多。王导功勋盖世，称得上东晋的顶梁柱。他的府邸虽然也在乌衣巷附近的冶城，但是王导简素寡欲，生活比较检点。家中没有多余的积粮，很少同时穿两件帛衣。令年幼的晋成帝深为感动，特意赏他布万匹，供日常开支之用。

几十年后，与王导齐名的“江左风流宰相”谢安，也瞄上了乌衣巷夕阳斜照的美景。谢安在此大兴土木，堆筑山丘、营建别墅，楼阁林立、竹林茂密、泉水叮咚，堪称一座规模恢宏的庄园式别墅，比纪瞻的府邸更加气派豪华。谢安还经常邀请兄弟子侄，到家中做客，赏玩吟诗，每顿大餐都要耗费百金以上，日子过得比神仙还要潇洒。但是过度的铺张浪费也招来了骂名，谢安却不屑一顾，依旧逍遥自在，其乐融融。

谢安毕竟指挥过名垂千古的淝水大战，击溃前秦皇帝苻坚的八十万大军，确保东南半壁江山的安然无恙，立下旷世奇功。他在乌衣巷修筑了庄园式别墅，只不过是白璧之瑕，犹可饶恕。

谢安的接班人司马道子却是个不折不扣的巨贪大腐。司马道子是晋孝武帝司马曜的弟弟，赐封会稽文孝王。历史学家蔡东藩说他贪利嗜酒，实是一个糊涂虫。司马道子执政期间，迫害谢安族人，起用奸佞小人，朝政渐见腐败，被称为当时的宰嚭，是东晋灭亡的罪魁祸首。

司马道子有两条狗腿子，戏子出身的赵牙、钱塘的捕贼吏（治安官）茹千秋。这两人因贿赂司马道子一步登天，赵牙做了魏郡太守，茹千秋做了骠骑谘议参军。赵牙抱上司马道子的大腿之后，开始为主子卖命。他替司马道子修建一座度假别墅，凿山挖池，夹板填土筑起小丘，四周竹木丛翠交错，极其奢华，耗钱以万计。更荒唐的是，位极人臣的司马道子是个猥琐的同性恋者。他让宫人在水池边开了个酒铺，自己跟着几个俊俏的龙阳君乘船饮酒作乐。晋孝武帝曾经到过司马道子的家，对他的奢侈挥霍有点意见：府中有山有水，是个游玩的好去处。但是装修得有点过分，如何做俭朴的表率？受到了皇帝的批评，司马道子心里很不是滋味。没等晋孝武帝离开，就把赵牙叫来训斥了一顿：要是皇帝知道假山是板筑而成，你必死无疑。赵牙仗着司马道子的权势，竟然连皇帝也不放在眼里，宣称：有你在，我赵牙怎敢死啊！此后赵牙不但没有收敛，反而更加挥霍铺张。司马道子的另一个爪牙茹千秋也肆无忌惮地卖官鬻爵，贪污受贿超过亿钱。

有其父必有其子。司马道子的儿子司马元显也是个贪得无厌的腐败分子。当时兵乱不断，连年征战，国库亏空。朝中官员自司徒以下都勒紧腰带，缩衣减食，每天只有七升口粮。但司马元显不恤国难，照样搜刮敛财，家资富过皇室。

司马道子、司马元显这两只愚蠢的大老虎只顾捞金受贿，终日酗酒，荒废了朝政，结果遭到大野心家桓玄的暗算。桓玄杀死司马元显，将司马道子流放到江西的安成郡。桓玄上台之后，立即展露出可怕的豺狼之欲。桓玄诛伐异己，最后把晋安帝撵出建康城，自己坐上皇帝位，建立了桓楚伪政权。桓楚伪政权跟王莽新朝一样，从头到尾与贪腐为伍。桓玄的姐夫殷仲文是个善于溜须拍马的小人。桓玄刚进入皇宫的第一天，龙床就莫名其妙地塌陷了。众人吓得面如土色，殷仲文却阿谀奉承说，这是因为圣德厚重，大地无法承载的缘故！

桓玄大喜，立即对这个口齿伶俐的姐夫委以重任。殷仲文骤贵之后，尽显贪婪本色。车马器服，说不尽的华美鲜艳。妻妾数十人，都是能歌善舞的曼妙女子，夜夜笙歌。殷仲文贪残吝啬，疯狂地索贿受贿。家累千金，却常常抱怨没钱花。不久，桓玄被名将刘裕赶走了，殷仲文跟着桓玄向西逃窜。跑路前把珠宝财物埋在地底下，等他回来时都变成了泥土。

桓楚伪政权覆灭之后，刘裕迎回晋安帝。这个口吃皇帝只不过是刘裕操纵朝政的掌上工具。皇帝虽然痴呆无能，却出了一个东晋时期最为人称颂的大清官——吴隐之。

吴隐之二十岁时就怀瑾握瑜，操守清高。家中贫穷，三餐不继，每天喝豆浆配白开水，但从来不吃嗟来之食。口袋里一文不名，但从来不觊觎他人的财物。好人终有好报，吴隐之的一个邻居叫韩康伯，后来做了吏部尚书，就聘用吴隐之为官，做过辅国功曹和参征虏军事。不久，吴隐之又受到大将军桓温（篡国贼桓玄的父亲）的赏识，被提拔为奉朝请、尚书郎，升任晋陵太守。吴隐之在晋陵时，也是以清俭廉洁著称，清廉到妻子要亲自上山砍柴烧火。女儿出嫁时家中一无所有，只好让奴婢卖掉家犬，换点小钱做女儿的嫁妆。有如此抠门的老岳父，谁做了女婿都得过苦日子。

此后吴隐之又被调进京城担任左卫将军，掌领禁军，官居三品，显赫一时。但是吴隐之不贪不占，又乐善好施，把薪水都用来救济自己的穷亲戚，以至于寒冬季节竟然没有棉衣暖暖身。他就像最下层的穷苦百姓，披着棉絮去洗衣服。如此廉洁的朝廷高官实属罕见！

当时的广州就是一个繁荣的港口，依山傍水，物产异常富饶。一箩筐的宝物，就够你吃上好几代。因而广州刺史是个大肥缺，前后几任都仗着山高皇帝远，明火执仗，贪污受贿。 朝廷为了狠整那里的腐败风气，于是在公元 400 年左右任命吴隐之为广州刺史。

岭南一带疫病横行，离开繁华的京城到广州去做官不亚于流放。但是吴隐之不说一话，慨然而行。对他来说，只要能够报效国家，就是到荒原沙漠也心甘情愿。

吴隐之一路南行，走到广州北界二十里处时听到一件怪事，说石门地区有一泉水叫贪泉。当地的父老相传，就是最廉洁的人喝了贪泉之水，也会变得财迷心窍，贪得无厌。

吴隐之根本就不信这个邪，他告诉亲人，只要心中贪念全无，就是见了金山银山也不会动心。于是来到贪泉边，大口大口喝下泉水。喝完了还赋诗一首，“古人云此水，一歃怀千金。试使夷齐饮，终当不易心。”——

都说喝了贪泉水，一杯让你贪千金。要是夷、齐（**指伯夷、叔齐两人**）来喝水，纵然千杯不变心。

吴隐之借古鉴今，清正廉明的决心，尽表其衷。吴隐之不仅这样说了，也这样做了。他上任之后，生活过得更加检点，简直成了抠门一族。饭桌上只摆两碟小菜，蔬菜和鱼干。帷帐器服等用品都取之于外，从不拿国库里的一分一毫。吴隐之这么廉洁，令人匪夷所思，人们暗地里都说装什么蒜，还不是贪官一个？但是任凭人们怎么说，吴隐之廉洁奉公之心坚如磐石，毫不动摇。有个部下想巴结吴隐之，每次送来鱼都要剔除骨刺，留下鱼肉。吴隐之平生最恨这类溜须拍马的小人，立即将他炒鱿鱼。吴隐之从岭南回到京城，老婆刘氏买了一斤沉香，不幸被吴隐之撞见了，很快就成了湖水中鱼虾的美餐。

吴隐之在广州有腐必反、有贪必惩，革奢务啬，岭南地区的贪腐风气为之一变。糊涂的晋安帝这回不糊涂了，下诏褒奖吴隐之整饬吏治的卓著成效，加封前将军，赐钱五十万、谷千斛。

不久发生民变，乱军头领卢循渡海南下进攻广州。吴隐之激励将士，拼死抵抗。长子吴旷之英勇奋战，不幸殉城。卢循乱军狂攻了一百多天，放火烧城，受害的百姓超过三千家，死者万余人。广州城终于沦陷。吴隐之带上家属，准备逃回建康，结果落入卢循之手。卢循上表朝廷，说吴隐之阿附篡国贼桓玄，要将他砍头。晋安帝严旨下来，不许伤害吴隐之一根毫毛。刘裕还亲自写信给卢循，要他无条件释放吴隐之。

吴隐之这才捡回一条命，乘坐一条空荡荡的小船回到建康。家中早已破败不堪，篱笆围墙狭窄简陋，内外只有六间草屋，老婆、儿子根本就没法住。刘裕实在看不下去了，赏赐牛车给吴隐之，让他再盖个房子。吴隐之坚决不肯。

朝廷愈加敬重吴隐之，将他提拔为度支尚书、太常，官居正三品。但是吴隐之勤俭本色依旧，搭起竹篷作屏风，冬天时也是坐无毡席。后来吴隐之又做了中领军，掌握选拔下级军官职权。吴隐之保持艰苦朴素的作风，每个月一领到俸禄，除了留下生活费，其余的都分给亲族中困难户。家人靠纺绩度日，经常饿肚子，甚至两天才吃一天的饭。吴隐之则身穿打补丁的布衣，妻儿老少的手从来没有碰过俸禄。公元 412 年，吴隐之年老退休，晋安帝颁诏褒奖，授光禄大夫，加金章紫绶，赐钱十万、米三百斛。两年之后，这个东晋王朝乃至于整个封建时代罕见的大清官溘然而逝。他数十年如一日的清正刚廉，永垂史册，光照千古，为后世廉吏的典范。

吴隐之死后六年，对他有知遇之恩的刘裕逼迫晋恭帝禅位，东晋灭亡。刘裕即帝位，国号宋，开启了长达一百八十九年的南北朝对峙时期。

第五章
南北朝：变态腐败之集大成者

第 1 节 “穷皇帝”的反腐之路

南北朝时期南方的四个开国皇帝，都是出身于寒门庶族。宋武帝刘裕刚开始时只是京口一个卖鞋的穷鬼，后虽做了北府旧将孙无终帐下的一个参谋人员，但也是默默无闻，“事迹不显”，连小名也那么低贱——刘寄奴。齐高帝萧道成、梁武帝萧衍都是山东兰陵的世家子弟，可地位并不很高，屡屡遭到豪族的排挤。陈武帝陈霸先是“火耕水耨之夫，荜门圭窦之子”——出身贫寒，是个庄稼汉。这四人咸鱼翻身做皇帝之后，一改两晋的用人之道，提拔寒人掌机要，抑制豪门大族。

所谓的寒人原先不属于士族范围的地主阶级，而是那些从事经商、放高利贷的暴富一族，还有的是从自耕农跃升为新的地主阶级。这些寒人之所以得到重用，道理很简单。豪门勋贵过惯了花天酒地的日子，整天好吃懒做，根本就放不下身段干点实际的事。寒族地主就不同，他们如同乡下人刚进城，为了混口饭吃，擦皮鞋、掏粪等等不论多脏多苦，照干不误。于是皇权与寒门地主相勾结，共同巩固统治，成了南朝政治的特色。

最高统治者本以为寒族地主身卑位轻，不懂得擅权专政，对他们是十万个放心。孰料那些寒族地主当家作主之后，私欲膨胀，拉帮结派，贪污受贿，加剧了整个社会的腐败风气。南方的四个王朝都有一个通病，除了开国之君深知江山来之不易，积极倡廉反腐之外，那些坐享其成的儿皇帝、孙皇帝，早把老一辈的流血牺牲抛诸脑后，纵欲享乐，朝政堕落。由俭兴、由奢腐、由腐亡，宋、齐、梁、陈轮流坐庄，成了悠悠五千载各个朝代政权更迭的一个缩影。

以持续时间最长的刘宋为例，我们可以一窥南朝腐败与反腐的全貌。

刘宋建国初期，由于宋武帝刘裕清简寡欲，勤俭治国，朝政吏治和社会风气都比较好。史书上记载，刘裕称帝之后，生活异常俭朴，“未尝视珠玉舆马之饰，后庭无纨绮丝竹之音”——没见过装饰奢侈的马车，没见到宫女穿上绫罗绸缎，也没听到后宫传出悦耳动听的笛声。灭后秦时，刘裕迷上后秦皇帝姚兴的侄女，荒废了朝政。可是有人一劝谏，刘裕二话没说，马上把她送出宫。

皇宫生活所用的财物、布帛都堆放在宫外的仓库里，皇家库藏空荡荡的。为了反腐需要，新建了一座御史台，有关部门报告说东、西两个大厅应该弄几个局脚床，使用镀银钉。刘裕眉头一皱，实在是太浪费了，改用直脚床、铁钉吧。

刘裕常常穿着连齿木拖鞋，带上几个随从溜出神虎门到处闲逛，特别显得萌哒哒。几十年后，刘裕的孙子宋孝武帝刘骏毁掉刘裕的旧居，准备盖玉烛殿，让朝中群臣前去规划一下。结果让众人震撼不已，这位曾经威震天下的一代大帝，起居室摆设异常简陋，床头只有土屏风，墙壁上挂着百姓家用的纱葛灯笼、麻绳尘拂，完全与皇帝的尊贵身份不相符合。

刘裕十分厌恶地方进贡的奢侈品。云南宁州有个官员献上鲜艳精美的琥珀枕头，碰巧那一年刘裕要北伐后秦，听说琥珀可以治愈刀剑创伤，刘裕非常高兴，当即把琥珀枕头敲成碎片，交付给那些将军们。广州太守曾经献上入筒细布——即薄如蝉翼的葛布，每一端长八丈，可卷进小竹筒，虽精致美雅，却用功劳苦。马屁拍在马蹄上，广州太守不但没有得到皇帝的欢心，反而被狠狠地被责骂了一顿。刘裕让人送回入筒细布，还诏令今后禁止制作这种劳民伤财的奢侈品。

刘裕患有热性病，又受过伤，晚年加剧，坐、睡都要垫上冰冷的东西。有人别出心裁地献了一张石床，刘裕睡上一觉，果然清爽无比。那人眼巴巴地等着赏品，不料刘裕却下令将石床砸成碎片。理由是制作木床尚且耗费一大笔钱，更别说石床了。

刘裕不但自身力行俭约，对后宫、子女也是严加苛刻，以防他们染上奢侈病。后宫张妃房间里的床上只挂着碧色丝织蚊帐，铺着山东产最普通的草席，吃的也只用当时流行的五碗盘盛装桃花米饭。

为了避免奢侈浪费，刘裕甚至严格限制皇子们的食量，每顿不许超过五碗盘。只有第五皇子刘义恭因为深受刘裕的宠爱，所以他想吃什么水果，就不限量供应什么水果。公主出嫁，嫁礼绝对不会超过二十万，至于锦缎、金玉等陪嫁物品那就别想了。如此抠门的皇帝老爹在史上实属罕见。

更令人钦佩的是，刘裕还是中国历史上第一个实行苦难教育的皇帝。刘裕刻意把自己年轻时在丹徒耕种用过的锄头、镰刀收藏起来，留给子孙后代，让他们知道稼穑之艰辛，保持节俭作风。刘裕去新洲砍柴时，身上的衣衫都是结发之妻臧爱亲（敬皇后）亲手缝制的。刘裕在驾崩之前，将这些衣衫都交给长女刘兴弟（会稽公主），作为苦难主义教育的实物教材，“后世若有骄奢不节者，可以此衣示之。”——如果出了不肖子孙，你就把破衣服抖出来，让他们瞧瞧，当年老祖宗是怎么打下江山的！

刘裕死后，继位的太子刘义符腐败无能，被众臣废黜。第三子刘义隆登基，他就是宋文帝。宋文帝深得老爹的言传身教，挑起皇室教育的重任，继续弘扬艰苦奋斗的优良作风。

公元 429 年，刘裕第五子、江夏王刘义恭出任荆州刺史。刘义恭学识渊博、涉猎颇广，但是骄奢不节，生活作风存在问题。刘义恭还没有到任，宋文帝就给他写了一封告诫书，提出了廉洁从政的准则。要他节俭节用，“汝一月日自用不可过三十万，若能省此，益美。”——你每个月的开销不得超过三十万钱，如果能够再省一点，那就锦上添花了。要注意自己的言行作风，“声乐嬉游，不宜令过，蒱酒渔猎，一切勿为。供用奉身，皆有节度；奇服异器，不宜兴长。汝嫔侍左右，已有数人，既始至西，未可匆匆复有所纳。”——要洁身自好，声色犬马、嬉戏游玩，宜多加节制。酗酒赌博、捕鱼打猎，一律不准参与。要注意节省日常开销，不得提倡奇服异物的奢靡之风。你身边的女人已经有好几个了，到死前都不要再娶了。

公元 431 年三月，宋文帝诏告天下，“自顷军役殷兴，国用增广，资储不给，百度尚繁。宜存简约，以应事实。内外可通共详思，务令节俭。”——由于战事频仍，消耗巨大，国库渐亏，但花钱的地方还很多。应当节衣缩食，克勤克俭，好钢要用在刀刃上。

公元 445 年，刘裕第七子刘义季出任南兖州刺史，宋文帝亲自在建康城武帐冈举行饯行酒会。为了让皇子们尝到饥饿的滋味，宋文帝特意下了一道圣旨，在武帐冈酒宴开始之前，谁都不准吃东西。可是直到太阳西斜，一道菜也没有端上，饿得皇子皇孙们两眼发绿，叫苦连天。宋文帝这才谆谆教导，你们从小到大，一直都养尊处优，根本就体会不到什么是民间疾苦。今天就让你们认识一下“饥苦”二字为何物，日后才懂得节俭是持家、治国之宝。

宋文帝的外甥徐湛之，其生母为会稽公主刘兴弟。因是皇亲国戚，家产亿贯，坐拥庄园豪宅无数，整日优哉游哉。私人乐队，才艺冠绝一时。门徒三千，都是江南的富二代，各个趾高气扬，衣服鲜丽。徐湛之每一次出行，随从者塞满了大街小巷，前呼后拥，不可胜数。要是遇到了雨天，道路泥泞，那马车、牛车的队伍就更加壮观了，一眼望不到边。如此的铺张浪费，令宋文帝情何以堪。宋文帝不顾姐姐的情面，屡次狠狠地数落徐湛之。

最高统治者以身作则，带头廉洁自律，使得刘宋政权初期的反腐斗争颇有成效。涌出了一些令人称道的循吏，大批高官栽倒在贪腐路上。

御史中丞荀伯子，克职尽责，忠心耿耿，有匪躬之称。荀伯子执法严明，朝中文武百官，人人敬惮。刘宋王朝的功臣刘湛任历阳太守时，立下一条反腐法规，凡贪污受贿超过一百钱的，格杀勿论。刘湛的铁腕手段收到了立竿见影的效果，历阳全境肃然。

江夏王刘义恭出镇江陵时，任命张邵为抚军长史，持节、南蛮校尉。不料张邵仗着自己是宋文帝的老部下，胡作非为，在军营里私设小金库，贪污二百四十五万。事发之后，宋文帝不念私情，将张邵逮捕下狱，免官削爵。在狱中，张邵对自己的犯罪行为悔恨不已。后又被起用，做了吴兴太守。张邵痛改前非，临终前留下遗言，以草席做灵车，用蔬菜、水果来祭祀自己。

刘裕的族弟刘遵考，官居襄阳、新野二郡太守。刘裕登基之后，特意颁下诏书，“刘遵考服属之亲，国戚未远，宗室无多，宜蒙宠爵。”给这个远房亲戚发了一个免死铁券。刘遵考有恃无恐，残暴不仁，大肆聚敛，惹得天怒人怨。刘遵考算的是刘宋王朝的一只大老虎，手中握有保命符，所以朝中有人参了一本，最终还是逃脱一劫。刘义隆赦免了刘遵考的罪行，把他召回建康。

但并非所有的贪腐分子都这么幸运，刘义隆在位期间，老虎、苍蝇的日子都不好混。公元 430 年，广州刺史孔默之犯了受贿罪，被移送司法机关。公元 443 年，雍州刺史刘真道率军大破氐族的仇池国。可是刘真道匿藏缴获的金银宝物、仇池王杨难当的良马等战利品，沦为大贪污犯，所有的战功被一笔勾销，下狱论死。做过颍川、南平昌太守的裴方明，也因为贪污受贿被免职。

吏部尚书庾炳之是继刘遵考之后，又一只大老虎。因手握人事提拔大权，内外归附，势倾朝野。庾炳之由是骄横一时，对下属官员摆出一副臭脸，动不动就恶语相向。又贪得无厌，疯狂索贿受贿。尚书仆射何尚之弹劾他财迷心窍，哪怕别人有一个烛盘、一头驴，庾炳之见了，就起歹心，恨不得据为私有。宋文帝一向很宠爱庾炳之，想把他外调做丹阳令。何尚之又弹劾说，古往今来，从未见过像庾炳之这样的巨贪大腐，受贿数百万，仍能保住高官厚禄，逍遥法外。宋文帝无话可说，遂将庾炳之罢官为民。

刘裕、刘义隆父子即位之后，强化反腐倡廉，吏治清明，又实行了一系列改革，社会安定，生产发展。使得刘宋立国之初三十年，处处载歌载舞，催生了南朝最为繁荣富强的太平盛世——元嘉之治。

第 2 节　刘宋皇室前腐后继

元嘉之治后，刘宋王朝盛极而衰，政风日下，刘裕、刘义隆父子轰轰烈烈的反腐倡廉大业戛然而止。荒淫无道的暴君轮番上阵，齐心协力，无情地把这个“七分天下、而有其四”的刘家帝国推入覆没的深渊。

公元 453 年，太子刘劭弑杀刘义隆，篡位称帝，开启了刘宋王朝荒谬可耻的下半场。刘义隆第三子刘骏起兵消灭刘劭，自立为帝，称宋孝武帝。刘骏亲眼目睹了父子相残的惨剧，即位后又上演了手足相残的一幕。刘骏兽性大作，残忍无道，骇人听闻。刘义隆的两个儿子——太子刘劭、次子刘浚，在建康朱雀桥上被斩首示众，曝尸闹市。等尸体腐烂了，又扔进秦淮河。刘劭、刘浚府中的男女老少、妃妾奴仆，也被刘骏斩尽杀绝。当时建康城内流行一首民谣，讥刺刘骏的残暴，“遥望建康城，小江逆流萦。前见子杀父，后见弟杀兄。”

刘骏肆意践踏君臣之道和伦理道德，逆天的人格变态，足以使他荣登历史上最龌龊的帝王排行榜首。

刘骏以侮辱、戏弄朝廷官员为乐。根据群臣的身材、外貌特征，给他们起了极为不雅的绰号，自太宰刘义恭以下，无一幸免。顾命大臣王玄谟，位列正三品的金紫光禄大夫，被呼为老伧（*老无赖*）。刘宋名将、仆射刘秀之被呼为老悭（*老吝啬鬼*）；另一个名将颜师伯被呼为齴（*暴牙*）。其余的高矮、肥瘦，刘骏都对号入座，给他们安上五花八门的名号。黄门侍郎宗灵秀大腹便便，跪拜起坐，总是气喘吁吁。刘骏尤其喜欢拿他当开心果，每次朝会都要大行赏赐，宗灵秀为了谢恩，像胖葫芦在地上滚个不停。刘骏宠爱一个体壮如牛的昆仑奴，估计是被贩卖而来的非洲黑鬼。每次刘骏一发神经，就让昆仑奴棒打文武百官，尚书令柳元景以下皆不能免。

最令人发指的是刘骏的荒淫乱伦。叔父荆州刺史刘义宣有四个如花似玉的女儿，都被刘骏睡过，其中一个称殷妃，最被刘骏宠爱。刘义宣逼上梁山，起兵造反，结果刘义宣和他的十六个儿子全部惨死刘骏刀下。更有甚者，刘骏连其生母路惠男也不放过。路惠男年轻时就是一个绝世美女，生下刘骏之后被刘义隆甩掉。刘骏称帝之后，尊奉路惠男为太后。但是刘骏常常窜入路惠男的闺房，跟宫女胡来。甚至传出与路惠男乱伦通奸的丑闻，一时民间哗然。东扬州刺史颜竣仗着跟刘骏的关系很铁，经常拿路惠男的事开玩笑。刘骏恼羞成怒，将颜竣剁成碎肉。

刘骏嫌弃宫殿简陋，从他开始才大兴土木，修建了正光、玉烛、紫极三殿，柱子、斗拱雕画精美，门窗饰珠、镂花，如同蜘蛛网。日常生活的奢侈浪费十分惊人，用大豆和小米来饲养狗、马，砖石、木头都要包裹一层精美的锦缎。为了赏赐身边的亲信，刘骏不惜倾尽所有的府库财物。宠妃殷姬死后，下葬时各种器物，銮辂、九旒、黄屋、左纛、羽葆、鼓吹、班剑、虎贲等等琳琅满目。灵柩上还铺满了金银珠宝，陪葬的绫罗绸缎堆积如山，各种铃铛让人看得眼花缭乱，仪服之奢华，史上罕有。此外，刘骏还为她修建了一座新安寺。

由于无休止的挥霍无度，国库连年亏空，老百姓的财产都被搜刮干净。贪惏无餍的刘骏又对官员们动起了歪主意，他炮制了一条荒唐的规定，凡是刺史二千石任职期满的官员，都要缴纳一笔献奉钱，才能回朝廷做官。为了捞取更多的献奉钱，刘骏又将地方郡守的任期由六年缩短为三年。但是这还不够，那些卸任的刺史常常被刘骏叫去赌博，不输得四脚朝天，决不放还。

在皇帝的带头示范下，地方的贪腐现象已成普遍。吴郡太守萧惠开因为妹妹要嫁给桂阳王刘休范，女儿又要嫁给刘骏的皇子。萧惠开粗略估算一下，嫁妆起码需要两千万以上，于是申请调任豫章内史，疯狂贪污、无耻掠财，成了祸害百姓的封豕长蛇。梁州、益州（汉中、蜀川），千里沃野，物产丰饶，却养肥了两地的每一任刺史。

刘骏在位十一年，老百姓惨遭剥削，遍地哀鸿，痛苦指数不断攀升。公元 464 年，江南发生大饥荒，人们靠着剥树皮挖野草过日子，甚至出现亲属之间互相贩卖子女的惨象。暴动此起彼伏，死者不可胜数，民不聊生，而史上最为腐败的皇帝之一——宋孝武帝刘骏也在穷苦百姓的怒吼声中蹬腿而去。

刘骏死后，老百姓的苦难日子远未到头，继位的前废帝刘子业比刘骏更加暴戾恣睢。其生母王宪嫄临终之前，想最后看皇帝儿子一眼，就让人去请刘子业。却被刘子业拒绝，说什么病人身边鬼魂多多，怎么可以去那里？气得王宪嫄恨恨咽下最后一口气，大骂刘子业，当初宁可拿刀子捅烂我的肚皮，也不该生下这个逆种！

太后王宪嫄死后，刘子业又弄死权臣戴法兴，从此无法无天，愈加胡作非为。太监华愿儿受到重用，擅权专政，朝政日益沉沦。两个忧国忧民的大臣骠骑将军柳元景、尚书左仆射颜师伯准备废掉刘子业，另立太宰刘义恭为帝。结果事泄，刘子业残忍地杀害刘义恭，将他肢解，挖剖心脏，挑出两颗眼珠，浸入蜂蜜中，称之为鬼目粽。柳元景、颜师伯则被举族诛杀。

刘骏生前不喜欢刘子业，差点儿立殷妃所生的刘子鸾为太子。刘子业心中耿耿于怀，当皇帝后曾经多次准备毁掉刘骏的陵墓。对殷妃更是恨之入骨，不但挖了她的坟墓，就连刘骏为她修造的新安寺也被夷为平地，殃及附近的和尚、尼姑。刘子鸾刚刚年满十岁，刘子业视之为眼中钉，派人将他杀害。刘子鸾临死前发出与年龄不相符合的长叹，愿来生不再投胎帝王家！

有其父必有其子，刘子业遗传了刘骏的淫荡乱伦基因。他跟姑姑新蔡长公主（刘义隆的第十女）勾搭成奸，呼她为谢氏，甚至还立为贵嫔、夫人。刘子业对她的宠爱超过所有的宫中女人，赐她銮辂、龙旗、虎贲卫士，可自由出入宫廷。刘子业的姐姐山阴公主刘楚玉也很淫荡，她恬不知耻地对弟弟说，你我虽男女有别，但都是先帝的骨肉。可你有后宫数百，我只有一个驸马，这也太不公平了。刘子业二话没说，立即为刘楚玉物色了三十名面首（美男子），供她淫乐。

刘子业的荒淫糜烂书写了刘宋王朝腐败黑暗的新一页。他在华林园竹林堂里嬉戏游玩，常常让宫女裸身追逐，稍有不从，就遭杀害。刘子业对南平王刘铄（刘义隆第四子）妃子江氏的美色垂涎三尺，要她陪着自己。江氏不从，刘子业就威胁要杀掉她的三个儿子。江氏还是不肯，刘子业大怒，下令将她鞭打一百，杀死其子刘敬猷等人。

刘义隆第十一子刘彧被册封为湘东王，有巫师说，“湘州有天子气”。刘子业心里很不舒服，准备去湘州走一趟，压压那里的天子之气。临行前准备把几个叔叔都杀掉，当时刘彧被关押在建康秘书省，于是先发制人，在华林园竹林堂杀死刘子业。

在一片慌乱之中，刘彧仓皇登上皇帝位，他就是宋明帝。但这个宋明帝也不是什么好鸟，做皇帝没几天，就在宫中举行酒宴。一杯酒还没有下肚，上来了几个滑溜溜的裸女，让众人围观取乐。皇后王贞风实在没脸相视，拿起扇子捂住眼睛。刘彧大怒，骂道：你的娘家太寒碜了，特地邀请几个姐妹进宫相聚。大家都开开心心的，你装什么蒜！

王贞风壮起胆子反驳说，找乐的方式有成千上百种。今天姐妹相聚，你却招来几个裸女，叫我们女人家情何以堪？娘家虽穷，却从不这般羞辱人。气得刘彧暴跳如雷，咆哮着要把王贞风赶出宫。

刘彧不但荒淫好色，而且贪婪无餍，好比饿虎饥鹰，一双贼眼整天滴溜溜地转动，哪里有钱财，就扑向哪里。刘彧曾经派遣司州刺史垣叔通去做益州刺史，这个垣叔通是特大贪污犯，到益州转了一圈，家资就猛涨到数千金。垣叔通深知刘彧是饕餮之君，不给他一点甜头，只能老死在四川蛮夷之地。于是在回建康城之前，垣叔通心下一横，分出一半家资，贿赂给刘彧。本以为这么一来高枕无忧了，孰料垣叔通双脚还没有踏进建康城，就被刘彧双规起来，审讯了十来日不得回家。垣叔通无奈之下，干脆把另一半财产也送给刘彧，这才被赦免出狱。在西南少数民族，如果可以用财物来赎罪，称之为赕。从此垣叔通多了一个不雅的外号——被赕刺史。

刘彧在位期间，刘宋王朝的腐败达到了新的高点。国家纲纪不立，吏治严重败坏。天灾人祸不断，百姓嗷然，叫苦不迭，路有饥馑，饿殍遍地。从中央烂到地方，到处散发出末世将亡的浓郁气息。

刘彧的晚年，更是荒唐透顶。他信奉鬼神，什么事都讲忌讳，尤其最恨出现“祸、败、凶、丧”及类似字眼，犯忌者一律斩首，闹得皇宫内外人心惶惶。当时北魏军队大举南下，两淮地区战火纷飞，刘宋王朝疲于奔命，庞大的军费开销几乎耗光了国库。为了节省开支，文武百官都把自己的薪水裸捐出来。但是刘彧置社稷安危于不顾，依旧挥霍无度，每每制作一项日常用品，都要打造正用、备用、次备用各三十个，极尽奢靡。刘彧身边的亲信把持了朝政，贪赃枉法，行贿受贿，将整个国家搞得乌烟瘴气。

不久刘彧也呜呼哀哉了，贵妃陈妙登之子刘昱即位，他就是后废帝。刘昱虽只有十岁，但他人格扭曲，心理变态，残忍嗜杀，一点也不输给成年人，是历史上少见的暴君。皇太后王贞凤送给他一把玉柄羽毛扇，刘昱嫌弃太难看，就唤来太医要毒死王贞凤。领军将军萧道成袒胸露腹，在府中休息，刘昱竟然用他的肚脐作靶心，练习射箭。

刘昱常常身藏揰、拍、针、凿、锥、锯等凶器，有人稍微不顺他的意思，就惨遭涂毒。刘昱杀人的手段极其残忍，每天至少发生十起以上捶击下体、挖心剖腹的虐杀案例。他就像一个嗜血魔鬼，成天泡在死尸血污之中，逗玩取乐。没有杀人的时候就会郁郁不乐，怅然若有所失。

这个恶贯满盈的小魔头做了五年的皇帝，终于得到了报应。公元 477 年的七夕节，刘昱到青园尼寺去游玩，夜里又去新安寺偷狗，喝得酩酊大醉，才回到宫中，睡倒在仁寿殿。萧道成指使刘昱的两个贴身随从趁其熟睡，一刀砍下他的脑袋瓜。刘昱死时才十五岁。

刘昱死后，弟弟刘准被萧道成扶上皇位，他就是刘宋王朝的末代皇帝——宋顺帝。刘准年仅十岁，朝中大权完全落在萧道成手中。刘准做了三年徒有虚名的皇帝，公元 479 年，在萧道成的逼迫之下，乖乖滚下宝座。刘宋政权灭亡，萧道成建立齐王朝，史称齐高帝。

第 3 节　两张昏君的脸谱

萧道成篡位之后，吸取了刘宋王朝晚期手足相残、王室衰落，贪腐成风、国家败亡的教训，也像宋武帝刘裕那样，搞了一些反腐倡廉的小动作，可惜只做了四年的皇帝。齐武帝萧赜继承父业，也重视教育，奖励农耕，出现了永明之治。但是永明之治比不上元嘉之治的清廉，齐朝皇室生活腐化堕落，齐武帝的后宫超过一万人，皇弟豫章王萧嶷府中的女人也有千把人。太子萧长懋生性奢靡，瞒着齐武帝，暗中修建了豪华的庄园、宫殿，怕事情败露，就种植了一大片竹林遮掩过去。此后，萧齐王朝的历任皇帝都荒淫无耻，其中东昏侯萧宝卷为最。

萧宝卷是齐王朝的第六位皇帝，他十六岁即位。十九岁时，兰陵望族萧衍起兵造反，萧宝卷被近臣杀害。尽管只做了短短的两三年皇帝，但是萧宝卷荒谬绝伦的行为，绝对对得起萧衍赠予的“东昏侯”封号。

萧宝卷性格内向，患有口吃。还是太子时就是个顽劣之徒，不喜欢学习，是只夜猫子，经常通宵达旦，捕捉老鼠逗乐。即位之后，不与文武百官接触，整天跟宫中的太监泡在一起。朝政因而落在奸佞手中，正义之士惨遭屠戮。极度的腐败使得萧齐王朝就像白纸烧成灰烬，一吹即散。

皇帝如此昏虐，野心勃勃的王公贵族开始想入非非，始安王萧遥光首先发难。萧遥光叛乱被平定之后，萧宝卷又废杀六贵，荒淫暴戾、怪诞无耻，更是到了一发不可收拾的地步。从此他不再与老鼠为伍，而是在后宫骑马作乐，与太监、戏子鬼混，击鼓、喊叫，搞得整个皇宫如同疯人院似的。萧宝卷常常闹到黎明五更入睡，直到夕阳西斜才伸个懒腰。

萧宝卷也成了懒政怠政的典型，每个月的初一和节日，他才在黄昏之际从宫中溜出，勉强跟王侯贵勋照个面。群臣的奏章呈上去，萧宝卷的批复最快也要等个把月，有时如石沉大海，不知去向了。

公元 500 年的新年元旦朝会，群臣等得六神无主，萧宝卷这才姗姗来迟。可是还没等群臣山呼万岁，萧宝卷又躲到殿西的休息室打呼噜。皇帝在睡觉，谁也不敢跑。苦了那些忠心耿耿的文武百官，各个像僵尸，直挺挺地从上午站立到傍晚。等皇帝一醒，纷纷作鸟兽散。

萧宝卷不但懒惰，而且凶残，视人命如草芥。名将陈显达看到朝中权贵一个个惨死在萧宝卷的刀下，自己早晚会掉脑袋，于是起兵造反。可惜先胜后败，死在建康城下。陈显达一死，萧宝卷更加不可一世，仿佛天地万物唯他独尊。于是萧宝卷开始荒废朝政，沉湎游乐，他为自己规划了一条出游路线，从宫城的万春门穿过东宫，向东跨越青溪，直到东郊地带。那儿是皇族权贵的豪宅区，别墅、花园数不胜数。这条出游路线长达数十百里，为了显示自己的存在感，萧宝卷下令沿途所经的居民一律搬迁，制造了大片隔离区。大街小巷都要悬挂高高的布帐，派士兵看管，称之为“屏除”。

有懒惰的地方就有丑恶现象，有奢侈的地方就有丑恶现象。萧宝卷患有夜行癖症，热衷于三更半夜出游。每次出行，鼓声震天，刀戟林立。老百姓围追喧哗，兵民分不清，比马蜂窝还乱。更折腾人的是，萧宝卷居无定所、行无定踪，每到一处，都要赶走居民，搞得鸡犬不宁。如此锣鼓喧天、号角横吹，火光冲天，胡闹了一整夜，拂晓时才打道回宫。

萧宝卷宠爱的妃子潘贵妃，生得国色天香。她原名俞尼子，本来是大将王敬则的女人。为了供养这个婆娘，几乎倾尽全国之物力。潘贵妃的服饰、佩戴，都是珍宝之最。单单头上的一只琥珀钏，就价值一百七十万钱。

由于潘贵妃的极度奢华，使得市场上的金银珠宝价格暴涨。

每次出行，潘贵妃乘坐豪华的车舆，随从的宫女们穿着开裆裤。在后面扈从的萧宝卷全身戎服，披穿锦缎袴褶，头戴金箔帽，手持系有玛瑙、水晶、珍珠等七宝的长槊，浑身上下奇珍异宝堆砌而成。骑马用具是锦缎做的，怕被雨水淋湿了，萧宝卷又叫人编织彩珠覆盖住，而且雕琢巧饰，非常精致。

公元500年的八月，皇宫里突然起火，烧掉宫殿三千余间，损失惨重。萧宝卷却眼皮眨也不眨，又大兴土木，修建了芳乐、含德、清曜、安寿等殿阁。还借机为潘贵妃造了神仙、永寿、玉寿三殿，装修得非常奢侈，简直就是用银子堆砌起来的浩大工程。宫殿四周金箔环绕，光芒四射，墙壁镀上一层麝香，香气袭人。锦缎帐幕，珠宝垂帘，精致无比；雕梁画柱，神仙仕女，旖旎绮丽。灵兽、神鸟、风云、华炬等等，都是用纯金纯银描绘的。屋椽的末端，都垂挂着铃铛，响声清脆悦耳。

萧宝卷性情暴躁，恨不得一夜之间潘贵妃的殿阁就完工了。于是把工匠都关押起来，督责他们日夜不息地劳作。但施工进度还是让萧宝卷不满意，为求多快好省，干脆把庄严寺的玉九子铃、外国寺的佛像金装、禅灵寺塔悬垂的玉坠，都剥取下来，用来装饰潘贵妃的殿阁。又把金片雕成莲花的形状，贴在地面上，而后让潘贵妃轻盈地踏金行走。昏头昏脑的萧宝卷则在一旁啧啧称奇，真是步步生莲花啊！

更荒唐的是，萧宝卷竟然在皇宫中开设店铺，模仿民间街市，各种杂货用品琳琅满目，应有尽有。萧宝卷跟那些太监整天呆在店铺里，沽酒卖肉。潘贵妃则成了市场管理者，负责记录每天的交易情况。发生纠纷，全凭潘贵妃处置。甚至连萧宝卷犯了错误，也被潘贵妃杖打过。萧宝卷不敢反抗，只好下令不许把大木棍、荻竹带进宫。萧宝卷虽然畏惧潘贵妃，但是淫心难除，经常背着潘贵妃跟她的姐妹胡来。

公元501年的夏天，萧宝卷又将阅武堂改建为芳乐苑，一个专门供他玩乐的场所，要种植大量的杨柳树。时值酷暑，树苗才插进土里，就被炎阳烤焦了。结果栽了几千棵树，无一存活。萧宝卷又动起了歪主意，派人闯进老百姓家，见树就抢。为了移走大树，不顾老百姓的哀求，莽横地推倒围墙、毁坏房屋。又到处寻找花药、杂草，移种在芳乐苑的石阶上和庭院中。这是历史上最为荒谬的一次掠夺，不是抢劫黄金白银，而是野蛮地掠夺、搬运花草树木。天翻地覆胡闹了几个月，芳乐苑基本改造完成。苑内假山假石都涂上五颜六色，金碧辉煌的阁楼跨池而建。墙壁上尽是描绘些不堪入目的春宫画，以供萧宝卷淫乐。

老百姓对这样荒淫无道的皇帝敢怒而不敢言，编了几句顺口溜——“阅武堂，种杨柳，至尊屠肉，潘妃酤酒”，来发泄心中的愤恨。

似萧宝卷这样如狼似虎的离谱帝王，堪称史上少见。萧宝卷的老爹齐明帝萧鸾生前比较节俭，国库里的金银财宝堆积如山。但是到了败家子萧宝卷手中，挥金如土，很快地国库就空空如也。

为填补财政赤字，萧宝卷又绞尽脑汁，想出了敛财的邪路，勒令富室大户出卖黄金，而且售价由萧宝卷说了算，不许讨价还价。又巧立名目，搜刮民膏民脂。他下令在建康城内收取酒租税，而且全部以金银来结算，供皇室日常之用，可仍然不足。萧宝卷嗜好乐舞，为了供应太乐（主管郊庙音乐）的衣杂费，竟然下令，在扬州、徐州两地交通要口的桥梁、塘坝收取过路费。结果所有的河川塘坝，都被愤怒的百姓砸坏了。

在萧宝卷黑暗的统治下，齐王朝的腐败日益加深。潘贵妃的生父潘宝庆狐假虎威，为非作歹，不惜使劲狠毒手段，巧取豪夺。稍稍富裕的人，都被他设计陷害。田宅、资财，全都落入潘宝庆之手。而且一家遭殃，祸及亲族、邻居。潘宝庆又疯狂杀灭仇家的男丁，永绝后患。萧宝卷身边的腐败分子也从苛捐杂税中渔利。朝廷每课税一钱，就要征收十钱，有九钱被贪污私吞。地方官员不但不举报，反而上行下效，层层盘剥，中饱私囊。老百姓生活在水深火热之中，惨遭连绵不断的鱼肉宰割，无处申冤，只有一路哭泣，一路绝望。

萧宝卷及其贪婪成性的走狗们，如同无数只蛀虫，把一棵挺拔的参天大树侵蚀得千疮百孔。萧宝卷身败国亡，在其惨死后第二年，萧衍重演了篡位的历史，建立梁朝。萧宝卷这个史上最昏庸的皇帝之一，也被牢牢地钉在历史的耻辱柱上。萧衍不但褫夺了他的帝号，而且依照西汉废帝海昏侯刘贺的故事，追封萧宝卷为东昏侯。

陈朝的后主陈叔宝是南北朝时期的最后一个皇帝。他的庸碌无道，跟东昏侯萧宝卷有的一拼。

昏庸皇帝的最大特征就是沉湎酒色，枉顾百姓死活，大兴土木。萧宝卷迷恋潘贵妃，社稷为之倾覆。陈叔宝祸国殃民的红颜知己更多，有三个：张丽华、龚贵嫔、孔贵嫔，以张丽华最受宠幸。

这个张丽华本来是龚贵嫔的侍女，但是她的姿色绝世无伦，很快就抢了龚贵嫔和孔贵嫔的风头。史书上称，张丽华的头发很性感，有七尺之长，如丝滑般流畅，而且乌黑发亮。一双眼睛更是迷人，顾盼生辉，魅力四射，令人浮想联翩。张丽华美丽又聪颖，颇懂得男人的心，经常故作大方，把有点姿色的宫女推入陈叔宝的怀抱。结果皆大欢喜，陈叔宝乐开怀，整个后宫都对张丽华感恩戴德，顶膜礼拜，视之为女神。张丽华又迷信厌媚之术，常常装神弄鬼，以栓紧皇帝的心。

在张丽华的诱惑之下，陈叔宝难逃昏君的定数。他懒于上朝理政，文武百官的奏章，都由两个太监蔡脱儿、李善度送进宫。张丽华坐在陈叔宝的大腿上，抱成一团，深陷软沙发（隐囊），跟蔡脱儿、李善度一道批阅奏章。蔡、李两人疏漏的，张丽华都能详尽补上，无一遗缺。民间的一事一物，张丽华也是无不通晓，由此更得陈叔宝的欢心。陈叔宝为她专门建造了光昭殿，在殿前又盖起临春、结绮、望仙三个阁楼，各高数十丈，绵延几十个房间。房间的门窗、壁中横木、栏杆等等，都是用名贵的檀香木、沉香木制作。再用黄金、白玉装点打扮，间杂着珍珠、翡翠，显得大气雍华。阁楼外垂挂着珠帘，内摆设着宝床、宝帐，用料做工之奢华，为南朝少见。微风轻拂，飘香数里，令人陶醉。

陈叔宝自己住在临春阁里，张丽华住在结绮阁，龚、孔两个贵嫔住在望仙阁。一帝三后，和谐相处。更有王、李二美人，张、薛二淑媛，袁昭仪、何婕妤、江修容等等，美女如云。陈叔宝呼之即来，挥之即去，过着荒淫腐化的帝王生活。

陈叔宝治国无术，却追求浮夸无实、附庸风雅的生活，朝政由是日益堕落。袁大舍等宫女略懂文学皮毛，被陈叔宝任命为女学士。仆射江总才学过人，虽然官居宰相高位，但从来不理国事，每天都扯上都官尚书孔范、散骑常侍王瑳等十来个书呆子，陪着陈叔宝在后宫聚宴作乐。这些大臣跟陈叔宝称兄道弟，无复君臣之礼，时人称之为狎客。实际上就是嫖客，整天跟后宫的嫔妃、女学士等等混在一起，吟诗作赋，兴起之时还题诗互赠。当然写的都是淫词艳诗，不堪入耳。偶尔有得意之作，诸如《玉树后庭花》、《临春乐》等等，被谱成曲，由千余名宫女组成一个庞大合唱团，排练演唱。

君臣不分昼夜，通宵达旦闹得天翻地覆，并成为一种常态。在这种畸形的常态下，国家政治完全脱离规范化的轨道，滑落腐败的深渊。宫中太监与皇亲国戚狼狈为奸，横行霸道，惯作非为，明目张胆地买官卖官，索贿受贿。朝中稍稍有点正义感的官员，都被小人谣言诬陷。

按照陈朝旧例，士兵和书生，是不纳税收的。陈叔宝因为修建了庞大的宫殿群，国家财政严重赤字，入不敷出。金帛局（金管局）的掌门沈客卿建议，不论是谁，通通征收繁重的商业税。于是陈叔宝任命阳惠朗为太市令，暨慧景为尚书金、仓都令史，让他们负责征税。阳、暨两人本来都是基层官员，做起事来一丝不苟，不差毫厘。但是不懂得从国家经济大局考虑，督责过于苛刻，聚敛无度，老百姓怨声载道。沈客卿亲手狠抓课税工作，结果每年收入是往常的数十倍。陈朝的腐败从政治领域向经济领域延伸，导致了国穷民穷豪强富，社会动荡不安，危机四伏。

公元 589 年，隋军南攻，长江防线一触即溃。尽管陈朝的建康守军还有十万之众，但是受到贪污腐败的长期侵蚀，军队战斗力严重受损，上下离心。抵抗不到五天，守军不堪一击，纷纷溃散。惶惶无计的陈叔宝拉着张丽华和孔贵嫔躲进了胭脂井，为隋军所擒，成了腐败亡国的典型案例。

第 4 节　北魏的“纪委书记”：御史中尉

与南朝宋、齐、梁、陈四个短命王朝不同，北朝五个王朝将近两百年，其中鲜卑族建立的北魏帝国存在了一百三十五年，是历史上第一个统治时间超过百年的少数民族政权。这个从大兴安岭山沟沟奔出来的游牧民族，在建国初期的反腐斗争独出机杼，与众不同。

北魏的开国君主拓跋珪在建政之初设置的官制，胡汉杂糅，既延续了鲜卑族的传统官制，如八部大夫、六部大人、比德真、乞万真等等；又引进了中原汉人的官制，诸如太子、信义将军、折冲将军等等。

拓跋珪是个崇尚返璞归真的皇帝，他更喜欢仿效古老的王朝，用一些动物的名称来做官职的名号。史书上最常见的有两个，凫鸭和白鹭。凫鸭是水陆两栖动物，既能飞又能浮水，速度奇快，所以就代称那些跑腿的像传递文书之类的官员。而白鹭外号叫长脖子老等，“延颈远望”，拓跋珪就用来称呼刺探消息的侯官。

北魏初期虽然仿照中原王朝，在外朝设立了兰台御史、司隶校尉等中央监察机构，但是在公元 401 年，拓跋珪撤销兰台御史，并入内朝，真正挑起反腐重任是被称作白鹭的侯官。

北魏的侯官跟东吴的校事官、明代的厂卫一样，是直接听命于皇帝的秘密侦查组织，其性质类似于苏联时代的克格勃。很多朝廷高官因为言行不当，遭到侯官的揭发，掉了脑袋。北魏的开国元老庾岳，他行事谦恭谨慎，用兵如神，深受拓跋珪的宠幸，赐封司空，荣耀一时。公元 407 年，拓跋珪又赏赐南宫的一块地皮给庾岳，让他建造府邸。庾岳带领着一大帮人马，正干得热火朝天。孰料暗中埋伏的侯官向豺山宫的拓跋珪告密，说什么司空庾岳衣服鲜艳华丽，言谈举止形如帝王。喜怒乖常的拓跋珪疑神疑鬼的，立即下令将庾岳就地斩首。司空庾岳的冤死，让世人对侯官更加恐惧。

公元 458 年，北魏文成帝拓跋濬增置内外侯官。侯官不但负责监察京城内外、地方州县，而且常常身穿便衣，卧底到各个政府部门，搜集官员违纪乱法的情况。侯官享有逮捕权、监禁权和刑讯权，一旦揪出不法的贪腐分子，可严刑逼供。那时朝廷对腐败分子的制裁非常严厉，凡贪污、受贿布帛两丈以上的一律处斩。

到了大改革家孝文帝拓跋宏即位之初，侯官的权势空前鼎盛，有千余之众。侯官无处不在，无孔不入，就像难以捉摸的幽灵，隐匿在朝廷官员的府邸里，出没于大大小小的官府衙门，甚至在闹市坊间、寻常百姓家，都可以见到侯官诡异的身影。

可是侯官队伍的急剧扩充，并没有凝聚成一股强劲的反腐力量，非但无助于倡廉肃贪，反而自身逐渐堕落，暗中受巨贪大腐的贿赂，徇私枉法，不闻不问。而对一些蒜皮小事，吹毛求疵，甚至栽赃陷害。候官倚权卖权、作威作福，老百姓叫苦连天，日渐沦为祸国殃民的腐败恶势力。

励精图治、革旧鼎新的孝文帝对候官的危害疾首蹙额，于是在公元479年下诏罢废候官。改用数百名耿直忠良的人，让他们在街上巡行，严防打架、斗殴等治安事件，使做官的踏实自律，百姓安居乐业，各得其所。随着候官退出反腐舞台，御史台真正发挥了监察职能，成为北魏政权唯一的纪检机构。

御史台的长官叫御史中尉，堪称北魏政权的“中纪委书记”。官秩虽说只有从三品，但作为监察机关的头头，地位显赫，远远凌驾于百官之上。每次外出威风凛凛的，千步之内都要清道。而且御史中尉有专用的通道，与皇太子分路而行。往来的王公百僚必须尽速在路旁刹住牛车、卸下牛轭，离得远远的，恭恭敬敬地目送御史中尉过去。如果某些王公大臣脑子有点迟钝，动作稍稍慢了些，非得被御史中尉用红色木棒打烂屁股不可。

孝庄帝时期的御史中尉高道穆，以其铁面无私、硬气手腕，令贪官污吏心惊胆战。高道穆，名恭之，字道穆，世人习惯称呼他的字。高道穆学富五车，经史子集无不精通。他的朋友圈各个都是高层名流、才俊之士。高道穆有几句豪言壮语，“人生厉心立行，贵于见知，当使夕脱羊裘，朝佩珠玉者。若时不我知，便须退迹江海，自求其志。”——人生一世，当立名扬威。每天晚上都得脱下羊皮袄睡觉，早晨都得佩戴珠玉上班。如果默默无闻，干脆退隐江湖，以求其志。

正逢御史中尉元匡四处选拔反腐骨干，高道穆毛遂自荐，被元匡聘为助手，做了御史。高道穆蔑视权贵，上任伊始，就敢作敢为，屡屡检举朝中丑恶的官员，深深为元匡所倚重，御史台中的事情，都要向他请教。

高道穆曾经对元匡说，古人有句话，“罚一人当取千万人惧，豺狼当道，不问狐狸。”擒贼当擒王，反腐要做到惩处一个、震慑一方的效果。你身负朝廷反腐重任，应当让世人知法守法。元匡听了此言，大为赞赏。

公元522年左右，高道穆奉命巡查相州。相州刺史李世哲的老爹李崇做过尚书令，权势贵盛一时。李世哲仗着显赫的家世，恣意妄为，多行不法之事。贱价逼买民房，强行迁走寺庙，圈地兴建豪宅。屋脊上都有兽饰鸥尾，长长的围墙还建有堡垒，上面竖着手中持节的小木头人。规格大大超标，有僭侈逾制的嫌疑。搞得民怨沸腾，是只人人痛恨的大老虎。高道穆到了相州之后，毫不踌躇地把李世哲的庄园豪宅夷为平地。结果挖出大量的赃物，高道穆立即将这只为恶一方的老虎绳之以法，并上报朝廷。

挟帝自重、权倾天下的大奸雄尔朱荣天王老子都不怕，唯一忌惮的就是高道穆。所以尔朱荣率部北征柔然时，北魏孝庄帝特地让高道穆监军，以监视他。尔朱荣的堂弟尔朱世隆身居尚书令的高位，在朝中可谓一手遮天，群臣见他比皇帝还怕。但高道穆却不吃这一套，有一回朱世隆上朝时衣冠不整，高道穆不容分说，立马上书弹劾，勒令他照照镜子，端正好衣冠再上朝。

孝庄帝的姐姐寿阳公主无视清路的规矩，公然把牛车停在道路中间，妨碍了高道穆执行公务。高道穆的手下举起赤色木棒，大声呵斥。寿阳公主仗着自己是皇亲国戚，全然不把高道穆放在眼中。高道穆火大，命令手下把寿阳公主的牛车砸烂成一块块碎片。这下子摊上大事，寿阳公主对高道穆恨之入骨，跑到孝庄帝面前，哭哭啼啼的，要弟弟狠治高道穆。

孰料这回寿阳公主是自找苦吃，孝庄帝不但没有帮她，反而替高道穆说话，高中尉可是个刚正清廉之人，他所作所为都是为了国家，怎么能以私害公呢?

后来，高道穆见了孝庄帝。孝庄帝代姐姐向他道歉，那一天我的姐姐在路上冒犯了你，实在是惭愧不已啊！高道穆赶紧脱下帽子，向孝庄帝致谢，我深受皇帝之恩，恪守皇帝之法，不敢因为寿阳公主一人，乱了朝廷纲纪，辜负了皇帝的期待！

这个孝庄帝确实很开明，回答说，我本来是向你道歉的，你反而要感谢我！

高道穆刚毅不阿，无惧权贵，铁腕反腐，一时成了佳话。

但是在北魏前期，吏治极其腐败。地方刺史纵奸纳贿、徇私枉法、贪墨成风，老百姓陷入水深火热之中，不断起来反抗，社会矛盾日益尖锐。历任皇帝每隔几年就发布一个反腐法令，派遣纪检小组巡查地方。

公元 400 年，道武帝拓跋珪令监察官循行各州郡，考察民风民俗，惩治贪官污吏。公元 411 年，明元帝拓跋嗣派人巡查并州、定州，六年后又对所有的州郡来一次彻底的大巡查，其目的都是为了纠正官场陋习，澄清吏治。

公元 427 年，太武帝拓跋焘亲自视察中山，革去了十几个地方守宰的职务。这一次视察令拓跋焘大为震惊，贪官污吏遍地爬，找不到一个干净的干部。拓跋焘痛下决心，次年下诏撤掉全国所有的州郡守宰，取而代之的是那些通过严格考核、又红又专的忠良之士。公元 437 年，拓跋焘又动员全民打小报告，揭发检举不法的地方长官。公元 455 年，文成帝拓跋濬遣使尚书穆伏真等三十人，组成一个高规格的纪检巡查团，巡行州郡，观察风俗。对于那些手脚不干净的，一律先罢职后砍头。十二年，又发布整饬官吏的六道诏书。

拓跋濬的儿子献文帝拓跋弘也是个年轻有为的好皇帝，公元 470 年，他下诏严惩贪腐，凡受贿一只羊、一斛酒的，杀无赦。参与人员连坐论处。检举尚书以下的官员，就授予被检举者的官职。

第 5 节　孝文帝改革狠抓反腐

北魏前期六七十年间，从第一位皇帝拓跋珪，到第六位皇帝拓跋弘，亲自挂帅，年年都是反腐败斗争的高峰年。但是陷入了越反越腐败的怪圈，大老虎层出不穷，苍蝇更是漫天飞，杀都杀不完。腐败现象就像莽原杂草，野火烧不尽，春风吹又生。其根源在于北魏帝国还是处在落后的游牧时代，没有确立俸禄制。

由于北魏初期的官员没有俸禄，不贪不腐的廉吏只能在贫困线下苦苦挣扎。如拓跋珪时期的吏部尚书崔玄伯俭约自守、勤勉奉公，结果家徒四壁，出行都坐不起牛车。中书令高允可谓五朝元老，做了四十多年的官，因为没有俸禄，家中一贫如洗，不得不让几个儿子上山砍柴，聊以度日。全家在数间草房里挤作一堆，穿着粗布，厨房里只有盐、菜而已。像崔玄伯、高允那样生活清贫的官员不计其数，济州刺史张蒲妻儿衣食不能自给，鲁郡太守张应妻儿靠砍柴度日，巨鹿太守吕罗汉廉洁奉公、妻儿饥寒交迫等等。

但是更多的官员无法洁身自好，他们在求生图存烟幕弹的掩护下，官商相互勾结营利，疯狂掳掠。随意征发徭役，强行榨取地方百姓钱财。肆无忌惮地贪污受贿，盗窃官库。如明元帝拓跋嗣时期的太仓总管安屈监守自盗，窃取官粮数石；司空令辅国长史侵吞国有资产，私建宅邸。国家即将被掏空了，朝中有识之士痛首疾呼，拓跋弘时代的雍州刺史张白泽，要求仿照中原王朝，“稽同前典、班禄酬廉、首去乱群、常刑无赦”，以整顿吏治、根绝腐败。

“班禄酬廉”的呼声越来越高，到了拓跋弘的儿子孝文帝拓跋宏时，终于在公元 484 年发出班禄诏令，宣布实行薪资改革，正式确立俸禄制。

班禄诏令有四个看点。首先为了证明实行俸禄制的合法性，诏令宣称班禄完全是恢复自周秦、两汉以来的宪章旧典。其二，官员俸禄的资金来源于增收的税赋，每户要增收布帛三匹、谷物二斛九斗（即二十九斗）。由于北魏初期的户籍管理实行宗主督护制，五十、三十家为一户，因而增收的赋税额非常大。其三，禁止官员经商牟利，以简化机构，惠及民生。为此另外每户增加二匹布帛，作为废除商业的预备金。其四，加大反腐反贪的力度。在这之前，北魏朝廷对贪腐分子的惩罚是贪污十匹或受贿两百匹，均处以死刑。实行俸禄制之后，“赃满一匹者死”，受贿无论多少一律斩首，以达到雍州刺史张白泽提出的“班禄酬廉”目的。

第二年，由于孝文帝拓跋宏推行了新的改革措施，三长制、均田制和租庸调制，又进行了工资改革。改革后的官员俸禄总额占地方赋税的三成，每年十月开始发工资，三个月发一次。

今天有个跟“班禄酬廉”类似的词语——高薪养廉，可高薪养廉只是人们一厢情愿的构想而已。“高薪养廉”如无监督，结果只会事与愿违。“班禄酬廉”也是一样的。当官的不发俸禄，等同于拒给饿虎食物，早晚饿虎会冲出牢笼，贻害无穷。班禄之后，虽然能够保证官员过上安稳的日子，但是人的贪欲无止境，拥有的越多贪念就越大，腐败也因而愈加难以遏制。

孝文帝拓跋宏不愧为一个伟大的政治家，他左手挥舞着诱人的红萝卜——班禄酬廉，右手又抡起吓人的大棒——强力反腐，在大刀阔斧地推行全盘汉化改革的同时，反腐力度空前，实属南北朝罕见。拓跋宏惩治的贪腐分子均是摸不得屁股的大老虎，从皇亲国戚到地方刺史，各个担负着镇守要害之地的重任。

公元 484 年是班禄的第一年，孝文帝在反腐败上高举高打，动真碰硬，法制严明，凡举报必彻查到底，掀起反腐败的一场大风暴。那一年秋天，孝文帝派纪检官员巡查各州郡，重点纠察不法的地方长官，揪出了四十多名大贪官，全被处死。其中最振奋人心的是，处决安南将军、秦益二州刺史李洪之。

李洪之本来是一个和尚，因攀上文成帝拓跋濬的皇后李氏，跟她以亲兄妹相称，算是孝文帝拓跋宏的舅公，地位无比尊崇。但是李洪之生性贪婪，受贿无数。有人告了李洪之一状，孝文帝立即翻脸六亲不认，下令用铁索将李洪之五花大绑，扭送到平城。

孝文帝亲临太华殿，召集文武百官，公开审讯李洪之。司法官员翻出李洪之的斑斑劣迹，包括贪污狼藉、为官暴虐等等。孝文帝当着百官们的面，数数这个舅公的条条罪状。最后因为李洪之是国家重臣，让他在家中自尽，以保得全尸。

李洪之是孝文帝班禄之后被处死的第一个腐败高官，就像威力巨大的弹药在腐臭的淤泥里骤然爆炸，登时浑水四处飞溅，溅醒了那些执迷不悔的不法分子。结果“食禄者跼蹐，赇谒之路殆绝”——当官的草木皆兵，寝食难安。行贿的上天无路，入地无门。官场一片清明，平城治安大为改善，一年中关押在牢里的死刑犯不过五、六人。

另外一个被处分的高官——幽州刺史张赦提厉行节约，克己奉公，为政清廉，但是他毁于纵容妻子段氏索贿纳贿，让和尚、尼姑牵线搭桥。段氏贪污的恶名越传越远，传到了出巡幽州的中散大夫李真香耳中。李真香查实之后上报朝廷，张赦提准备畏罪潜逃。但是段氏仗着自己姑姑是太尉、东阳王拓跋丕的老婆，而拓跋丕是孝文帝身边的大红人，一定会为张赦提说情的。于是张赦提就让段氏进京去找拓跋丕，不料段氏到了平城之后四处造谣说，李真香得知张赦提养了一头好牛，索贿不得，故而设计陷害张赦提。结果事情越闹越大，惹得京师满城风雨。

司法部门听说是东阳王的亲戚，不敢怠慢，赶紧派遣驾部令（相当于交通部长）赵秦州再去幽州查个水落石出。数罪并罚，张赦提当判处死刑。孝文帝念其曾经剿匪有功，也让他在家中自尽。一世英名毁于女人之手，张赦气愤不已，临死前大骂段氏，给我背上贪腐黑锅的就是你这个臭婆娘，我到了九泉之下也跟你没完没了。

此后，孝文帝坚持不懈地狠抓反腐倡廉，几乎每年都揪出一两个特大级别的腐败分子。

公元488年，皇室贵族、梁州刺史、临淮王拓跋提，因贪污获罪，流放北方戍守边关。

公元489年又是一个反腐高峰年，竟然有三个宗室王被处罚。三月，统万镇大将、夏州刺史章武王拓跋彬，因贪污受贿，被削夺封爵。六月，怀朔镇大将、汝阴王拓跋天赐和镇北大将军、相州刺史南安王拓跋桢，也因为赃贿狼籍同时被贬为庶人。

拓跋天赐和拓跋桢都是文成帝拓跋濬的庶弟，论辈分是孝文帝的叔公。孝文帝曾经告诫拓跋桢，不要倚老卖老，你在相州要时时刻刻谨记三不准，不准仗着皇亲宗室违反国法，不准贪污腐化不理政事，不准饮酒宴乐滥交朋友。但是拓跋桢把孝文帝的告诫当做耳边风，在相州盘剥百姓、聚敛无厌。

拓跋天赐和拓跋桢被抓之后，孝文帝悲痛不已，跟冯太后亲临皇信堂，邀请所有的宗王，召开皇家扩大会议，商讨如何处置两兄弟。冯太后当众把二人批得体无完肤。有人认为二人都是文成帝的骨肉同胞，白发苍苍，没有几天了，应该从宽处理。但是冯太后坚决不肯，孝文帝最后做出判决，二人“削除封爵、以庶人归第、禁锢终身”。

公元490年，镇守长安的大将、京兆王元太兴有罪，免官削爵。次年，徐州刺史、济阴王元郁以贪污、残暴赐死。

同一年，孝文帝的庶弟元干贪淫不遵典法，当时的中纪委书记——御史中尉李彪准备检举弹劾，不巧在尚书下舍遇到了元干。李彪警告元干，最近有关你的流言四起，本来打算要弹劾你，担心有损皇帝的威名，你若能改邪归正，一切既往不咎。若依然我行我素，那就新帐旧帐一起算。元干左耳进，右耳出，优哉游哉的。李彪就向孝文帝告了一状。

孝文帝很头疼，反腐反到我的家里来了。让元干和另一庶弟北海王元祥，跟随太子到自己面前来一趟。两王到了之后，孝文帝单独召见元祥，把元干晾在一旁，派人暗中要观察他的态度。结果发现元干毫无悔改之意，孝文帝一气之下，召来元干先臭骂一顿，再杖打一百，免除了他的司州牧官职。

公元 499 年，齐州刺史高遵成了被孝文帝处罚的最后一名腐败高官。高遵为官向来手脚不干净，担任中书侍郎时，每次放假回老家河北，都要备好骡马，随从百余人。到了河北强行向百姓勒索丝绸、缣帛，若不如愿就口出恶言辱骂，赖在百姓家中不走。结果不到一个月，收到的丝、缣超过千余匹。出了如此的恶官，不但不为乡里谋福，反而鱼肉乡民，老百姓叫苦不迭。高遵调任齐州刺史之后，恶性不改，在选取官员时又大肆贪污受贿。高遵的老婆明氏本是齐州人，高遵与妻舅、外甥通同作恶，勾结地方黑势力，“争求货利，严暴非理，杀害甚多”，彻底沦为一个丧心病狂的父母官。其贪婪残酷的恶名传遍天下，孝文帝也颇有耳闻，决定亲自驾临邺城，会一会这个大贪官。

高遵听说皇帝到了邺城，从齐州赶去朝拜。恰逢孝文帝刚刚迁都洛阳，为笼络民心，大赦天下，因而放了高遵一马。但是在高遵辞别回齐州时，孝文帝特意召见他，把他骂得狗头喷血。高遵却拒不认罪，终于惹毛了孝文帝，厉声叱责，要是没有迁都赦令，今天你这条狗命早没了！你不但贪婪，而且残暴，像济阴王元郁那样的皇室宗亲，都难逃一死。你能与他相提并论吗？

受到了皇帝的教训，高遵回到齐州后不但不收敛，反而变本加厉，老百姓备受荼毒。不作死就不会死。一个叫孟僧振的齐州人恨恨地跑到洛阳去，控告高遵。孝文帝再也忍不住了，立刻让廷尉少卿刘述审理此案。眼见大难临头，高遵开始加紧活动，重金厚赂孝文帝宠信的道登和尚，让他在皇帝面前说句好话。

道登和尚念经似的，整天围着孝文帝唧唧歪歪。但是孝文帝坚定惩腐不动摇，下诏将高遵正法。高遵像幽州刺史张赦提那样深恨“贤内助”明氏，不与她诀别，自个儿洗净身子，然后吞下有剧毒的蜀椒而死。

孝文帝在位期间迁都洛阳，推行汉化，革故鼎新，坚定不移地惩贪反腐，澄清吏治，终于把北魏帝国推向巅峰，奠定了隋唐盛世的基石。他的雄才大略和高瞻远瞩，受到后人的崇敬。

第 6 节　腐败的另类结局：国家分裂

改革与反腐是孝文帝彪炳千古、照耀寰区的鸿篇巨制，但后继无人。靡不有初，鲜克有终。之后的八位皇帝，没有将改革大旗继续扛下去。而是贪图享乐、内讧不断，吏治腐败、贪污横行。北魏帝国在风雨飘摇之中，度过了动荡不安的三十五载，终于在公元534年分崩离析，肢解为东、西魏。

北魏帝国从巅峰滑落下来是在宣武帝元恪时期。他是孝文帝次子，十七岁登基，在位十六年。宣武帝绝对算得上一个好皇帝，史书称他“幼有大度，喜怒不形于色。雅性俭素。”他心系百姓，上台之后做的第一件事就是派遣亲信巡行地方各郡国，“问民疾苦，考察守令，黜陟幽明”，立志做一个明君。一旦遇到水、旱灾，出现了大饥荒，宣武帝就会毫不犹豫地开仓赈济，抚恤灾区百姓。有时还派军队救灾，如公元 509 年寿春发生大水灾，宣武帝令平东将军奚康生率数千步骑，紧急赴救，这在历史上是罕见的。甚至撤除乐舞、节俭膳食，禁止屠杀牲畜，以示与老百姓同舟共济的决心。宣武帝很重视法制建设，他两次坐着申讼车，走出皇宫接待上访百姓，亲自审理冤假错案。宣武帝也崇俭戒奢，看到豪门贵族生活糜烂、腐化，他制定了奢侈品消费的限制性条款，严禁铺张浪费。

既然有如此的好皇帝，为什么北魏王朝会迅速衰落下去？原因只有两个字，腐败！宣武帝信心爆棚，也想继续打造出一个辉煌的帝国。却力不从心，朝政几乎被两个穷奢极侈、湛湎荒淫的顾命大臣——咸阳王元禧和北海王元详控制。贪官污吏成群，国舅爷高肇、宠臣茹皓与赵修等等，他们既勾心斗角，又狼狈为奸，蛀空府库，国力为之不振。

元禧和元详都是孝文帝的庶弟，宣武帝的叔父。孝文帝死后，元禧身受遗命，担任辅臣之首。但是他脑满肠肥，辜负了孝文帝的期望，终日无所事事。更可恶的是，元禧暗地里招权纳贿，生活糜烂。他贪淫财色，妻妾成群，有数十之多，还嫌不足。浑身穿着绫罗绸缎，雍容华贵。整天坐着豪车出游，到处猎色，供自己享乐。他诛求无厌，贪贿无艺，府中女婢超过一千人。

元禧还拥有一个腐败的产业链，员工包括“臣、吏、僮、隶”，经营范围涉及到房地产和盐铁等那些暴利的行业。宣武帝对他的腐败罪行深恶痛疾，亲政之后准备将其解职。元禧狗急跳墙，与妻兄黄门侍郎李伯尚密谋图反，事泄之后逃跑不成，被扭送到华林都亭。据说宣武帝为防止元禧再次偷跑，铸成千斤锁将这只大老虎牢牢锁住，最后赐死家中。死前元禧跟几个公主妹妹道别，还拜托她们照顾好自己喜欢的一两个美女。气得公主们又哭又骂：你都是为了这几个狐狸精贪逐财物，畏罪造反，害得家破人亡。还提她们做什么？！

元禧死后被抄家，儿子们的户籍也被宣武帝注销，只有几个女儿分得一丁点儿钱财和奴婢。元禧的绝大部分家资落入宣武帝的舅舅高肇和宠臣散骑常侍赵修之手，其余的都赏赐给文武百官。即便如此，还有大量财物流落民间，多的上百匹，少的也有十来匹。由此可见元禧生前聚敛钱财之丰，连宫女们也为之叹息不已，唱了一首歌来讽刺他：“可怜咸阳王，奈何作事误。金床玉几不能眠，夜蹋霜与露。洛水湛湛弥岸长，行人那得渡？”这首歌在南朝的萧梁境内广为流传，艺人们用弦管伴奏，四处演唱，寓居江南的北方富人听了无不潸然泪下。

另一个顾命大臣元详在孝文帝驾崩之际被任命为司空，辅佐少主。宣武帝即位之后，见元详勤勤勉勉，劳苦功高，特地增加他的食邑一千户。元详因为宣武帝还在守孝期间，没有接受。宣武帝亲政之后，重用元详，让他做侍中、大将军、录尚书事。

元祥得宠之后，位极人臣，朝中百官畏之如虎。元祥由是放荡不羁，贪淫本性毕露。史书上说他，“贪冒无厌，多所取纳；公私营贩，侵剥远近；嬖狎群小，所在请托。珍丽充盈，声色侈纵，建饰第宇，开起山池，所费巨万矣。”又在洛阳东掖门之外、大路之南，强行赶走居民，圈地建造豪宅。有的百姓家中遇到丧事，棺材还停放在厅堂上来不及下葬，就向元祥哀求先葬再迁。可是元祥连最起码的人道主义精神都没有，硬是逼着他们抬着棺材，在大街小巷到处流浪，哀嚎声四起。如此卑劣可恶的行径，实在令人发指！

有其子必有其母，元祥的母亲高椒房是个高丽人，心如蛇蝎。她助纣为虐，在强拆民房时，亲自指挥驱赶、毒打不愿意迁走的钉子户。百姓骚然，怨声嗷嗷。

元祥又荒淫无比，竟然跟叔父安定王元燮的妃子高氏乱伦通奸。高氏是权臣茹皓的大姨子，元祥由此跟茹皓攀上关系。两人都是贪色好淫之徒，往来密切。茹皓结婚的时候，元祥登门祝贺，并赠以骏马。两人把酒言欢，喝得四脚朝天。简直就是臭味相投，同流合污！

这个茹皓也不是什么好东西。他是从南方逃过来的移民，后来娶了国舅爷高肇的堂妹， 骤得富贵。茹皓为人佞巧，暗中偷偷摸摸，捞了许多黑心钱，还在皇宫西侧建了一座豪宅。

元祥虽然是一个巨贪大腐，但是受到宣武帝的倚重，总统军国大事，权倾朝野。元祥常常住在华林园西边的寓所，与都亭、宫馆相邻，有个后门通往皇宫。宣武帝经常走后门，偷偷跑到元祥的住所，跟他饮酒取乐。元祥要举行什么庆祝酒会，都秘密邀请宣武帝参加。宣武帝多次御临元祥的府邸，并拜会元祥的生母高椒房，热乎乎地称她为阿母，还亲自为她斟酒，情若母子。可见元祥是宣武帝的铁杆兄弟。

可惜好景不长，野心勃勃的国舅爷高肇嫉恨元祥的得宠，视他为霸持朝政的挡路石。就诬陷元祥和茹皓暗中勾结，密谋造反。又抖出元祥“贪害公私，淫乱典礼”、“驱夺人业，崇侈私第”等贪腐罪行。虽然元祥的谋逆罪纯属莫须有，但是他的贪残淫乱成为高肇构陷的把柄。宣武帝对这个首鼠两端的皇叔大失所望，将他交给廷尉治罪。

元祥被抓的时候高椒房这才知道他跟元燮的老婆通奸，不由地破口大骂，你自己有妻妾、奴婢服侍着，各个年轻貌美如花，怎么会勾搭上那个高丽大妈？我恨不得将她活剥生吞！

后来宣武帝下令将元祥秘密处死，朝政又落在外戚高肇手中。高肇擅权专政，利用宣武帝对皇室亲王的猜忌，陷害元祥之后，又大开杀戒，毒毙宣武帝的后妃于氏、谮杀彭城王元勰。“由是朝野侧目，咸畏恶之。”高肇成了一个人人惧而远之的大魔头，北魏帝国笼罩在白色恐怖之下，朝政一落千丈，坠入腐败的深渊，离覆没只有一步之遥了。

宣武帝死后，北魏皇族空前团结，联手对付死敌高肇，终于将他诛杀。狼去虎来，六岁的孝明帝元诩即位，胡太后临朝听政，与妹婿侍中元叉通奸，秽乱后宫。但没多久薄情郎君元叉与太监刘腾发动政变，幽禁胡太后，统领军队，独揽大权。朝中又是腥风血雨，太傅、清河王元怿被害，相州刺史、中山王元熙横被族灭，右卫将军奚康生被杀。从此元叉、刘腾二人“无所畏忌，恣诸侵求，任所与夺”。本来就千疮百孔、破败不堪的北魏政权，再经过元、刘的瞎折腾之后，病入沉疴、无药可救了。

由于统治者的奢侈无度，再加上四方多事，水旱灾不断，财政亏空严重，入不敷出。朝廷竟然预先征收六年的赋税，老百姓怨气冲天。为了减少酿酒，节省粮食，又停止向百官供应酒。此后民间暴动频仍，出兵镇压屡战屡败。结果连透支的六年赋税也耗光了，朝廷不得不将官员和外国使者的粮食、肉类供应量削减三成。北魏陷入了恶性循环的怪圈，腐败痼疾导致了经济危机，而经济危机又加剧了政治腐败。统治阶层之间内争不断，孝明帝成年以后，迷恋权势的胡太后竟然将其鸩死，上演了一场惨不忍睹的母子相残悲剧。

枭雄尔朱荣趁势而起，北魏政局又重现了东汉末年皇权的悲惨史。北魏统治的最后六年，竟然有六个皇帝走马灯式地轮流坐庄，但他们连生存的权力也没有，性命完全操纵在权臣手中，不是被废掉，就是被毒死、淹死黄河底。

极度腐败对一个王朝的杀伤力是致命的。几代人苦心经营起来的欣欣向荣的帝国，由于出现了“塌方式”的腐败，苦苦支撑了三十年后，终于崩溃了。公元 534 年，北魏末代皇帝孝武帝元修在权臣高欢的逼迫之下，携带情妇，弃国逃跑，投奔长安的大将宇文泰。高欢另立清河王元怿之孙元善见为帝，迁都邺，建立东魏。宇文泰也不甘示弱，杀掉孝武帝之后，把孝文帝的孙子元宝炬拱上宝座，西魏建立。腐败不堪的北魏一分为二，被扫进历史的垃圾堆。

第 7 节　高欢反腐：安内必先攘外

东魏的实际建立者高欢是个很奇特的人物。他的老祖宗本来是中原的汉人，后来犯了法被流放到荒凉的怀朔镇（今内蒙古包头市）去戍边。由于累世在鲜卑人中混居，在高欢身上闻不到汉人的气息了，习鲜卑俗，说鲜卑语，有一个鲜卑化的名字——贺六浑，最后还娶了一个贤惠的鲜卑女土豪——娄昭君为妻。史书上称，高欢“深沉有大度，轻财重士，为豪侠所宗”，天生就是一个当领袖的料。

高欢后来投靠北魏的枭雄尔朱荣，参与镇压因孝文帝南迁洛阳、推行汉化而引发的六镇暴动。尔朱荣对这个破落户起家的将才心存戒心，把他甩到河北晋州去做刺史。不久，骄横跋扈的尔朱荣被北魏孝庄帝诱杀，国内大乱。高欢因祸得福，在河北乘势发难，率大军杀奔洛阳，仿效曹操挟天子以令天子，立落魄的鲜卑王子元修为帝，干掉尔朱家族的最后一个强人尔朱兆。高欢从此独揽朝政，最后撵走元修，成了东魏政权的实际掌权者。

像所有披荆斩棘、血洒疆场的开国君主，高欢虽然手握生杀予夺大权，但是他以奢侈浪费为耻，以俭约朴素为荣，刀剑、鞍勒没用金玉来装饰。高欢年轻时任性，是个酒鬼。但是他掌权之后，喝酒常常不过三杯。在家中如上朝会，非常严肃。而且为人谦和，礼贤下士，不论贵贱，一概同视。

朝中官员中有个叫杜弼的愤青，对文武百官一派腐败深为忧虑。他大胆向高欢进言，应该整一整那些贪腐分子。

高欢热乎乎地招手，阿弼，你过来吧，我跟你说句话。天下贪腐风气由来已久，这我知道。但是现在呢，朝中文臣武将的家属大多在关西，长安城内的那个宇文黑獭常常抛出糖衣炮弹，想把他们都挖过去。江东还有一个叫萧衍的老头子，专门搞一些衣冠礼乐的玩意儿，中原的士大夫都奉他为最正统的皇帝。如果我急于反贪反腐，不予宽容。恐怕那些武将早已躲到宇文黑獭的身边，那些士大夫都将扑入萧老头的怀抱。人才流失得不剩几人，国家岂不成了一个空壳子？阿弼稍安勿躁，再过些时日就去收拾那些贪官污吏。

高欢并不急于澄清吏治，原因在于东魏刚立国不久，外部环境恶劣。西边有宇文泰虎视眈眈，南方有萧衍笑里藏刀。而高欢依靠的力量包括娄昭君的娘家势力，以及怀朔镇将等土豪大族，组成一个新的勋贵集团。没有他们的支持，就没有高欢的今天。安内必先攘外，所以高欢对那些贪腐分子睁一只眼闭一只眼，忍气吞声。

但是杜弼却不懂得高欢的心。高欢出兵攻打宇文泰时，杜弼又屁颠屁颠地跑来，要高欢先清理门户，肃除家贼，再打仗。高欢忍不住问杜弼，内贼都有谁啊？杜弼来劲儿，就是那些盘剥老百姓的勋贵集团啊。

高欢默然不应，而是集合军队，命士兵们张开弓、搭好箭，举起刀、横着槊，排成整齐的队列，让杜弼钻过去。吓得杜弼大汗淋漓，快要尿裤子了。高欢这才开口说话，虽然箭已上弦、刀已出鞘、槊已横举，但是箭尚未射、刀尚未砍、槊尚未劈，你就没了六魂五魄。那些勋贵不畏刀丛箭雨，出生入死，即使手脚有点不干净，可是与他们对国家的贡献相比，只是白玉微瑕而已。怎么能跟凡夫俗子相提并论呢？杜弼这才叩谢认错。

形势比人强。由于战争的迫切需要，高欢不得不采取战时的绥靖政策，将军队划为反腐禁区。东魏军队是一支鲜卑人和汉人混编的大军，高欢本身就是一个鲜卑化的汉人，所以他尤其注重维护和增强军队的团结统一。在视察军队时，高欢常常让助手——丞相属张华原代他发布动员令，对鲜卑族士兵喊话说，汉人是你们的奴隶，男的替你们耕种，女的替你们纺织，送粮送布，让你们吃得饱穿得暖。你们为什么还要欺负汉人？对汉族士兵则喊话说，鲜卑人是你们的佣工，他们拿了你们的一袋米、一匹绢布，替你们赶走强盗，让你们安居乐业。你们为什么还那么恨鲜卑人？

但是这样的绥靖政策只不过是一时的权宜之计。公元 537 年沙苑之战后，东西魏割据对峙的局面正式形成，高欢与宇文泰两雄之间大战不打、小闹不断，谈谈打打，形势趋向缓和。而东魏跟南朝的萧梁政权也互通友好，外部环境逐渐宽松。随着政局的稳定，高欢与时俱进，调整统治政策，着手加强内政建设，把反腐倡廉摆上重要的议事日程。

高欢反腐很讲究策略，那个藏污纳垢的勋贵集团已经被列为反腐的禁区，哪怕动他们一根毫毛也是非常棘手的。于是在公元539年，高欢任命儿子高澄为吏部尚书，把他推到反腐的第一线。万一局面失控，自己就得出来收拾残局。高澄不负老爹所望，擢贤任能，择优汰劣，备受士大夫们的赞扬。

高欢又加强立法建设，公元541年，他召集群臣，在麟趾阁修订了一部完备的法律——《麟趾格》，颁行全国。并统一混乱的赋税单位，规定绢布四十尺为一匹，避免出现投机取巧、坑害百姓的不法行为。

东魏的都城邺有个“四人帮”——侍中孙腾、尚书令司马子如、京畿大都督高岳、司徒高隆之，他们都是高欢的老部下，早年依附高欢，历尽千辛万苦，是新勋贵集团的核心人物。东魏建立之后，这四人都在朝中担任要职。由于高欢经常住在晋阳，留驻邺的孙腾四人就肆意妄为，“权势熏灼中外，率多专恣骄贪”。邺中百姓称之为“四贵”，其实是四只祸害人间的大老虎。

尤其以司徒孙腾最凶狠，为四恶之首。高欢把他安插在东魏朝廷中，担负起监视皇帝元善见的重任。但是孙腾得志之后，开始腐化变质，史书称他“与夺由己，求纳财贿，不知纪极。生官死赠，非货不行，肴藏银器，盗为家物，亲狎小人，专为聚敛。”

擒贼先擒王，高欢决定先拿“四贵”开刀。公元542年，高欢从晋阳回到邺，屁股还没坐稳，就摘了孙腾的乌纱帽。

太尉尉景是高欢的姐夫，他跟一担挑厍狄干在军队中担任要职，是高欢的左膀右臂。但尉景比厍狄干腐败，唯利是图，见钱眼开。高欢看不惯，经常狠狠训斥尉景。后来尉景调任冀州刺史，又是大肆贪污受贿，有一回征集民众去打猎，结果闹出事来，葬送了三百多条人命。但尉景在高欢面前却是一副若无其事的样子，连厍狄干也看不下了，请求高欢让自己去做御史中尉。

高欢奇怪了，威风凛凛的大都督不做，情愿委身做一个御史中尉。这是为何啊？厍狄干回答说，我想把尉景抓起来！高欢哈哈大笑，就让戏子石董桶去捉弄尉景。石董桶剥去尉景的衣裳，尉景大怒。石董桶说道，你剥老百姓的，我为什么就不能剥你？于是高欢趁机告诫尉景，以后不许再贪污受贿了。

尉景反而贪污有理，振振有词地为自己辩护，跟你比起来，我还算是一个清官呢！我只拿那些平民百姓的，你却把手伸向皇帝。这句话倒愣住了高欢，笑而不答。没多久，高欢改封尉景为长乐郡公，先后坐上了太保、太傅的尊崇位置。但是屡教不改的尉景又犯了法，因为匿藏逃犯而锒铛入狱，东魏皇帝元善见准备将他正法。尉景这才慌了，赶紧让丞相长史崔暹去找高澄，告诉阿惠儿（高澄的小名），有人富贵了就想杀大舅子！

高欢为之动容哭泣，跑到元善见面前替尉景求情，要不是尉景，就没有今天的我！元善见赦免了尉景的死刑，但是贬为骠骑大将军、开府仪同三司。惩罚了尉景之后，高欢亲自去见他。尉景心中愧恨难当，趴在床上一动不动，嘴巴却大叫，杀我的又来了！高欢的姐姐泪汪汪地说，老头子已经黄泉路近了，你就不要再为难他了！说完举起长满厚茧的巴掌，诉说凄苦的旧事，哭哭啼啼的，你瞧瞧，都是因为小时候给你打水的缘故！高欢心一软，就不再追究尉景的过错了。

两年之后，高欢又任命高澄为大将军、领中书监，把门下的执行权力都集中到中书。高澄由此手握朝廷政务的决策、执行大权，文武赏罚都得向他汇报。高澄成了高欢对付“邺中四贵”的一把利刃。

这时候，孙腾已经恢复官职。但他屡教不改，仍然傲慢不逊，不把高澄放在眼里，见了他鼻孔朝天。气得高澄嗷嗷大叫，喝令手下把孙腾拉到大门口，几把大刀围成一圈，架在孙腾的脖子上，唬得他差点儿屎尿齐出。高澄的弟弟高洋（也就是后来的北齐开国皇帝）对“四贵”之一高隆之低声下气，见了他就拜，还尊称为叔父。高澄怒不可遏，把高洋大骂一番。

高澄之所以如此霸气，那是因为老爹高欢在背后为他撑腰。高欢警告朝中百官说，我的儿子高洋已经长大了，你们都得让一让！于是百官们见了高澄，无不毛骨耸然。甚至连高欢的妹夫、大都督厍狄干，千里迢迢从河北定州而来，拜见高澄时，也被晾在门外三天三夜。

高澄又让崔暹为御史中尉、宋游道为尚书左丞，一人坐南台，一人处北省，南北呼应，齐心协力，共抓反贪反腐。两人也不辱使命，置个人安危于不顾，揪出了一大批贪腐分子。

尚书令司马子如，是勋贵集团的核心人物，但是他公然受贿，无所忌惮。崔暹、宋游道联手将他拉下马，被高澄拘押在尚书省、一夜之间头发皆白。高欢可怜他，亲自写信给儿子替他求情。高澄这才释放司马子如，司马子如去掉枷锁之后以为要将他斩首，吓得魂不附体。皇帝元善见下诏赦免其罪，但是削夺官爵，贬为庶民。

太师咸阳王元坦是北魏大贪官元禧第七子，他继承了老爹贪得无厌的基因，卖官鬻爵，胡作非为，也被崔暹、宋游道联手弹劾，免去官职。崔暹弹劾的贪官还有尚书元羡、雍州刺史慕容献、并州刺史姓可朱浑名道元等等。宋游道弹劾的贪官也包括太保孙腾、司徒高隆之、录尚书元弼、司空侯景等等。这些腐败分子或下狱或罢官，都得到了应有的惩罚。兖州刺史李子贞也是久经沙场，战功赫赫。但是李子贞在刺史任上贪婪暴虐，宋游道将他立案审查。高澄看他没有功劳也有苦劳，准备放他一马。宋游道怀疑高欢的机要秘书陈元康从中捣鬼，向高澄打小报告说，李子贞和陈元康暗中串通一气，恐怕还有其他的勾当。高澄一怒之下，在尚书都堂召集百官，将李子贞乱棍杖毙。

韩轨屡立战功，高欢封他为安德郡公，迁任瀛州刺史。但是韩轨在瀛州聚敛受贿，被御史弹劾，削除官爵。韩轨倒台之后，瀛州出现塌方式腐败的“一班蛀”案件，牵出了一百多个贪官污吏。令高欢震惊不已，亲自写信警告邺中的那些勋贵，“咸阳王、司马令皆吾布衣之旧，尊贵亲昵，无过二人，同时获罪，吾不能救，诸君其慎之！”——元坦和司马子如都是跟我一道嚼过草根头的老部下，你们当中还有谁比他们资格更老？但现在我连他们都救不了了，你们要好自为之啊！

此后，高澄的打击面不断扩大，波及到各个郡县的地方长官。东郡太守任胄在高欢鞍前马后服侍多年，升任东郡太守之后，“家本丰财，又多聚敛，动极豪华，宾客往来，将迎至厚”，也被御史以贪污罪名弹劾纠治。高欢念其有功，不加追究，后来还升了官。但是任胄不思悔改，反而趁着高欢夜戏时图谋不轨。结果东窗事发，任胄及子弟并诛。

经过几轮暴风骤雨式的严打之后，各种贪腐行为大大收敛。高欢、高澄达到了整顿吏治的目的，官场风气大为改善，遏制勋贵集团的努力也小有成就。

但是高欢父子的反腐斗争并不彻底，有时候还被个人感情所左右。如并州刺史可朱浑道元、司空侯景两人的贪腐罪状历历在目，尽管受到了鲜卑勋贵集团、宋游道的弹劾，但是并未受到任何追究。韩轨被免职之后，不久就恢复了安德郡公的封号，而且官越升越高，历任中书令、司徒。大贪官元坦倒台之后，没几天又位列特进的殊荣，外调任冀州刺史，继续为非作歹，祸害百姓。高澄的铁腕反腐还加深了鲜卑勋贵阶层与汉族士人之间的矛盾，清廉吏政只不过是昙花一现，没过多久，鲜卑勋贵集团就对反腐政策进行反攻倒算。公元 547 年，司空侯景叛投南朝萧梁政权，高澄为了讨平兵变，不得不倚重那些在反腐运动中被打倒的鲜卑勋贵集团，任命韩轨为司徒，可朱浑道元为司空，高隆之录尚书事，慕容绍宗为尚书左仆射。高欢父子的反腐肃贪运动至此转入低潮。

第 8 节　禽兽不如的北齐王朝

公元 547 年，高欢郁愤而死。两年之后，东魏的反腐旗手高澄也遭到厨子兰京的暗杀身亡。高欢、高澄父子死后，反腐不彻底的恶果很快就显露出来。高澄的弟弟高洋废掉元善见，建立北齐政权。高洋做了皇帝后，为了讨好勋贵集团的司马子如等人，把高澄时代的反腐功臣崔暹流放到马城去做苦工，白天挑土，夜里下地牢。高洋也重用汉族士人，提拔弘农大姓杨愔为尚书右仆射，在他即位前期“留心政术、务存简靖、坦于任使、人得尽力，又能以法驭下、或有违犯、不容勋戚、内外莫不肃然”。在打仗时，高洋也冒着敌人的枪林弹雨，玩命地冲锋陷阵，打了几个胜捷。

可惜好景不长，五、六年后，高洋气充志骄、狂妄自大，把尾巴都翘到天上去，蜕化变质，成了历史上最荒淫的皇帝之一。像一个精神分裂症病人，行为荒唐古怪。整日沉溺酒色，残暴狂悖，或通宵达旦唱歌跳舞，或披头散发、穿着鲜卑胡服和怪异衣装；或袒露裸体、涂脂抹粉；或不用鞍勒，骑乘牛、驴、白象、骆驼等动物；或让崔季舒跟刘桃枝背着自己、边跑边敲锣打鼓。而且行踪不定，经常赖在那些勋贵豪强的家里，有时穿行于闹市，甚至像个乞丐随意坐街头、睡巷口。高洋是个暴露狂，喜欢在酷暑炎日下裸露上身，或者在冰天雪地里裸奔。随从不堪受苦，高洋却从容自若。

更匪夷所思的是，高洋还喜欢高空行走，他嫌弃邺中的宫室太小，征调三十万民工用木头修建三座宫殿，每座宫殿的木架高二十七丈，相隔两百余尺。工匠们都系着安全带，小心翼翼地施工，生怕摔个粉身碎骨。高洋却不怕，在木架桥上疾走如飞，毫无惧色。偶发兴起，还在半空中跳旋转舞、翻个跟斗，下面的人看了无不窒息、心寒。

高洋很残暴，在路边随便拦住一个妇女，问她，我这样的天子怎么样？妇女实话实说，癫癫傻傻的疯子差不多，哪像个天子？高洋大怒，立刻下令将她杀了。

太后娄昭君看到高洋狂喝滥饮，发起酒颠，气得抡起木棍劈头就打，边打边骂，如此的英雄老爹，竟然生出如此的猪狗小儿！高洋醉醺醺地回应说，我要把这个老太婆嫁到蛮胡去！娄昭君伤透了心，又气又恨，再也不露笑颜了。高洋想让娄昭君开口一笑，就学着狗爬到娄昭君的座椅下，要将座椅举起来。结果娄昭君重重地摔了一跤，伤得不轻。

高洋酒醒之后，才意识到摊上大事，悔恨不已，下令堆积木柴，点燃大火，准备自焚。吓得娄昭君扯住高洋不放，勉强笑着说，刚才是你醉酒了。高洋为了表悔改之意，铺着草席，脱去上衣，命平秦王高归彦（**高欢族弟**）拿棍子责罚自己，还下令说，打不见血，就砍了你的脑袋！高洋颠三倒四的，娄昭君还真怕闹出人命，紧紧搂住不让他往火堆里跳。最后高洋答应戒酒，象征性地打脚五十下，丑剧这才收场。可是没到十天，高洋酒瘾复发，又整天喝得酩酊烂醉。

高洋生性好色恣淫，从他开始，不断上演了高氏家族夺妻、通奸、乱伦的一幕幕丑恶。对女性进行了惨无人道的摧残，令人发指。高氏一族的妇女无论亲疏贵贱，都与他通奸过。玩腻了还赏赐给左右侍从，或者尽情侮辱，简直就是一个虐待狂。大尔朱氏本来是北魏孝庄帝元子攸的皇后，后来被高欢占有了，生下彭城王高浟。高洋贪其美色，兽性大发，大尔朱氏宁死不从，高洋恼羞成怒，拔刀残忍地将她刺死。高洋的皇后李祖娥有一个漂亮的姐姐李祖猗，是东魏安乐王元昂的妃子。高洋屡次把她召进皇宫，准备赐封为昭仪。于是就令元昂卧地，向他射了百余箭，流血满地，凝结成块像个石头，终因失血过多而死，令人惨不忍睹。李祖娥悲痛万分，哭哭啼啼的不吃不喝，要把皇后位置让给李祖猗。后来娄昭君出面阻止，才没有赐封。

高洋贪淫残毒，堪称历史上最有名的暴君之一。他嗜杀成性，把大锅、长锯、锉刀、石锥等刑具高架朝堂上，一喝醉酒就顺手取下，以杀人为乐。这么一个史上罕见的嗜血魔君喜怒莫测，要砍头要赦免谁都猜不透，让百官们尝尽了“伴君如伴虎”的痛苦滋味。那些当官的朝不保夕，惴惴不安，各怀鬼胎，都在盘算着怎么暗算别人。但高洋却是一个高智商的犯罪者，博闻强志，过目不忘。而且判断力惊人，搞得文武百官战战栗栗，丝毫不敢有非分之念。

高洋唯一做对的事就是任用杨愔为宰相，德行高尚，把朝政理得整整有条。人们都说上梁不正下梁正，所以尚能在高洋的暴政重压之下获得喘息的机会。而这个遗臭万年的暴君也因酗酒过度很快就呜呼哀哉了。

高洋死后，太子高殷在贤臣杨愔的辅佐之下，派纪检官员巡查地方，整顿吏治，腐败的朝政有好转的迹象。不久，高洋的弟弟高演发动政变，杀害高殷和杨愔。高演虽然有篡位弑主的劣迹，但是上台之后也反贪反腐，“绳违按罪，不得舞文弄法”。还实行仁政，轻徭薄赋，爱护百姓。又奉行和平政策，偃兵息武，结好邻邦，故而后人对他的评价颇高。可惜高演在位只有一年多，就因摔落马下而亡，临终前传位于弟弟高湛。

高湛也是个好色暴君，他继承了家族中与女人乱伦的传统，逼奸高洋的皇后李祖娥，生下一女婴。李祖娥万分羞愧之下，将女婴溺死。结果惹怒了这个大魔头，高湛气急败坏地跑进李祖娥的住处昭信宫，拔出佩刀威胁李祖娥，你杀我女儿，我也要杀你的儿子高绍德！

高湛当着李祖娥的面，下令士卒用环首刀将高绍德围成一圈，前后乱砍，将他剁成碎肉。李祖娥悲痛万分，哭得死去活来。高湛更加怒不可遏，扒光李祖娥身上的衣裳，拿起皮鞭，暴风骤雨般地乱鞭乱打。可怜李祖娥遍体鳞伤，鲜血流淌满地。高湛恨气未消，又令宫女把李祖娥塞进布袋，扔到臭水沟去。抬走时，鲜血从布袋渗出，如雨滴淋而下。等宫女们从水沟里捞上李祖娥时，早已奄奄一息，不省人事了。为了躲避高湛的纠缠，宫女们用牛车把李祖娥送到邺城外的妙胜寺。李祖娥酷爱佛法，经过了非人的折磨，万念俱灰，毅然削发为尼，与青灯古佛相伴。

高湛的暴行固然令人发指，可朝中当政者宰相和士开不但没有劝止，反而助纣为虐，告诉高湛说，自古以来做皇帝的，即使像尧舜禹那样万人敬仰的明君，到头来还不是化为一抔土？所以做皇帝就要趁着青春年少，及时享乐。一天的快活，足以抵上千万年。国家大事都交给我们大臣来处理，还怕什么办不成的？你就省省心吧！

在奸臣和士开的恶意教导之下，高湛浸润着极端的享乐主义和个人主义思想，愈加腐化堕落。高湛把皇位禅让给儿子高纬，自己跟皇后胡氏过着奢侈无度的日子。为胡皇后造真珠裙，耗费不可胜数，后来毁于大火。胡皇后也是个十分淫荡的女人，高湛在世时，先跟宫中猥琐的太监胡来，后与和士开暗中勾搭。高湛死后，胡氏又多次跑到相轮寺，跟西域来的和尚昙献通奸。

高纬本来不相信自己的母亲会如此淫荡，后来去向胡氏请安，在她的房内发现了两个眉目清秀的尼姑。这个高纬也是色中饿鬼，他把尼姑召到身边，竟然发现都是男人假扮的，审讯时也供出了昙献的事。高纬大怒，立即将昙献和尚正法，还有一个胡氏的男宠元山王三郡君也被杀死。

有其母必有其子。高纬淫靡不堪的私生活，比起胡氏有过之无不及，堪称北朝最为昏聩的皇帝。高纬性格内向，说话结巴，却喜欢弹奏胡琵琶。还亲自谱写了一首《无愁之曲》，整天抱着琵琶自弹自唱，依依呀呀随声附和的太监和宫女不下百余人，所以被称作“无愁天子”。但这个“无愁天子”却心狠手辣，杀起人来眼睛也不眨一下，曾经把人的脸皮剥下来赏玩。

高纬在位时期，北齐朝政的腐败已到了空前绝后的地步，天下一片亡国之象。高纬赐封乳母陆令萱为女侍中，成为历史唯一的女宰相。这个陆令萱就是热播电视剧《陆贞传奇》主人公陆贞的原型。但是历史上的陆令萱并不像电视剧那样多情动人，而是非常可恨。她跟和士开、高阿那肱、穆提婆、韩长鸾等佞臣一道，控制朝政，结党营私。致使朝中派系林立，纷争不休。由是贪腐横行，要做官你得贿赂，要打官司你也得贿赂，各种丑陋现象数不胜数。还滥封爵位，宫中的奴婢都被赐封为郡君，锦衣玉食、浑身珠光宝气的宫女有五百多人，一条裙子值万匹，一个镜台值千金，大讲排场，挥霍无度。还有什么太监、商人、胡户、杂户、歌舞人、见鬼人等等，因滥封而暴富起来不下万人，异姓封王也有百余人。皇宫里随便一个人，都是万户侯、千户侯。甚至连马、狗等牲畜也有仪同、郡君的封号。在前代只有三公、大将军才可以开府的，现在竟然超过一千人，至于被赐予高级官位仪同的人更是多如牛毛。京师警卫队的头目领军竟然有二十多个，结果命令下来，都不知道要听谁的，只好各自在文书上签了个“同意”，草草了事。

高纬又遗传老爹高湛的奢靡腐败之风，认为人生得意需尽欢，做皇帝当然要尽情享受每一天。于是大兴土木，增建宫苑，以为天下太平，筑造偃武修文台。后宫嫔妃的住处都有绘画、雕刻异常精美的镜殿、宝殿、瑇瑁殿。又在晋阳城内盖了十二座宫院，比都城邺里的皇宫还要豪华。为了建造宫殿，劳民伤财，耗费无数，但是高纬喜新厌旧，反复无常，宫殿修好了不满意又拆下来重建。工匠们劳筋苦骨，夜里举火照明，寒天以沸水拌泥，根本就得不到休息。又开凿晋阳西山雕刻大佛像，一夜之间烧掉油料一万盆，火光冲天，照得宫中亮如白昼。高纬为胡昭仪建造大慈寺，可是寺建了一半，高纬突然间喜欢起皇后穆邪利，就改变主意，把大慈寺改为穆邪利的大宝林寺，史书上称“穷极工巧，运石填泉，劳费亿计，人牛死者不可胜纪”。

皇宫里的御马监都铺着锦绣毡毯。马的饲料有十多种，狗则喂以高粱、大米，浪费惊人，简直就是暴殄天物。厌倦了整天的酒池肉林、歌舞声乐，高纬又过起荒唐的日子。他别出心裁，在华林园里建了一个贫困村，高纬穿着破烂，扮成乞丐，一天到晚拿着破碗四处乞讨。又在贫困村里设穷娃娃交易市场，高纬还亲自参与交易。高纬时期的北齐吏治比之前更加腐败，他宠信佞臣和士开，结果前来贿赂的富商大贾挤破了和士开的大门。高阿那肱、穆提婆等排挤汉族士人，擅权专政。

由于统治阶层的疯狂挥霍，国库里的金银财宝就像流水哗哗直流，很快就耗光了。高纬为了敛财，把卖官鬻爵的权力下放给佞幸宠臣。佞幸宠臣则公开拍卖州县一级的官职，于是人事权都落到富商大贾手中，有的分得两三个郡，有的分得六七个县。富商大贾再进行非法倒卖，竞相叫价，乱象丛生，州主薄、郡功曹这类中下级官员的任免也有圣旨，甚至连最底层的乡镇级干部也可以收到朝廷的敕令。使得北齐政权的贪污现象普遍化，搞得民不聊生。

高湛时期从邺到地方各郡县，朝廷巧立名目，苛捐杂税多如牛毛，老百姓不堪重负。到了高纬时期，更是朝廷变本加厉。上帝欲使其灭亡，必先使其疯狂。北齐因疯狂的腐败病入膏肓，根本就无力抵抗外来侵略。公元 577 年，这个凶狠淫乱、极端腐烂的禽兽王朝，终于被宿敌宇文氏建立的北周所灭。

第 9 节　宇文泰的反腐干将：苏绰

跟高氏统治的禽兽王朝北齐相比，宇文氏统治的北周政权无论是吏政、军事，还是经济文化，都更胜一筹。随着高氏家族的腐化堕落，实力天平逐渐西倾，最后北周占据压倒性的优势，并吞北齐，统一北方。为北周奠定这个良好局面的除了宇文泰之外，还有一个举足轻重的政治家——苏绰。

最近随着反贪反腐的深入开展，有一个叫“苏绰定律”的反贪术语倏然跃入人们的视野。所谓的“苏绰定律”是指宇文泰的谋主苏绰，为整顿吏治腐败提出了一个奇思妙想——以贪反贪。网络上出现了一个宇文泰与苏绰的精彩对话，有人还煞有介事地狠批，苏绰定律是吏治腐败的真正历史根源和政治根源，甚至苏绰也成了北周仅存在二十多年就倾覆的罪魁祸首。

苏绰定律的精髓就是以贪官来反贪官，但是找遍了所有的史书，都找不到这一奇特定律的蛛丝马迹。于是有人指出，所谓的苏绰定律，实际上就是今人以臆想写世情的杜撰之作，是强行戴在苏绰头上的一顶“莫须有”

黑帽子。这个苏绰其实是一个伟大的政治家，堪称北周政权的总设计师。

苏绰出身于关中的土豪世家，他从小就知识渊博，尤其精通算术。一次偶然的机会，苏绰的堂兄汾州刺史苏让把他推荐给宇文泰。宇文泰先让苏绰做个行台郎中，试用了一年之后很快就把他忘了。但是苏绰的同事却将他捧为神，无论什么问题都先征询苏绰的建议，再做决定，公文全部由苏绰来拟定，单位里人人赞他是能手。

金子总是会发光的。有一回，宇文泰去找行台长官周惠达讨论大事，把他问倒了。周惠达请宇文泰让他出去思考下，回来时定给答案。宇文泰当然不知道，周惠达一出去就叫来苏绰，让他作答。苏绰才思敏捷，干净利索地解决了所有的难题。周惠达把苏绰的结论呈交给宇文泰。宇文泰大吃一惊，周惠达呆头呆脑的，答对却如此精妙，背后肯定有高人在指点。询问一下，周惠达老实交代，一切都是苏绰的功劳。宇文泰这才想起了有个叫苏绰的能人，立即将他提拔为著作佐郎，负责编撰国史。

不久，宇文泰邀请众臣一起去昆明池观赏鱼，路经城西一个汉代的仓库遗址。宇文泰问身边的人，没有一个知道是什么遗址。有人说苏绰见多识广，可去问他。宇文泰召来苏绰，苏绰一到立马解决。宇文泰大喜，又问他治国方略。苏绰滔滔不绝，从盘古开天辟地说起，侃侃而谈，听得宇文泰眉开眼笑，拍案称奇。苏绰从此深受宇文泰的宠信，两人日夜促膝而谈。宇文泰告诉周惠达，苏绰真乃奇才也，我要让他肩挑重任！于是任命苏绰为大行台左丞，参与国家机密决策。苏绰主要负责文案程序、经济审计，还有记账、户口等工作。

此时正值宇文泰发奋图强、励精图治，准备实行改革，走出一条强国富民的通天大道。宇文泰曾经在公元 535 年颁布二十四条新制，称之为中兴永式。公元 541 年，宇文泰又把中兴永式交给苏绰，让他增补修订，总为五卷，颁行天下。

苏绰尽其职能，殚精竭虑，辅佐宇文泰完成各项改革工作。如惩贪反腐、精简机构、加强基层建设、实行屯田、发展经济等等。

苏绰最为突出贡献就是将汉人治国之术总结六条，宇文泰对此高度重视，让西魏皇帝颁诏天下，作为国家的施政总纲领。并下令说，地方长官不熟悉苏六条的一律罢官为民。宇文泰也以身作则，把苏六条当做自己的座右铭，随时提醒自己。

苏六条的内容包括：

第一条，先治心——治理国家要整顿吏治，从思想教育抓起。

苏绰提出了“治民本体论”的观点，治民之本，在于宰守；治民之体，先当治心。凡是开明的君主，无不宣称“与士大夫共治天下”，也就是依靠优秀人才——贤臣良相、清官廉吏，将他们作为自己的统治工具和爪牙，共同担负起国家兴亡的重责。

“一身不能自治，安能治民也！是以治民之要，在清心而已。”——中央和地方各级官员连自己的职业操守都无法坚守，更谈不上治理天下了，因而治理国家的秘诀在于“清心”两个字。所谓的“清心”，除了不贪不腐，不行贿受贿，还应当坚持自我本性，做到“清心寡欲”，自觉抵制各种腐败思想的侵蚀，切实提高抗腐的免疫力，经得住糖衣炮弹的狂轰乱炸。

而吏治要做到清正廉明，首先得抓牢思想教育。治国君民，教育为先。先治心，再治身。统治者做到“心如清水、行如白玉”，然后再以仁义、孝悌、忠信、礼让、廉平、俭约、无倦、明察等八条“训其民”，教育广大人民群众，国家自然而然就兴旺发达起来。

第二条，敦教化——狠抓全社会道德治理。

苏绰认为，魏晋以降，“世道雕丧，已数百年”。北魏分裂二十多载，“大乱滋甚”，烽火连年，社会道德早已随着战乱沦丧下去，为了维护统治秩序，不得不采取严刑酷法，百姓处于水生火热之中。要想天下大治，地方守宰“宜洗心革意，上承朝旨，下宣教化矣”。教化就是宣传社会道德，荡涤污浊，净化社会风气，转变人的心灵，“扇之以淳风，浸之以太和，被之以道德，示之以朴素”。只要做到了移风易俗、返璞归真，治贪治腐、吏政清明那是吹灰之力，从而达到了治国的最高境界——垂拱而治，天下太平。

第三条，尽地利——优先发展农业。

民以食为天，以衣为地。食物不够，就挨饿。衣服不够，就挨冻。一个既挨饿又挨冻连生存都难保的人，怎么让他忠于朝廷、效命国家？要先让老百姓填饱肚子，真正做到了丰衣足食，然后才能推行道德教化。而丰衣足食在于尽地利，充分利用地域优势，大力发展农业。而发展农业，关键在于地方官的劝课有方。“主此教者，在乎牧守令长而已。”——绕来绕去，还是离不开有廉洁自律、清白从政的地方官。结果，所有的问题都归结于选拔又红又专的合格人才。

第四条，擢贤良——注重人才选拔。

苏绰强调要选拔合格的官吏，“置臣得贤则治，失贤则乱，此乃自然之理，百王不能易也”——国家的兴衰成败靠的是官员队伍，干部清正则政府清廉，政府清廉则政治清明。干部烂了一个，政府就烂了一片，国家就会一天一天烂下去。自东晋以来形成了“看门第不看人才”的门阀用人路线，苏绰对此持强烈批评的态度，“夫门资者，乃先世之爵禄，无妨子孙之愚瞽。”——门第高低跟后世子孙的智商八竿子打不着，他们就跟普通人家一样，素质有高低之分，名门望族走出来并非各个都是天才。但苏绰只是强调唯才是举，并非一棍子打死门阀制度，全盘否定官二代。苏绰认为，门阀世家中出了一个贤良之士，那是骐骥之中的一匹千里马。门阀世家也可能生出一个白痴，那就成了土牛木马，金玉其外，败絮其中。所以最合理的选拔方案是打破门资制度，不拘一格降人才。

苏绰还特别强调基层干部队伍建设的重要性。“党族闾里正长之职，皆当审择，各得一乡之选，以相监统。夫正长者，治民之基。基不倾者，上必安。”——那些乡镇级干部的选择应当十分慎重，因为他们的勤政廉洁关系到吏治的清明与否，更是安邦治国的根基。根基不牢，地动山摇，整个国家就会岌岌可危。根基牢固了，国家就稳如泰山，长治久安。

第五条，恤狱讼——加强法治建设。

司法的腐败，是最大的腐败，是滋生和助长其他腐败的重要原因。英国大哲学家培根说过，一次不公正的审判，其恶果甚至超过十次犯罪。因为犯罪虽是无视法律好比污染水流，而不公正的审判则是毁坏法律好比污染水源。

甚至可以这么说，司法的公正与否，攸关一个政权的稳定。故而苏绰拳拳告诫，“赏罚得中，则恶止而善劝；赏罚不中，则民无所措手足。民无所措手足，则怨叛之心生。是以先王重之，特加戒慎。”案件得到公正公平的审判，就可以起到劝善惩恶的目的；判刑不公正，就会激起民愤，影响政府的公信力，乃至于造成恐慌与骚乱。所以苏绰感叹道，“一夫吁嗟，王道为之倾覆，正谓此也。凡百宰守，可无慎乎？”

第六条，均赋役——倡导税收公平原则。

在封建时代，赋税和徭役是国家长治久安的保障。按照苏绰的逻辑，皇位大宝是国家的代表和象征，要想坐稳江山，必须依靠两个手段，“以仁守位”和“以财聚人”。也就是说，要实施仁政，执行合理的财政政策。国库空虚，皇位就摇摇欲坠。但在保持国库丰盈的同时，更应让利于民，不仅仅要减轻纳税人的负担，更重要的是公平赋役。绝对要避免出现财政腐败，“不舍豪强而征贫弱，不纵奸巧而困愚拙”，公平赋役并不等于拉平税赋负担，而是一视同仁，即使是最底层的贫困群众也应该受到平等对待。而这些全靠地方官“斟酌贫富、差次先后”，谨防出现劫贫济富、倚强凌弱的不法行为。

苏绰六条，从繁琐的公文规范和行政流程入手，建构了一个完整的治国理政框架，“先治心、敦教化、尽地利、擢贤良、恤狱讼、均赋役”，六条浑然成一体，互为补充，配合呼应，成为指导北周政权反贪反腐的纲领性文件。

宇文泰执政时期，推心置腹，对苏绰委以重任。你办事我放心！宇文泰出外期间，总是把盖好印章的空白支票交给苏绰，他高兴怎么填就怎么填。苏绰也是兢兢业业，尽心尽责。他有句口头禅，“治国之道，当爱民如慈父，训民如严师。”苏绰跟文武百官讨论国事时，经常是通宵达旦，废寝忘食。所以事无巨细，苏绰了如指掌。终因积劳成疾，病逝任上，享年四十九岁。

苏绰死后，宇文泰以“苏六条”为治国总纲，提携廉吏，惩治贪腐。秦州刺史王超世仗着自己是宇文泰的妻兄，骄横自大、贪污腐败，危害极大。公元 535 年，宇文泰大义灭亲，上疏西魏皇帝元宝炬，将王超世加罪惩处。元宝炬赐王超世自裁，一时震动朝野。宇文泰死后，西魏被废，北周建立。宇文泰第四子宇文邕在位期间，继续奉行“苏六条”的治国理念，并于公元 577 年颁布《刑书要制》，为惩处贪腐、革除弊政立法。

《刑书要制》规定，“持仗群盗一匹以上，不持仗群盗五匹以上，监临主掌自盗二十匹以上，盗及诈请官物三十匹以上，正长隐五户及十丁以上及地三顷以上，皆死。”——拿武器盗劫一匹以上、不拿武器盗窃五匹以上、监守自盗二十匹以上、盗骗官物三十匹以上、隐藏户籍五户及十个男丁以上、隐瞒田地三顷以上，这六种不法行为均判处死刑。

宇文邕用法严正，极大地震慑了贪腐分子。一时间“浇诈颇息焉”，那些蠢蠢欲动的不法分子都成了缩头乌龟。国力由是愈加强大，终于灭掉北齐，统一北方。几年之后杨坚逼迫北周静帝禅让，建立隋朝。西魏权臣宇文泰在苏绰的辅佐下，励精图治了二十多年，宇文邕又继承父业，强兵富民，为隋朝一统天下奠定了坚实的基础。

第六章
隋唐：盛世的欢歌与悲曲

第 1 节　隋文帝反腐奇招迭出

杨坚，也就是隋文帝，此人很不简单。墙内开花墙外香，传统的史学家对隋文帝杨坚的评价并不怎样。但这个“貌有反相”的鲜卑化汉人发动不流血政变之后，创造了一系列震古烁今的非凡成就。除了对后世影响深远的三省六部制、科举制之外，还有隋文帝的独门反腐招数。

隋文帝是个很抠门的皇帝，凡是抠门的皇帝都是好皇帝。汉文帝、汉景帝父子如此，隋文帝也如此。史书上称，隋文帝统治期间省吃俭用、勤心苦胝，“丈夫不衣绫绮，而无金玉之饰，常服率多布帛，装带不过以铜铁骨角而已。”而且勤政爱民，体恤百姓的疾苦，堪称一代明君。隋文帝虽然小气，但是遇到赏用，总是大手大脚，毫不吝啬。隋文帝乘坐舆车出巡，在路上遇到上访喊冤的百姓，他都要停下脚步，亲自接待上访者。有时候还暗地里派人潜伏到各州郡去，明察暗访，凡是官员政绩、百姓冷暖，无不关心。

有一回关中地区发生大饥荒，隋文帝派人下基层去瞧瞧老百姓都吃些什么？有人拿着一大把豆屑、杂糠，向隋文帝汇报。隋文帝即像个可怜的老太婆，泪流满面，捧着豆屑、杂糠给朝官们看。还深深自责，下令撤去御膳，一年之内没有吃过酒和肉。

第二年，隋文帝东拜泰山。关中一带的饥民都跑到洛阳去找吃的，遍地皆是，堵住了隋文帝的道路。隋文帝下令警卫队不得驱赶饥民，结果卫队与男女老少混杂，乱糟糟的。隋文帝碰到扶老携幼的，就问这问那的，慰抚了几句，这才掉转马头而去。走到了崎岖惊险之处，隋文帝看到有挑担的，立刻让手下过去帮忙。史书称赞隋文帝说，“自强不息，朝夕孜孜，人庶殷繁，帑藏充实。虽未能臻于至治，亦足称近代之良主。”就是这个“近代良主”，使得隋朝成为一个经济繁荣、文化昌盛、科技发达、综合国力雄厚的封建王朝，史称开皇盛世。

隋文帝在澄清吏治方面也取得了不俗的成就。南北朝时期行政划分异常繁杂，各个郡县版图犬牙交错、混乱不堪，地方官僚队伍庞大，民少官多，戏称“十羊九牧”，耗损也是非常惊人的。公元583年，隋文帝致力于简化地方行政机构，废除郡一级的行政区，实行州县二级制。结果朝廷开销节省了三分之二，地方财政支出减省了四分之三，全国的行政经费还不到南北朝时期的三成。隋文帝精简机构，提高办事效率，大大减轻了老百姓的负担，这也是开皇盛世出现的原因之一。

改革地方行政机构之后，隋文帝又废除严刑酷法，死刑只设绞杀、斩首二等。令刑部尚书苏威修订了有“刑纲简要、疏而不失”美誉的《开皇律》，创造性地提出了“十恶之条”的概念，实际上就是各级政府官员的行为准则、为政之道，也是反贪反腐斗争的指导方针。

隋文帝天资刻薄，生性吝啬，对贪赃枉法的恶行自然是零容忍。他的反腐手段可谓五花八门，能用上的全用上了。

隋文帝沿袭北齐、北周的反腐机制，设立最高监察机构——御史台，有十二位监察御史，负责纠举、弹劾不法的文武百官。反腐最为积极的要数治书侍御史柳彧，隋初地方长官比如刺史之类的都由武将担任，柳彧认为武将的归宿只能是战场。武将打起仗来最不要命，可是当官之后染上官场腐败，一如战场上的勇往直前，那将是一场大浩劫。

当时有个白发苍苍的老将——上柱国和干子被隋文帝任命为杞州刺史。任命诏书还没有下来，柳彧就迫不及待地揭发和干子过去的恶行。柳彧在奏疏上狠批说，如今天下太平，百姓安居乐业，要治理好国家，必须选拔合适的人才。东汉光武帝刘秀堪称一代明君，睿智深邃，从最底层的布衣百姓发家起身，知人善任，跟二十八将披荆斩棘，开创帝国大业。但是刘秀称帝之后，二十八位功勋卓著的老部下没有一个受到重用。因为光武帝知道，打天下他们行，但治理天下就不行。现在那个和干子什么的，将至耄耋之年，已是钟鸣漏尽、风烛残年，连块骨头都啃不动了。以前在赵州做官时蚁羶鼠腐，整天只知吃喝玩乐，把事情都交给一群不学无术的小人去办理。结果赵州贪墨成风，赃贿狼藉，民众怨气冲天，歌谣满天飞，其中有一首唱到“老禾不早杀，余种秽良田”——老不死不走，流毒祸害人。有句古话说的好，种田的要问男人，织布的要问女人。骑马射箭、冲锋陷阵，那是和干子的拿手好戏，但是百姓民生、社会治理，和干子就一窍不通了。皇帝如果认为和干子为国家出过力，那就该重赏黄金、布帛，让他颐养天年。可现在要让他去做杞州刺史，那就是赶鸭子上架，得不偿失了。柳彧这么一反对，隋文帝也真听了他的劝谏，就收回和干子的任命书，免了他的官职。

应州刺史唐君明为亡母守孝期间，娶了雍州长史库狄士文的堂姑，也被柳彧奏上一本，结果两人都因此获罪。

柳彧积极投身到反腐斗争的行列，致力于矫正南北朝以来颓坏的吏治风俗，一往无前，决不退缩。隋文帝被这个“持不同政见者”没头没脑的劝谏搞得心烦意乱，一度摘掉他的乌纱帽。可是没过几天又重新起用柳彧，勉励说，不要改变你的心！从此对他更加信任。

柳彧廉洁从政，家中贫穷，隋文帝让人给他造了个大房子，还多次公开表扬说，柳彧是正直之士，我的一件国宝！柳彧因而愈加勤快，对反贪反腐乐此不疲，被他纠弹的官员级别也越来越高。

统帅杨素曾经东破北齐、南灭陈朝，战功赫赫，威震天下。但是他做了宰相之后耀武扬威，欺压百官，群臣畏之如虎。有一回杨素犯了点错误，隋文帝送他去御史台交待清楚，面壁思过。杨素毫无悔改之意，到了御史台，大摇大摆地坐在柳彧的床椅上。柳彧也不是吃素的，见杨素如此嚣张，立刻拿着笏板，端正仪容，厉声厉色叫道，奉圣旨前来治你的罪！吓得杨素差点儿滚落下来。柳彧靠着案桌而坐，命左右把杨素拉到下面去，让他乖乖站着听审。杨素恨得牙痒痒，但当时柳彧是隋文帝身边的大红人，所以对他无可奈何。

柳彧又见南北朝以来地方有个陋习，每年正月十五，老百姓为了欢庆元宵，竞相攀比、奢靡浪费，搞得地方财政一蹶不振，就上书要求禁绝这个陋习。隋文帝二话没说，立即批准了柳彧的建议，并派他持节去巡察河北五十二个州县。柳彧一心为民促清廉，以大刀阔斧之势进行反腐，一下子将两百多名贪官污吏革职查办，“州县肃然，莫不震惧”，老百姓却拍手称快。隋文帝对柳彧雷厉风行的作风大加赞赏，赐绢布二百匹、毡三十领，拜仪同三司。此后隋文帝又派他巡察太原道十九州，回来时赏赐绢布一百五十匹。

隋文帝为了反腐可谓煞费苦心，除了祭出反贪局——御史台这个撒手锏之外，还使了一些雕虫小技，其中最吸人眼球的莫过于“钓鱼式”反贪。隋文帝生性狡猾多猜忌，不喜欢读书，却喜欢用歪门邪道来治理国家。他经常派身边的心腹到各个部门去做卧底，官员即使犯了小错误，也要判处重刑。更绝的是，隋文帝破天荒地发明了一个廉洁考验法，常常让人暗地里把金银财宝或丝绸布帛塞给令史、府史等官员。某些贪婪的人经不住诱惑，收下赃物，结果换来了斩立决的悲惨下场。隋文帝利用这个高招在公元 593 年钓上几条大鱼，包括晋州刺史贾悉达，显州总管韩延等，全被拉到朝堂上砍头示众。

隋文帝崇尚刑法，重视刑罚，是不折不扣的“依法治国”的典范。从隋文帝开始，廷杖之刑变本加厉，宫殿朝堂上置放有指头粗的棍杖。这种特制的棍杖打起来犹为惨烈，打三十下就超过普通棍杖的几百下。朝堂打人，一天之中都要打三、四个官员，闹出人命是司空见惯的事。负责行杖的不用力，都要被斩首。隋文帝还时常亲自过问刑事的审判，督责群臣，政令严明。功勋贵戚有犯法的，隋文帝一律严刑处罚。各级官员无论大小，凡是在办公署衙里贪污受贿一钱以上，知而不言、闻而不报的，一律处以死刑，这个规定堪称史上最为严厉的反腐条款。朝官们心惊胆战，如履薄冰，唯恐一时手贱掉了脑袋。

隋文帝晚年时期喜怒无常，滥用酷刑，杀伐过度，违背了初衷和《开皇律》的法治精神，走上了毁法之路。他曾经命令手下护送西域来的朝贡使出玉门关，那个手下一路所经之处，地方官员纷纷行贿。赃物五花八门，都是些小件的纪念品，如鹦鹉、鹿皮、马鞭等等。消息传到了隋文帝耳边，马上把那个手下踢进鬼门关。隋文帝又去视察兵器库，发现官署里赃贿狼籍，简直就是一个黑漆皮灯笼。隋文帝一怒之下，把兵器库主管以及那些贪污受贿的官员都抓起来，押送到开远门外去，由隋文帝亲自监斩，死者有数十人之多。

隋文帝对皇子们的管教尤加严厉，可偏偏几个皇子很不争气，一个比一个堕落。

第三子并州总管、秦王杨俊颇有学问，本来口碑不错，深得隋文帝的欢心，下诏书公开褒奖。但是杨俊的尾巴很快就翘到天上去了，骄奢无度，触犯法律，公开放高利贷，牟取私利，当官的和老百姓都叫苦不迭。隋文帝有点看不下，反腐要先从皇室下手。派人去调查杨俊的糜烂生活，结果有一百多人受到牵连锒铛入狱。这是对杨俊的严厉警告，希望他悬崖勒马，改邪归正。

但是杨俊自恃隋文帝对他的宠爱，置若罔闻，依旧我行我素。反而有加无已，大兴土木，擅自修建豪华的宫殿，极度奢华。杨俊的才智不放在正点上，而是用在追求享受、铺张浪费上。他亲自操起斧头，雕琢精致的玉器，再用珍珠装饰。杨俊为妃子制作了防晒用的七宝幂篱，可是做成之后太重了，根本就无法戴上去，只好用马来运载。又盖了一座水殿，“香涂粉壁，玉砌金阶”。梁柱、楣栋之间都是晶莹透亮的琉璃片，还间杂着奇珍异宝，堂皇富丽，阳光照射，耀眼夺目，装饰工艺极其精美。水殿落成之后，杨俊拉着一堆妓女、宾客，整天载歌载舞，过着花天酒地的腐朽生活。

杨俊到处沾花惹草，妃子崔氏醋意大发，竟在瓜里下毒，让他生了一场大病，只得离开并州回长安疗养。孰料隋文帝早就盯上了这一败家子，没等杨俊的双脚踏入长安城，就以腐败罪名免去杨俊的一切官职。杨俊病得卧床不起，就派使者向隋文帝请罪。隋文帝让使者转告杨俊，我千辛万苦开创一代帝业，为保江山永固，立下了规矩，群臣也是恪尽职守，不敢违背。你作为我的儿子，不为表率反而坏我大事，还不知道该怎么责罚你呢！

杨俊既惭愧又害怕，病情恶化，大都督皇甫统实在看不下去，上疏请求恢复杨俊的官职。隋文帝坚决不肯，一年后见杨俊快不行了，这才封个上柱国。公元 600 年，杨俊死去。隋文帝对他早已心灰意冷，勉强挤出了几滴眼泪，下令将杨俊生前所用的奢侈品付之一炬。还特意诏令杨俊的随葬品务必简陋，以为后人做个好榜样。杨俊府中的官僚随从请求竖个纪念碑，隋文帝说道，要想名垂千古，一本史书就够了，还立什么碑？如果连家都不能保，即使立了碑，也只是白送给别人做镇物石而已。

最让隋文帝头疼的是太子杨勇。杨勇酷好读书，诗词赋曲样样精通，而且温顺仁慈，坦率耿直，从不弄虚作假，是一个好儿子。他的朋友圈都是诸如明克让、姚察、陆开明之类著名的文人，故而隋文帝对他深寄厚望。有一次杨勇用珠宝来装饰铠甲，隋文帝生性俭朴，唯恐杨勇会逐步腐化下去，就板起脸孔教训说，自古以来的历代帝王，从未见过喜好奢侈而能长治久安的。你身为储君，如果上不能合天意、下不能顺人心，怎可肩挑宗庙重任，君临天下、统治百姓呢？

为了让太子杨勇受到艰苦教育，隋文帝特意把穿过的旧衣服各留一件，交给杨勇，让他经常翻出来瞧一瞧，自我告诫，又赐一把自己佩带过的小刀，一盒杨勇当年经常吃的腌菜，教导太子要铭记过去不忘本。

杨勇无疑是隋文帝五个皇子当中比较俭朴的一个，但是贪恋女色，妻妾成群，受到皇后独孤伽罗的厌恶。次子晋王杨广对储君之位虎视眈眈，趁机挑拨离间，又把自己伪装成一个不近女色、廉洁朴素、“孝悌恭俭，有类至尊”的正人君子。由此人气指数不断高涨，压倒太子杨勇等其他皇子，终于骗过了隋文帝和独孤皇后。

在大臣宇文述、杨约、杨素等大佬的操作之下，杨勇“被腐败”，成了“性识庸暗、仁孝无闻、昵近小人、委任奸佞、前后愆衅、难以具纪”的不孝之子。公元 600 年，隋文帝在武德殿召集皇室宗亲，宣布废太子杨勇为庶人。杨勇倒台之后不到一个月，老二杨广迅速上位，被册立为储君。

经过二十多年的励精图治之后，隋文帝在位时期出现了罕有一见的繁华盛世，“天下储积，得供五、六十年。”即使饱受隋末唐初战争的摧残，但是隋文帝积累的惊人财富，一直到唐太宗贞观年间才耗尽。可惜隋文帝晚节不保，听信妇人、用法严峻、奢靡浪费等等，自己苦心经营多年的“依法治国、反腐倡廉”毁于一旦，也该为这个短命王朝的迅速覆没埋单。

第 2 节　隋炀帝：天使与魔鬼的合体

隋文帝死后，杨广如愿登上皇位，他就是被视为典型的亡国昏君、跟秦始皇相提并论的隋炀帝。唐朝李氏的统治者为了证明自己取代前隋是天经地义的，挖空心思抹黑隋炀帝也是在情理之中。被扣上大大小小的屎盆之后，隋炀帝彻底成了一个荒淫无道的亡国暴君。但是剥开妖魔化的面纱，我们看到的是一个胸襟抱负颇为不凡、才华出众的有为之君。说得确切点，隋炀帝是一个伟大与罪恶并存的结合体。

隋炀帝在位不过十二、三年，却做了几件足以名垂青史的大事。第一件，开凿了蜿蜒五千余里的京杭大运河，这是非常了不起的成就，不但沟通了五大水系，而且使当时的三大经济区——北方草原游牧区、中原农耕区、江南水乡经济区融为一体，在经济上实现了第一次真正的大统一，为迎来辉煌的大唐盛世打下坚实的基础。

第二件就是西巡河右，开拓了大隋帝国的疆域。公元 609 年，隋炀帝御驾西征，从长安出发，行径河西走廊，入青海不毛之地，最远到达河西重镇张掖，行程几近两千里。除了传说中西周穆天下西巡之外，历史上还没有一个皇帝有过如此长途跋涉的壮举。隋炀帝在西征的旅途上不单单是游山玩水，而且还耀兵振武、慑服夷狄，重新打通南北朝以来隔绝了数百年的丝绸之路。西域二十七国的君臣远道而来，齐聚张掖，举行了一个令人眼花缭乱的“国际博览会”。

虽然归途中隋炀帝的旅行团队遭到暴风雪的袭击，秩序大乱，狼狈不堪。人马损失八九成，后宫嫔妃散落到深山野林与士卒杂居。但正是这一次意义非凡的远征，使得隋朝的疆域达到了极盛。史书上留下了几个惊人的数字，足以说明隋炀帝统治下的帝国盛况，“天下凡有郡一百九十，县一千二百五十五，户八百九十万有奇。东西九千三百里，南北万四千八百一十五里”。而世人大擂特吹的贞观之治，其户口总数也不过三百万户，仅仅相当于隋炀帝时期的三分之一。

隋炀帝的第三个壮举就是创立科举制度。人才选拔可以是一场没有硝烟的战争，从西周的世卿世禄制，到战国的军功爵制，到西汉的察举制，再到魏晋南北朝时期的九品中正制，可以说选拔人才是权贵或者勇敢者的游戏，升斗小民无法染指，就连参战的资格都没有。隋炀帝却标新立异，抛出大手笔，在历史上第一次拉近了平民与贵族之间的距离，真正落实了“唯才是举”的用人政策，颠覆了几千年以来的选官制度，更是对西方世界的现代文官制度产生了积极影响和借鉴作用。在这一点上，隋炀帝可谓是功盖千古。

最后，这位被万世唾骂的“昏庸之君”、“暴虐之君”，在反腐败上也曾经动过脑筋。他仿照汉武帝时代刺史监察郡县的制度，设立了专门监察地方郡县的反腐机构——司隶台。司隶台的编制包括：正四品的大夫一人，相当于中纪委书记。从五品的别驾两人，分别担负长安和洛阳的反腐重任。正六品的刺史十四人，负责巡视地方郡县。从事四十人，协助刺史的巡察工作。司隶台官员每年二月搭乘轻便的小马车出巡地方，十月回到京城向隋炀帝汇报。

根据《隋书》的记载，隋炀帝还模仿汉武帝手订的“刺史六条”，也制定了“司隶台六条”，作为反腐工作的指导性文件。

六条内容是：“一察品官以上理正能不。二察官人贪财害政。三察豪强奸猾侵害下人，及田宅逾制官司不能禁止者。四察水旱虫灾不以实言，枉征赋役者。五察部内贼盗不能穷，逐隐而不申者。六察德行孝悌，茂才异行隐不贡者。”

“司隶台六条”跟“刺史六条”最大不同在于，“刺史六条”主要是为了防范地方的分离主义势力，“司隶台六条”主要是重点监察地方官吏的能力、政绩和廉洁程度，所以增加了“察德行孝悌、茂才异行隐不贡者”这一条职权。

而朝中百官甚至皇室宗亲的贪腐行为，仍然由御史台来负责监察。当时有个叫陆知命的治书御史，曾经弹劾隋炀帝的次子齐王杨暕“骄纵、昵近小人”，结果杨暕被隋炀帝痛骂了一顿，朝野震惊。

令人惋惜的是，隋炀帝这一系列足以光耀千古的伟大成就，几乎被罄竹难书的罪恶深深掩埋于历史的故纸堆里。

唐代的史学家是如此贬斥隋炀帝的，他性情古怪，诡异多变，就像一个可怕的幽灵出没无常，人们根本就不知道他的行踪。隋炀帝每次巡游，车驾还没有到，各级官员就争相恐后献上山珍海味。那些揣着暴发户梦想的官员，从水道、从陆路而至，络绎不绝。隋炀帝成了一个重口味的吃货，不再唯才是举，全凭口感来提拔人才。谁献上的食物越多越美味，他的官就升得越高越快。那些粗淡俭朴的官员就遭殃了，不是被砍头就是被降级。贪官污吏趁机鱼肉百姓，搞得民不聊生。隋炀帝又穷兵黩武，调发百万大军，三征高丽。各种苛捐杂税多如牛毛，让出门的不想回来，在家的如入地狱。曾经一片繁华的村落没多久就成了废墟，萧条不堪，由于饥荒连年出现了人吃人的现象。

隋炀帝却毫无体恤之心，视百姓如芥草，只顾着自己玩乐享受，东游西逛。国库挥霍一空，就预征几年的赋税。整天混在后宫的女人堆里，荒淫无度，根本就不理朝政，军国大事抛诸脑后。更糟糕的事，隋炀帝又猜忌百官，稍稍不如意，就随便安上一个罪名，将他满门抄斩。由是上下离心，内外怨叛，盗贼四起，到处劫掠，无辜百姓，惨遭屠戮，强盛一时的大隋帝国陷入了最危险的境地。

朝中奸臣当道，各个都是祸国殃民的巨贪大腐，尤其是左翊卫大将军宇文述、内史侍郎虞世基两人赃盈恶贯，文武百官几乎都向他们行贿过。宇文述在隋文帝时期就是一个大权奸，他侵欲无厌，就像一只贪婪的老鼠，到处窥探哪个官员家里藏有奇珍异宝。长安一带的富商大贾和陇右的土豪，都认宇文述为干爹，竞相孝敬金银珠宝。宇文述也照单全收，你贿多少，我就收多少，结果那些行贿的人都做了大官。

赵行枢本是一个卑贱的太常寺鼓吹手，他家财数以亿计，令宇文述垂涎欲滴。宇文述毫不掩饰地露出贪婪之色，热乎乎地尊称赵行枢为大哥。赵行枢巴不得能攀上这么一棵参天大树，就送金送银，厚赂宇文述。宇文述乐得不行，在隋炀帝面前点赞赵行枢，说他骁勇善战，做一个鼓乐手实在太委屈了。隋炀帝宠信宇文述，立马任命赵行枢为折冲郎将——皇家卫队骁果军的统帅，不久又被提拔为虎牙郎将（**相当于战区总司令**）。这个靠非法手段上位的冒牌将军后来成了宇文家族的死党。

宇文述的儿子依仗老爹的权势，胡作非为，残忍暴虐，看到大隋王朝日薄西山，与赵行枢等人图谋不轨，在江都绞死隋炀帝，篡权夺政。杀死隋炀帝的，正是自身的腐化堕落。

另一个腐败分子虞世基堪称奸臣形象的代言人。虞世基有一个流芳百世的弟弟，叫虞世南，才华出众，是初唐三大书法家之一，唐太宗赫赫有名的"凌烟阁二十四功臣"中也有他的名字。虞世南德艺双馨，是个又红又专的大忠臣，唐太宗给予高度评价，赞誉他"德行淳备、文为辞宗、夙夜尽心、志在忠益。"哥儿俩小时候一同投入南朝大学者顾野王的门下，虞世基性格内向，深沉恬静，喜怒不形于色，令人捉摸不透。他的才华不逊于弟弟，博学多闻，精通书法，尤其擅长草书、隶书，被陈朝中书令孔奂誉为南朝"黄金一代的代表人物"。由此虞世基名声鹊起，很快就在陈朝谋得一职，并混到尚书左丞的高位。

后来陈朝灭亡了，虞世基归顺隋朝，做了一个小小的通直郎，在内史省（**即中书省**）里当差。可是小官低工资，虞世基不得不替官府抄书以养家糊口。志向高远的虞世基不甘心过着嚼菜根的苦日子，整天闷闷不乐，成了一个文艺愤青，写诗诉说自己的悲惨境遇，抒发心中的愤懑。不料虞世基却因诗歌迅速窜红，很快就升任内史舍人，参与草拟诏书。

隋炀帝即位之后，朝中百官纷纷推荐虞世基。当时有个叫柳顾言的官员仗恃学问高深，瞧不起其他人。可是他一见到虞世基，马上就自惭形秽，甘拜下风，感慨地说，全世界都推荐这么一个人，果然不是泛泛之辈，我辈不如也！虞世基时来运转，不久升任内史省的二把手——内史侍郎（**相当于副宰相**）。虞世基貌似稳重冷静，其实心机极为深沉，最会溜须拍马，常常把话说到别人心坎上。由此深得龙颜欢心，成了隋炀帝身边的大红人。

虞世基富贵之后，对过去的贫寒经历耿耿于怀，开始追求物质享受，迅速蜕变为一个大腐败分子。虞世基的后妻孙氏生性淫荡，为了满足她无休止的贪欲，虞世基不但任其挥霍浪费，而且自身也“雕饰器服，无复素士之风”，生活日渐腐败，完全丧失了清廉的作风。孙氏又把她跟前夫生的儿子夏侯俨带进虞世基的家中，夏侯俨是一个顽劣无赖，他打着虞世基的旗号，疯狂地聚敛钱财，卖官鬻爵，徇私枉法，无不用其极。于是虞府门庭如市，行贿的人就像寺院里的香客，绵绵不绝，收下的金银珠宝堆积如山，使得虞家成了一座大宝库。

虞世基的弟弟虞世南清贫无比，身居低微的起居舍人一职，家中都揭不开锅。虞世基却一毛不拔，不肯施舍给弟弟一文钱。虞世南也是洁身自好，宁可饿死也不吃嗟来之食。两兄弟操守品行的天壤之别，让世人更加愤恨虞世基的贪婪腐败，朝中百官对这条蠹国殃民的大害虫也是敢怒而不敢言。

虞世基最大的罪恶还不是他的无耻腐败，而是与御史大夫裴蕴、黄门侍郎裴矩等结成朋党，排挤吏部尚书牛弘，垄断人事诠选大权，掌控朝廷机密，致使朝中党争日益加剧。由于御史大夫裴蕴，使得监察机关御史台严重变质，成为紊乱朝政、违法乱纪的渊薮。公元 609 年，司隶大夫薛道衡被裴矩、虞世基等人诬陷谋杀。随后裴矩又勾结虞世基奏罢司隶刺史以下的官员，反腐败的最后一道防线——司隶台也崩溃了。至此，隋朝的反腐机制在朝中朋党倾轧之中荡然无存，国家全面沦丧，贪污腐败普遍化，而且愈演愈烈。隋炀帝却越发荒淫昏乱，已到了无可救药的地步。

公元 616 年，隋炀帝第三次南下江都。此时农民起义如火如荼，义军蜂拥四起。隋炀帝非常讨厌听到农民暴动的消息，虞世基也深知皇帝的脾气，报喜不报忧。前线将领或地方郡县吃了败仗，求援信一到，都被虞世基扣留下来，隐瞒实情，谎称是些鼠盗狗窃之辈，很快就会被一网打尽。隋炀帝听了也是沾沾自喜，甚至把求援使者痛打一顿。结果虞世基的欺上罔下误了大事，那些暴动没有及时镇压，就像滚雪球般越滚越大，迅速蔓延到全国各地。隋炀帝却被虞世基蒙在鼓里，一直都不知情，误认为天下太平，整日载舞宴乐，还让王世充秘密搜罗江淮的民间美女，供其淫乐。终于身败国亡，葬送了大隋王朝，又一次为腐败亡国这条颠扑不破的真理做了鲜活的注解。

第 3 节　唐太宗和魏征：反腐黄金搭档

隋亡之后，盛极一时的大唐帝国登上历史舞台。

唐朝刚刚建立的那一刻，地方割据势力林立。李唐政权的势力范围仅仅局限于关中、河东等地巴掌大的一隅，四面强敌环绕，西部有河西走廊的李轨集团、兰州的薛举父子，北部剽悍的突厥骑兵虎视眈眈，东北盘踞着一个刘武周，河南、山东有王世充、窦建德、刘黑闼三强鼎立，广大的江南地区则成了辅公祏的地盘。唐朝的当务之急就是尽快扫灭群雄，为此进行了长达七八年之久的统一战争。内战结束之后，唐高祖的几个儿子又内讧，整天勾心斗角，忙得不可开交。治理国家和政权建设被抛在一边，反贪反腐也无从谈起。公元 626 年，李世民发动玄武门之变，掌握了整个王朝的命运，“安人理国”就迫在眉睫了。

唐太宗吸取隋炀帝极度腐败身死国破的惨痛教训，登上皇位没几个月，他担心那些当官的各个都是巨贪大腐，就学起隋文帝的“钓鱼反贪术”。唐太宗让人暗中行贿朝官，结果有一个门令史经不住考验，收下了一匹绢。唐太宗大为恼火，准备将他杀了。户部尚书裴矩劝谏说，贪官污吏固然可恨，死有余辜。但是现在你搞了一个钓鱼执法，那是挖坑骗人跳进去，把法律当做杀人的工具，这就违背了孔夫子所提倡的“用道德去开导百姓，用礼制去同化百姓”。唐太宗大喜，立即召集五品以上的文武百官，当众表扬裴矩

这个裴矩是谁？他就是隋炀帝时代的大奸臣。为了投合隋炀帝的好大喜功，裴矩给他想出了几个坑人的馊主意。如公元 610 年，裴矩策划了一个劳民伤财、奢糜浪费的洛阳元宵艺人庆典，糟踏了无数民膏民脂。隋炀帝末年，裴矩跟随隋炀帝南巡江都，当时暴动不断，军心慌乱，士气极度低迷，逃亡不断。为了笼络军心，鼓舞士气，裴矩竟然建议征集“随军妇”，把江都城内的妇女，包括已遁入空门的尼姑、道姑等，全都组织起来，供军士们恣意取乐。骁果军将士对裴矩的无耻“惠举”感恩戴德，在江都兵变中竭力拥戴和保护他，使其逃过一劫。如此恶贯满盈的大奸贼竟然能够

从容地跨越时代，摇身一变，成了唐太宗眼中的官僚楷模，实在是匪夷所思。君明则臣直，君昏则臣佞。裴矩见风使舵的本性，并未发生任何转变，变的是时代、政风与最高统治者。由此可见无论什么时期都不缺乏钻营取巧的投机分子，在政治清明的时代，为了生存，他们偶尔也会释放出正能量。但是在政治昏暗的时代，给了他们一个为所欲为的宽广空间，他们就会变成巨贪大腐，释放出可怕的破坏力。

但是不管黑猫、白猫，能够抓老鼠的就是好猫。唐太宗深谙用人之道，只要你是个可用之才，就会不计前嫌。如被唐太宗誉为一面铜鉴的魏征，本来是太子李建成的人。他曾经劝李建成先发制人，除掉李世民。玄武门之变后，李世民痛斥魏征，你多次离间我家兄弟，居心叵测啊！魏征却毫不畏惧地回答，要是太子早听我的话，你还有今天吗？魏征的坦率直言深深地打动了李世民的心，再加上他满腹经纶，有匡扶济世之才。所以李世民捐弃前嫌，而且对魏征破格录用，从詹事主簿一路提拔到尚书左丞，再到知门下省事，成了当朝宰相。魏征也是肝脑相报，尽忠职守，直谏敢言，是一个坚定的“持不同政见者”。唐太宗与魏征的君臣鱼水之情，堪比三国时期的刘备与诸葛亮，是历史上少见的君臣黄金搭档。

贞观初年，有一次唐太宗问身边的侍卫：我听说西域的商人买到了一颗精美的珍珠，因为害怕被人抢走，就忍着剧痛剖开自己的身体然后把珍珠塞进去，有这回事吗？侍卫回答说有。唐太宗趁机借题发挥，加强对文武百官的反腐警示教育。唐太宗以此为例，循循教导文武百官，世人都知道西域商人只爱珍珠不爱生命实在可笑之极。但是当官的贪污受贿、徇私枉法，做皇帝奢侈无度、身死国破，他们的行为比西域的商人更荒唐、更可耻。

唐太宗的训话还没有说完，魏征又接过话题，讲了一个典故。春秋时期的鲁哀公曾经告诉孔夫子，有一个人很健忘，搬了家竟然把老婆都忘记了带走。孔夫子回答说，比这个家伙更健忘的多得是，像末代夏王桀、末代商王纣连自己的身体也忘记了。这个典故讲的就是贪腐失身的道理。

君臣一唱一和，配合是天衣无缝，共同完成了一次深刻的反腐警示教育。最后唐太宗激励百官，我要大家精诚合作，齐心协力治好国家，免得被世人耻笑！

唐太宗即位的第二年（628年），又给文武百官讲了两个历史故事。第一个是战国时秦惠王为了征服西南的蜀国，耍了一个诡计，刻了五头石牛，然后故意在石牛身后放了一堆黄金。愚蠢的蜀王误以为石牛会拉出黄金，贪念大起，就派五个大力神把石牛拉回家。秦军趁机尾追其后，一举灭了蜀国。第二个是西汉的大司农田延年贪污赃款三千余万，事发后畏罪自杀。唐太宗以这两个故事警示朝中百官：我拿蜀王做元龟（教训），引以为戒。你们也要把田延年当做覆辙（反面教材）。牢记一句话，君主贪腐，国家必亡。官员贪腐，必死无疑。

这一年十月，唐太宗拿贪污犯交州都督公寿开刀，拉开了反贪反腐的序幕。

公元629年，又揪出了大贪污犯濮州刺史庞相寿，被夺官褫职。此人是唐太宗的老部下，曾经在秦王府内做过事。庞相寿跑去见唐太宗，乞求看在过去忠心耿耿的份上网开一面。唐太宗忆起旧情心生怜悯，准备让庞相寿官复原职。这时候"持不同政见者"魏征站出来了，他不客气地批驳唐太宗的徇私枉法，当年在秦王府内做事的不计其数，如果那些人都拿着这个做挡箭牌，胡作非为，受伤的全都是善良的人们。唐太宗幡然醒悟，告诉庞相寿，我过去做秦王，只是一府之主。如今当了皇帝，是天下之主，绝对不可能纵容包庇旧朋友。最后甩给庞相寿一点布帛，把他打发走。庞相寿只得哭哭啼啼而去。

公元630年，唐太宗又告诫文武百官，千万不可干出既祸害百姓又祸害自身的徇私枉法之事。纵然人不知，难道鬼神不知、天地不知吗？心中能不恐惧吗？心中恐惧过多，早晚性命不保。大丈夫岂会因为贪点钱财，不但害了身家性命，也殃及子孙，给他们脸上抹黑。

为了宣示反贪反腐的决心，对所有重大的贪污犯均处以极刑，唐太宗还诏令在长安城内的地方郡县官员都要亲临现场观摩，以惩示戒。

有时候唐太宗也采用一些特殊的手段来惩罚那些贪官。右骁卫大将军长孙顺德是长孙皇后的族叔，在玄武门之变中剿灭太子李建成余党，功勋卓著。有一次他收取了十几匹绢的贿赂，事发之后唐太宗既惋惜又恼怒地说，如果长孙顺德真的能为国家做点贡献，国库里的宝藏我就跟他一起分享。怎么会沦落到如此贪婪的地步？

唐太宗念及长孙顺德立过太多的功勋，实在不忍心出重手惩罚。但是恨铁不能成钢，对他的贪婪又痛心疾首，就在大殿上，当着群臣的面赏给长孙顺德几十匹绢布，搞得百官们满头雾水，不知道唐太宗葫芦里卖的什么药。大理寺少卿（**大法官**）胡演更是义愤填膺，公开质疑说长孙顺德贪污受贿，本来就罪大恶极，可是皇帝不但不予严惩，反而赏赐绢布，到底有何用意？唐太宗解释说，如果长孙顺德还有点人性，赏赐绢布的耻辱远甚于受刑。如果长孙顺德还是不知悔改，那就是一只禽兽。如此的禽兽杀了又有何用？

另一个右卫将军陈万福自皇家避暑胜地九成宫去长安城时，途中非法将驿站的数石麦屑据为私有。唐太宗得知以后，也没有惩罚，而是赏赐更多的麦屑，让陈万福亲自背出皇宫，以此来羞辱他。

在唐太宗和魏征的示范之下，涌现出一大批“弹治不避权贵”、执法不畏强暴的反腐骨干分子，如宰相高季辅、都官郎中薛仁方等。

唐太宗第六皇子蜀王李愔的老丈人杨誉是个好色之徒，依仗着自己是皇亲国戚，无视国法，在长安城内公然滋扰宫女，争抢官婢。薛仁方时任都官郎中，是刑部尚书的助手，专管不法之事。薛仁方把杨誉拘押起来，准备审讯定罪。杨誉有一个儿子担任千牛卫，手中握有御赐的利刃，是唐太宗的宿卫侍从，也就是贴身保镖。

这个千牛卫跑到大殿之上大喊大叫，按照大唐法律，五品以上的官员除了犯叛国谋反罪，是不能被拘押起来的。薛仁方看到我家是皇亲国戚，故意来找茬，横生枝节。唐太宗听了也很恼火，大骂薛仁方，明明知道是我的亲戚，还百般刁难，简直太可恶了！当庭咆哮着要将薛仁方杖打一百棍，再免官撤职。

眼见薛仁方就要遭殃，这时候又是“持不同政见者”魏征挺身而出，说几句公道话，薛仁方是执法人员啊，守护着国法与正义，怎可为了为讨好一个外戚就对他横加责罚？此种恶例一开，后患无穷。那些不法的勋贵亲族简直就是一群可恨的城狐社鼠，虽然微不足道，但是盘根错节，很难剪除。若不严加防范，无异于水未横流就自毁提防。

魏征这么一说，唐太宗不得不承认自己考虑不周，就收回将薛仁方撤职查办的话。但是为了给自己下个台阶，唐太宗以薛仁方专权独断为由，鞭笞三十下之后将他放了。

此外，唐太宗还多次派遣中央巡视小组巡察地方郡县。公元 634 年，唐太宗设任命萧瑀、李靖、杨恭仁、窦静、王珪、李大亮、刘德威、皇甫无逸、韦挺、李袭誉、张亮、杜正伦、赵宏智等为观风俗使，巡省天下。主要负责考察地方民风民俗，了解基层民众的生活状况，并整顿不良地方习俗、打击地方恶习等等。

但是观风俗使的设置只这一次，此后担负起地方反腐重任的就落在巡察使身上。公元 644 年，唐太宗实行“分道巡按”的巡回监察制度，派遣十七道巡察使，出巡地方郡县。担任巡按使的包括监察御史和朝中其行政官员。公元 648 年，唐太宗又派遣一个有二十二名成员的巡察工作小组，由全国最高司法官、大理寺卿孙伏伽亲自挂帅，以唐太宗钦定的“巡察六条”为标准，抑制和打击地方腐败。

“巡察六条”的内容包括：“其一，察官人善恶。其二，察户口流散，籍帐隐没，赋役不均。其三，察农桑不勤，仓库减耗。其四，察妖猾盗贼，不事生业，为私蠹害。其五，察德行孝悌，茂才异等，藏器晦迹，应时用者。其六，察黠吏豪宗兼并纵暴，贫弱冤苦不能自申者。”

“巡察六条”的职责主要还是发现问题，而不是办案。这一次地方巡察硕果累累，揪出来一大批不法的贪腐分子。唐太宗命令褚遂良将那些贪腐分子的名单一一分类，呈报上来之后由唐太宗亲自圣裁。结果提拔了二十名久经考验的地方能吏，处死了罪大恶极的七个巨贪大腐，被罢职、流放的地方官吏也有数百之众。

唐太宗在强力反腐同时也重视倡廉，上台之初就引用“不作无益害有益”、“不见可欲，使民心不乱”等古语告诫群臣。由此可见，看到那些能够满足你私欲的东西，你的心旌一定要摇荡。至于精致的雕镂器物、昂贵的珠玉服玩，如果你深陷其中而不能自拔，早晚都会葬身于此的。最后，唐太宗下了一道严旨，自皇室王公以下，宅第、车服、婚嫁、丧葬，都应当符合他的身份等级，凡是不符合的一概禁绝。这道倡廉诏令基本上奠定了唐太宗在位期间清正廉明的执政风格，“二十年间，风俗简朴，衣无锦绣，财帛富饶，无饥寒之弊”，堪称历史上最为开明的皇帝之一。

唐太宗不遗余力地反腐倡廉，使得贞观年间出现了“人知耻格”、“俗尚贞修”的淳朴政风，循吏辈出，奉职守法，执法公允，形成了“法平政成”的可贵局面。

中书令岑文本生活俭朴，他的宅屋低矮而又潮湿，屋内连最普通的帷帐也没有。有个朋友实在看不下去，劝岑文本说，你可是当朝大宰相，怎么可以如此寒酸？赶紧弄点钱，盖一套豪华别墅享受啊！岑文本仰天长叹，我本是一个穷秀才，没有立下什么汗马功劳，就靠着肚子里的一点墨水混到了中书令的位置，达到人生的巅峰了。高薪厚禄，已经让我寝食难安，怎么敢梦想豪华别墅！那位老朋友听了之后也是摇头叹息而去。

还有户部尚书戴胄、尚书右仆射温彦博两人，虽然身居高位，但是为官清廉，不贪不腐，家境贫寒。以至于死后尸体无处可放，只好随便摆在简陋的小屋里，连个追悼会也开不成。唐太宗听了之后嗟叹连连，让有关部门为他们盖个像样的祭奠场所。

但是人无完人，金无足赤。在唐太宗执政后期，大概在公元 638 年（**贞观十二年**）之后，出现了从清净简约到骄奢纵欲的转变，即谏臣魏征所说的“渐不克终”，也就是晚节不保。唐太宗后期的奢侈按照他自己所总结的，大致是“锦绣珠玉不绝于前，宫室台榭屡有兴作，犬马鹰隼无远不致，行游四方、供顿烦劳。”唐太子推崇享乐主义，修建洛阳飞山宫、翠微宫、玉华宫，装饰以黄金、白玉，甚至还挑选民间美女入宫，严重背离了贞观初期励精图治、勤俭治国的精神。老百姓的徭役负担日渐加重，痛苦指数不断攀升，甚至出现了“兄去弟返，首尾不绝，远者往来五六千里，春秋冬夏略无休时”的惨状。但是唐太宗不但执迷不悟，反而搬出歪理怪论，竭力为自己的过错辩护，什么“百姓无事则骄逸，劳役则易使”——老百姓没事干就会一天天懒散下去，让他们做点事才会保持勤劳本色等等。

晚年的唐太宗已经显露出腐败君主的某些征兆，鲠直的魏征为此忧心忡忡，干脆直接将反腐败的矛头指向唐太宗本人。公元 639 年，魏征上了一道《十渐不克终疏》的奏折，痛陈唐太宗出现的十大腐败：追求奢华、滥用民力、大兴土木、昵近小人、痴迷猎奇、用人不当、沉湎狩猎、脱离民意、荒怠政事、奴役百姓等等。

但唐太宗毕竟是一代英主，跟隋炀帝等典型的堕落君主相比，晚年的某些奢华行为属于轻量级的腐败行为，并未达到压垮老百姓的地步。更何况，唐太宗自始至终对守业之艰难有着清醒的认识。他曾经告诉身边的人，"朕虽平定天下，其守之甚难"，而且还能进行自我反省与自我批评。所以唐太宗并没有坠入腐败的深渊，国家也没有朝着"危亡"的道路滑落下去，这就是史书上所评价的"功大过微，故业不堕"。

第 4 节　盛唐二虎：李义府与许敬宗

唐高宗即位之后，为了向世人证明自己有为的守业之君，大力倡导廉洁治国、勤政为民。他下诏严禁进贡鹰隼、犬马等名贵稀有动物，免去奢侈浪费的宫廷宴会，并把唐太宗苦心营建的玉华宫改为寺院。对两个腐败的皇室成员也进行了惩罚，一个是唐高祖第二十二子滕王李元婴，他骄纵淫逸、游手好闲、奢华无度，唐高宗亲笔书信予以警告，将他弄到苏州去做刺史，不久又转任洪州都督，但是恶习依旧，任职期间修建了著名的滕王阁。此后又多次犯法，唐高宗无奈之下只好把他的封邑、属民，以及手下的办事人员各削减一半，然后把他安顿在滁州。

另一个是唐高宗的异母弟、唐太宗第七子蒋王李恽。唐太宗时期，李恽任安州都督期间"多造器用服玩"，让人打造一堆杂物和奇装怪服。唐高宗即位后，将他调到梁州去。结果李恽在搬家时，私自动用的马车、牛车多达四百辆。安州官府不堪其扰，只好向朝廷参了一本。唐高宗就学着老爹，公开羞辱李恽，赏赐了满满的两大车麻布给他作运费，让他吃不了兜着走。

唐高宗即位初期，在永徽格局的政治框架下，基本上延续了贞观之治的清明廉政，贪污腐化现象还是很少见的。但是在永徽后期，随着武则天势力的崛起，清廉政风开始逆转。在拥武派集团当中首先滋生腐败现象，而后逐渐蔓延开来。其中最为腐化是拥武派的两个代表，李义府和许敬宗。

李义府是一个典型的阴险人物，是只可怕的笑面虎。貌似温顺谦恭，颇有绅士风度，无论跟谁说话都是满脸堆笑，亲和力十足，可是他的内心极其狭隘，深不可测。一旦身居要位，他就颐指气使，好像自己是宇宙的中心，人人都必须围绕他转动。稍不如意，就千方百计将之置于死地。所以世人都说李义府笑里藏刀，杀人于温柔之间，还给他起了一个外号叫“李猫”。

李义府以贼忠于武则天发迹起家，公元655年唐高宗立武则天为皇后，李义府也被提拔为中书侍郎、同中书门下，做了副宰相。翌年，李义府兼任太子右庶子，进爵为侯。这时候洛州有个美貌的女人淳于氏犯了罪，被关押在大理寺的牢房里。李义府是个好色之徒，对淳于氏垂涎三尺，就暗中指使大理丞毕正义将她释放了，然后带回家做小妾。大理寺卿段宝玄对李义府的无耻和徇私枉法深恶痛绝，一怒之下把他告上唐高宗。唐高宗让给事中刘仁轨、侍御史张伦下去查案。眼见事情就要败露，李义府一不做二不休，来了个弃车保帅，逼迫毕正义在狱中自杀。唐高宗虽然心中知情，但李义府是武则天的大红人，为了不触怒皇后，惧内的唐高宗只好做了止损动作，不再追究李义府的罪责。

由于得到了武则天的关照，李义府不但逍遥法外，而且官越做越大。第二年唐高宗又把他提拔为中书令、检校御史大夫、太子宾客、河间郡公，还给他修建了豪华别墅。李义府这只大老虎的权势至此达到了登峰造极的地步。一人得道，鸡犬升天。李义府的家族子弟各个都高官厚禄，显赫一时。李义府愈加肆无忌惮，为所欲为，他贪婪成性，与老母、妻儿、女婿公开干起卖官鬻爵的肮脏勾当。李义府成了一个官帽大批发商，门庭若市，热闹非凡，前来买官的络绎不绝。李义府趁机收买腹心，广树朋党，党羽遍及朝廷的每一个角落。李义府只要跺一跺脚，整个朝廷都将震动。

朝中百官忌惮李义府的权势，都绞尽脑汁要把他拉下马。另一个中书令杜正伦与中书侍郎李友益日夜密谋除掉李义府，结果事泄，三人在唐高宗面前争吵得不可开交。唐高宗不厌其烦，干脆各打五十大板，以“大臣不和”为由，把杜正伦、李义府各自贬到横州、普州去做刺史。给事中李崇德长着一双势利眼，见李义府失势了，马上把他从族谱上除名。

但是李义府背后有武则天这棵参天大树撑着，很快就时来运转，公元659年，李义府东山再起，被征召回朝，兼任吏部尚书、同中书门下。李义府一回到长安城，就指使人罗织罪名，将李崇德抓进大牢，逼其自杀，以报族谱除名之恨。

公元662年，唐高宗实行官制改名。李义府又转任司列太常伯（即吏部尚书）、同东西台三品（即同中书门下）等职务。他趁机揩油，把祖父改葬在永康陵（唐高祖祖父李虎的陵墓）旁边，想沾点皇室的风水。三原县令李孝节为了巴结李义府，擅自征调民工、车牛，昼夜不停地为李义府运输土块、堆筑坟墓。附近的高陵、栎阳、富平等七县的县令也仿效李孝节，争先恐后，各自组织了一支庞大的民工队伍，押送牛车、马车，运载土石，浩浩荡荡地开往墓地。高陵县令张敬业尽管身体虚弱，但也撑着一口气，亲自督运，结果劳累过度，李义府祖父的坟墓还没有筑成，自己就先倒下来了。

改葬之日，朝中王公大臣排着队伍，纷纷赶来赴会，馈赠奠品如羽仪、导从、輴輤、器服等等，数不胜数，极其奢侈。送葬队伍连同车、马，帐篷，从灞桥到三原七十里间，绵绵不绝。自唐高祖以来，王公大臣葬送之隆重，从未达到这个程度，足见李义府权势之威赫。

第二年，李义府又任右相。他八面玲珑，整天围着一个皇帝唧唧歪歪，尽说些阿谀奉承的好话。可是出宫之后就凶相毕露，穷凶极恶，肆意妄为。搞得文武百官战战兢兢，人人自危，见了李义府都不敢大声喘气，更别说指责他的过错了。唐高宗对这只大老虎的恶行早有耳闻，只是碍于武皇后的面子不想把事情弄僵而已。他只是慢条斯理地告诫李义府，听说你儿子和女婿做事很不谨慎，专干那些见不得人的事；我经常替你掩饰，并没有公开给你难堪，你可要好自为之，不要再纵容他们了。唐高宗的告诫绵里藏针，吓得李义府脸色大变，面红脖子粗，憋了很久才问，是谁告诉皇上的？

但是唐高宗的敲山震虎并未让李义府有任何收敛，反而更加猖獗，疯狂地搜刮钱财。又向长孙无忌的孙子长孙延索贿七百贯，然后给他一个司津监的官做，结果被右金吾仓曹将军杨行颖告发。唐高宗对李义府的恶行再也无法忍受下去，夺职下狱之后将他流放到遥远的四川巂州去。不久李义府忧愤发病而死，朝中官员闻讯莫不欢呼雀跃，因为从此之后再也不用受到这只大老虎的荼毒了。

许敬宗是继李义府之后又一个腐败高官。许敬宗是个很有才华的人，遥想当年唐太宗亲征辽东，在驻跸山大破高丽军。许敬宗立于唐太宗马前，奉旨起草诏书，文彩飞扬、词藻华丽，令唐太宗叹为观止。中书令岑文本死后，唐太宗提拔许敬宗为中书侍郎，成了岑文本的接班人。

这个许敬宗也不是什么好鸟，他最会投机钻营，为了攀权附贵，谋求高官厚禄，不惜耍弄卑劣手段。在他眼里，儿女的婚姻幸福只是自己手中玩弄的一张张政治交易的“牌”。左监门大将军钱九陇是唐帝国的开国功臣，许敬宗贪恋钱家的财产，毫不犹豫地把女儿嫁入钱府。许敬宗收了巨额钱财之后，给儿子娶了尉迟宝琳（名将尉迟恭之子）的孙女。还有一个女儿嫁给南越族酋长冯盎之子，收取的金银财宝不可胜数。结果有人举报，许敬宗被贬为郑州刺史。

不久唐太宗驾崩，唐高宗即位，许敬宗又做了礼部尚书，官途十分顺畅。在要不要立武则天为皇后这个大是大非的问题上，许敬宗坚定不移地追随李义府、王德俭、崔义玄、袁公瑜等人，形成一个势力庞大的拥武派集团。他们以莫须有的罪名诬陷辅政元老长孙无忌蓄意谋反，为武则天窃取权柄踢走了最大一块绊脚石，由此深得武氏的心。许敬宗也扶摇直上、官运亨通。公元 657 年进爵高阳郡公，并接任李义府中书令的职务，跟李义府一道成了武则天的左膀右臂。公元 662 年官拜右相，次年又任太子少师、加同东西台三品，权倾朝野、位极人臣。

许敬宗得势之后，生活日益奢侈腐化，贪淫好色。老婆裴氏身边有个侍女，年轻漂亮。许敬宗一双贼眼整天滴溜溜的，就是没有下手的机会。后来裴氏过世了，许敬宗立马把侍女娶过来做后妻，还给她一个虞姓。有其父必有其子，许敬宗的长子许昂也是个登徒子，做过太子舍人，暗地里与虞氏乱伦私通。许敬宗一怒之下，不但休了虞氏，而且给许昂安上一个大不孝的罪名，上报朝廷，把他流放到岭南去。

许敬宗还别有创意地在高空架起飞楼七十余间，让妓女在上面跑动，以此逗玩取乐。

最为世人所不齿的是，许敬宗利用职权之便，肆意歪曲历史事实。从唐太宗时代起，许敬宗就担负着记录国史的重任。公元 643 年，许敬宗被任命为著作郎，兼修国史。在最高统治者唐太宗的授意之下，许敬宗把玄武门之变美化成“安社稷、利万民”的千古好事。虽然许敬宗仅仅是奉命而已，但是他曲意逢迎，丧失了史学家必须具备的不畏强暴、不为浮词妄饰等品德。

唐高宗时期，许敬宗位居宰相之位，又兼掌总领国史编撰。这时候他更加没有底线了，明目张胆地利用职权之便为己谋私，收取贿赂，蓄意虚美隐恶。为报复私仇甚至不惜凭空捏造，篡改史实，成为史上最肮脏的一个史官。溜须拍马的本事也发挥到淋漓尽致，许敬宗挖空心思修订《姓氏录》，将武后家族的地位抬高到第一等。由此获得武则天的青睐，许敬宗荣升太子少师、同东西台三品、知西台事，位极人臣，宠遇无比。公元 670 年，这个善于见风使舵的不倒翁竟然以特进的身份光荣退休。

李义府和许敬宗的腐化堕落，标志着唐朝初年的反腐事业开始步入了艰难阶段。

第 5 节　武则天、唐玄宗：虎头蛇尾

公元 691 年，唐高宗的皇后武则天发动历史上最为震撼的一次女权运动，废唐帝国建立大周王朝，成了空前绝后的女皇帝。据史学家雷家骥考证，这位史上最彪悍的女权主义者名约字明空，是个极具传奇色彩的暴力女。

武则天崛起之初，为了笼络人心、树立权威，在反贪反腐、澄清吏治上也不是毫无作为。公元 684 年，武则天改年号为光宅，实行政治赦免，发布了反贪诏令，“其犯十恶常赦所不免，官人枉法受财，监临主守自盗，盗所监临，劫贼伤人，故杀人谋杀人已加功者，并不在降限。”——将贪赃枉法的腐败分子十恶不赦、故意杀人罪犯同列，被排除在政治赦免之外。

垂拱年间（公元 685–688 年），武则天又仿照前朝，改御史台为左肃政台，负责监察朝廷中央各个官署。又设立了右肃政台，负责监察地方

州县，观察民俗民情。左、右肃政台为最高的反腐行政机构。

左肃政台（即御史台）设置巡察使八人，每年春、秋派出巡察地方州县。春季出巡的称风俗使，秋季出巡的称廉察使。巡察使巡察的科目共计四十四条，每年三月离京，十一月回京复命。公元 690 年左右，武则天不再每一年都遣使出巡地方，只有奉皇帝的诏敕才出巡。

公元 691 年，武则天又派遣十道存抚使巡察地方州县，从此十道存抚使挑起了地方反腐的重责。存抚使通常由左、右肃政台内外五品以上，廉洁奉公、刚正不阿的官员充任。分十道巡察地方，重点督查地方官员的政风廉政建设，每隔两年轮流交替一次。十道存抚使各有两名助手，也就是判官。如果事务繁忙，分身乏术，那就另外设立支使，协助存抚使开展各项反腐工作。从公元 709 年开始，十道存抚使改称十道按察使。

武则天摄政期间，地方官吏营私舞弊的现象相当普遍，已经造成严重的社会问题。而拥唐派对武氏势力的强力抵制，使得武则天更加迷信暴力，将吏治寄托在残酷的铁血政策。于是从垂拱初年开始，酷吏如雨后春笋般涌出，像索元礼、周兴、万国俊、来俊臣等相继粉墨登场。这些酷吏都是武则天最犀利的爪牙，他们不惜动用最残忍的手段，如来俊臣、索元礼联合研制出定百脉、喘不得、突地吼、着即承、失魂胆、实同反、反是实、死猪愁、求即死、求破家等十种枷刑来残害异己。两人还合编了一本叫《罗织经》的刑讯逼供教科书。

随着武则天登上皇位，以及大周政权的稳固，酷吏已经完成诛锄异己的使命。狡兔死走狗烹，武则天为了平息民愤，将这些酷吏一一铲除。但是酷吏清除之后，朝政掌控武氏家族手里，武则天又面首干政，完全不谈反贪反腐。

大周王朝，这个历史上唯一由女人掌持的政权于是出现了龌龊不堪的腐败现象。如武则天的女儿太平公主李令月权倾一时，武氏家族的武承嗣、武三思一度霸持朝政。还有武则天荒淫无比的私生活，宠幸情夫张易之、张昌宗、薛怀义等等，滥用无度，其铺张浪费已到惊人的程度。

张易之兄弟骤贵之后，气焰嚣张，强夺庄宅、奴婢、姬妾不可胜数。张易之曾经建造一座大堂，极其壮丽，耗费人力达数以百万计，“红粉泥壁，文柏帖柱，琉璃沉香为饰”。张易之孝敬老母亲阿臧的七宝帐是亘古未有，用金银、珠玉、宝贝装饰，“铺上象牙床，织犀角簟，鼲貂之褥，蛩虻之毡，汾晋之龙须、河中之凤翮以为席”，原料都是稀世珍品，价值倾国。至于张氏兄弟的贪污受贿，更是不堪一提。

武则天跟隋炀帝一样，也是个半天使半魔鬼的奇特结合体。她在位期间重视科举制度，维护边疆稳定，发展社会经济，堪称杰出的女政治家。但是她崇尚暴力，为了稳固政权，推行以暴治国的政策，残杀文武大臣。滥用酷吏，迫害正义人士。为了收拢人心，扩大科举，致使官僚队伍空前庞大，在朝廷内部形成腐败、贿赂之风。武则天统治后期，根本就没有采取任何反腐措施，而且宦官得势，政治危机日益加剧，使得武周王朝迅速覆灭。

武则天死后，唐中宗的皇后韦氏企图复制武则天的辉煌，擅权专政。大唐帝国就像暴风侵袭之后的草料场，一片混乱。韦后被诛杀之后，武则天的女儿太平公主又兴风作浪。武则天的孙子李隆基先发制人，一举扫灭太平公主及其党羽，唐帝国进入最辉煌的阶段——开元盛世。

李隆基上台称帝，他就是唐玄宗。唐玄宗面临的最主要任务就是如何收拾残局，消除老祖母当家所带来的种种腐败，让大唐帝国重新焕发出荣光。

唐玄宗首先建立反腐机制，改组御史台，让他们能够行使正常的监察功能。在地方，武周时期一度中断的巡察制度也逐步恢复起来。公元 714 年，十道按察使又开始运作。公元 733 年，唐玄宗对地方反腐重新布局，将全国划分成十五个监察区，每个监察区常设采访使。唐玄宗还专门出台了一个反腐法规《六察法》：察官人善恶、察户口流散、察农桑不勤、察妖猾盗贼、察德行孝悌、察黠吏豪宗。采访使就依据这个《六察法》，对地方官员进行严密的监督。

在完善机制的同时，唐玄宗三令五申，接连发布反腐的红头文件。

公元 713 年，唐玄宗下诏说，“至如官典受赃，国有常法。承前虽有处分，在外多未尊奉。且不戒视成为暴，不令而罚为虐，岂会容之自久，将训导之未明欤？……今日已前，既往不咎，从今以后，有犯必绳，朕不食言！”——丑话说在先，别说我没有警告你们。从今以后，如有发现贪赃枉法的一律绳之以法，决不食言！

公元 722 年，唐玄宗下了一道更为严厉的反腐诏令，“自今内外官有犯赃至解免已上，纵逢赦免，并终身勿齿。”——有贪污受贿而被免职的官员，不但遇到大赦不予宽饶，而且终身禁止录用。

当时贪污受贿是按照实物（绢）来确定事实的，赃物超过十五匹以上都要处以极刑。但是问题来了，全国各地物价不一样，湖北一带的绢布便宜，贪污三百就得掉脑袋。而洛阳一带的绢布昂贵，贪污七百才被砍头。这儿一来，导致了对贪污犯的处罚标准出现了混乱。于是在公元 728 年，唐玄宗按照御史中丞李林甫的建议，绢每匹计五百五十为限，赃款超过此限一律判处死刑。并强调，“其应征赃入公私，依常识”——腐败分子的非法所得一律没收充公。

为了严惩贪腐分子，公元 734 年，唐玄宗下诏：“犯罪逃走者，其赃即先征纳。后捉获推勘，赃数减少，不在却还之限。”——贪腐分子畏罪潜逃，先没收他的全部赃物。如果日后落网，经过审讯，即使发现贪污受贿实际数额减少了，也不予以退还。

但是在天宝年间，唐玄宗怠于朝政，日益奢靡。特别是权臣李林甫、杨国忠当政之后，腐败风气在朝中渐渐蔓延开来。唐玄宗也放松了惩治腐败的双手，贪赃枉法的底线不断抬升，甚至可以用金钱来赎买。

公元 742 年（天宝元年），唐玄宗发布诏书，“官吏准律应枉法赃十五匹合绞者，自今已后，特宜加至二十匹。”

唐朝初期，贪污受贿达到十五匹就要被绞死，这跟其他历史朝代受惩罚官吏贪赃的数额相比，算是很低的了，也表明了唐朝初年吏治是比较清明，大多数被处分的贪官污吏赃款数额不是很大。现在唐玄宗把贪污犯的绞刑标准从赃十五匹提高到二十匹，固然与社会经济发展、人民生活水平提高有关，但是对贪腐分子的处罚力度却大大减轻了，无疑纵容了贪污受贿等不法行为的发生。

另外，唐玄宗后期，贪腐分子还可以用金钱或服劳役的形式为自己赎刑。

其实赎刑在魏晋南北朝以前就存在过，老百姓犯法了，可以用实物绢布来赎罪。隋唐以后实物由绢布变为铜，但铜是铸造钱币的原料，民间不可能大量持有。唐玄宗就于公元 747 年发布诏书。实行赎刑改革，“其赎铜如情愿纳钱，每斤一百二十文。若负欠官物，应征正赃。及赎物无财，以备官役折庸。其物虽多，止限三年，一人一日折绢四匹。若会恩旨，其物合免者，停役。”——按照每斤铜兑换钱一百二十文的比例，实行“以钱折铜”的赎刑方式。同时规定，因贪腐而应没收的赃物，也可以用服劳役来代替，这实际上是宣布也可以用劳役方式来为你的贪赃枉法买单。

唐玄宗实行“以钱折铜”的赎刑方式，虽然有利于解决贫民缺乏钱财的矛盾，增加了国库收入，但是其本质是维护特权阶级的利益，也为那些贪腐分子逃脱法律的制裁大开方便之门。

唐玄宗君临天下四十四年，可以他的年号划分为开元、天宝前后两个阶段。开元年间，唐玄宗任用贤相姚崇、宋璟，大力整顿吏治，扭转了武则天时期带来的贪污腐化，励精图治，富国强兵，从而使大唐帝国进入全盛时期。但是天宝年间，唐玄宗逐渐沉溺于奢靡腐化的生活，纵欲声色，尤其宠爱杨贵妃，怠于朝政。两大权奸李林甫、杨国忠趁机独揽大权，操纵朝政。腐败现象又重新抬头，并呈现出日益恶化的趋势。

李林甫素有“口蜜腹剑”的恶名，比笑里藏刀、杀人于温柔之间的“李猫”——李义府更加阴险凶残，是历史上有名的大奸臣。李林甫巧言令色，善于揣摩皇帝的心思，由此得到重用，官居一人之下万人之上，霸持朝政。唐帝国的没落，就是从李林甫执政开始的。

李林甫肆无忌惮地收受贿赂，疯狂地搜刮钱财，生活极度奢靡。“舆马被服，颇极鲜华。”在京城拥有一处庞大的田庄，最顶级的豪宅，碧瓦朱檐，富丽无比。膏腴良田，水磨转悠悠，美景不可胜收。李林甫在长安城东还有一处薛王别墅，密林亭院，幽雅深邃，堪比皇家园林。唐玄宗赏赐给他的天下珍玩、美女歌姬，不胜枚举，任凭李林甫享受挥霍。

杨国忠比李林甫更加专横、更加腐败。他掌权之后，疯狂贪污受贿，先后接受的赃物多达三千万匹缣。杨国忠不但自己受贿，而且还纵容、包庇手下贪赃枉法，结果形成一个以杨国忠为首的腐败集团。其成员包括翰林学士张渐、窦华，中书舍人宋昱，以及吏部郎中郑昂等等。他们狗仗人势，公然到处索贿，前来贿赂的官员“车马盈门，财货山积”。

李林甫和杨国忠就像两台强劲的鼓风机，不停地把贪腐的邪恶之风吹向唐帝国的每一个角落，朝廷上、地方上，甚至那些毫无乐趣的宫中太监们也开始对贪污受贿如痴如醉。深受唐玄宗宠幸的大太监高力士，还有黎敬仁、牛仙童、王承恩、边令诚等太监，担负了五花八门的使命，什么内供奉、外监节度军、修功德、市鸟兽。每一次出差都成了受贿敛财的良机，赃物数以万计。回来之后纷纷成了暴发户，大肆购买田产，结果长安城内百分之六七十的“甲第池园、良田美产”都落入太监集团手中。

在唐玄宗后期，贪官污吏横行，腐败现象普遍化，朝政混乱，野心勃勃的安禄山和史思明看到有机可乘，高举叛旗，终于把傲视天下的大唐帝国推到悬崖边缘。

第 6 节　唐代宗、唐德宗：功败垂成

猛烈的安史之乱持续了八年之后，虽然李氏皇族重新掌控了唐王朝，但是权力结构已经发生巨变，呈现出皇室、太监、地方军阀（藩镇或节度使）三强鼎立的局面，这就决定了唐朝后期的反腐事业更加艰难、曲折。

马嵬坡事变之后，唐肃宗李亨在灵武仓促即位，打出平叛靖乱的旗号，由此深得人心。他在位七年，几乎天天为平叛的事而焦头烂额。国家动荡不安，虑及大局，唐肃宗对军队和太监集团出现的腐败行为，不得不采取宽容政策。但是唐肃宗也清醒地认识到，如果任凭腐败行为肆意泛滥，到时候连自己的皇位都难保，更别说平定叛乱、恢复河山了。所以唐肃宗也进行了有策略性的反腐败行动，惩罚那些贪赃枉法的官员。

公元 756 年，唐肃宗登上皇位的第一天，就下了一道反腐诏令：“官吏犯枉法赃，终身勿齿”——贪赃枉法的官员终身禁锢，不得录用。

公元 757 年，有人告发宰相房琯的门客、演奏家董庭兰狐假虎威，肆无忌惮地索贿受贿。唐肃宗本来就不喜欢房琯，于是趁着董庭兰案件大做文章，最后把他免了。

公元 758 年，河南尹兼东京留守李巨在洛阳任职期间，征收桥梁税、车牛出入税，中饱私囊，惹得天怒人怨。结果被宗正卿李遵揭发，唐肃宗一怒之下，将李巨贬为遂州刺史。

这个李遵的手脚也不干净，曾经贪污受贿数千贯。但事发之后唐肃宗念其是勋旧，顾及皇室颜面，只取消李遵的宗正卿职务。

公元 759 年，继房琯之后，又一位宰相栽倒在腐败上。有人贿赂太监马尚言，向宰相吕諲求官。吕諲跟马尚言私交甚深，就给那人一个蓝田尉的官做。唐肃宗得知后震怒，命令监察御史敬羽严肃查办。敬羽是个心狠手辣的家伙，他把马尚言剁成碎肉，分给其他的官员吃。吕諲也因此被贬为太子宾客。

继唐肃宗之后的唐代宗即位的时候看到朝政腐败这么严重，一度下诏提倡节俭，“今师旅未息，黎元空虚，岂可使淫巧之风，有亏常制”，不准刺绣盘龙、对凤、麒麟、狮子等艳丽的花纹图案，还下令严查制作珠宝、玉翠等奢侈品。同时也下达了反腐诏令，斥责那些贪官污吏“贪猾纵欲，而动逾宪章，作威以虐下，厚敛以润己”。

但唐代宗仍是一个弱势皇帝，反腐也只是动口不动手，雷声大雨点小，朝中文武大臣的贪赃枉法日益横行，其中以元载、王缙两位当朝宰相最为嚣张。

元载是历史上的巨贪之一，他从小是个苦孩子，发奋读书，终于考上功名，后来攀附大太监李辅国而受到重用。唐代宗即位之后，元载成功策划剪除了大太监鱼朝恩的行动，从而爬上宰相之位。

做了宰相之后，元载自以为劳苦功高，日益骄慢，变得不可一世，目空一切，走上了巨贪的不归路。元载的老婆是河西节度使王忠嗣的女儿王韫秀，刻薄、残忍，是个臭名昭著的恶毒女人。她在元载堕落生涯中，起到了助纣为虐的作用。

元载任相多年，权倾四海，收取的奇珍异宝，美女佳丽，不可胜计。家资更是以亿计，在长安城的南北两地都有豪宅，宏伟富丽，无人能比，冠绝一时。在城外近郊，元载又盖了一座休憩用的亭榭，华丽的帷帐、精美的家具，应有尽有。元载每到一处，就过着帝王般的奢华生活，吃的喝的，根本就不用发愁。除了这些令人羡慕的宅邸房产，元载在长安城南还拥有数十处膏腴沃田，其疆界与城南别墅相连，产供销自给自足，完全是一片独立的经济小天地。元载有奴婢、仆人上百人，各个穿着丝绸罗缎，盛气凌人，奢侈无度，多为不法。

在政治上，元载也是作恶多端。江淮繁华之地、朝中要害部门，都安插了元载的猥琐亲信。要想做官，只找元载，不找皇帝。元载成了所有奸邪小人发家致富的靠山。公开行贿受赂，买官卖官，甚嚣尘上，自中唐以来见所未见闻所未闻。

元载的长子元伯和在母亲王韫秀的教唆下，成了一个无恶不作的纨绔子弟。元伯和仗着老爹的权势，专干那些聚敛财货、荒淫享乐的龌龊勾当。元载还有一个儿子元仲武，跟着哥哥到处搜罗美女，聚集一室，整天恬不知耻地纵欲玩弄。

物以类聚。朝中另一宰相王缙也是个只懂得搜刮钱财的巨贪，两人臭气相投，结为党羽，共同祸害朝廷。山西五台山有座金阁寺，瓦片铜铸的，要镀上黄金，使得金阁寺金光闪闪，照耀山谷，须耗费亿万钱。王缙做了宰相后，就私自分发中书符牒，让五台山的几十个和尚拿着，到处聚众讲说，强行集资。

唐代宗要开个盂兰大会，王缙就在内道场造了一个盂兰大盆，用黄金、玉翠来修饰，耗资上百万。王缙又设立了唐高祖以来的七圣神座，备有幡节、龙伞、衣裳等器物。盂兰大会的那天，王缙派出一个仪仗队，文武百官都站立在光顺门等候，彩旗飘飘，鼓声震天，欢呼声直冲云霄。此后年年如此，人们都骂王缙是伤风败俗的始作俑者。

王缙生性贪婪，他纵容亲戚子弟招权纳贿，公然卖官鬻爵，与元载遥相呼应。

唐代宗对这两只大老虎很是头疼，可看在元载为官多年的份上，又不忍心罢去。为了保全君臣的名分，唐代宗曾经单独召见过元载，并婉言告诫他。但是元载不思悔改，反而愈加腐败、专横。

在忍无可忍之下，唐代宗终于硬了一把。公元 777 年，唐代宗找来国舅爷左金吾大将军吴凑，密谋锄奸。恰好有人上告元载、王缙暗中图谋不轨，于是唐代宗借口召集群臣在延英殿商讨国事，元载、王缙两人刚踏入宰相办公厅——政事堂，吴凑就宣布将其逮捕。元载的儿子元伯和等人也被抓起来，关进大牢。

唐代宗让吏部尚书刘晏、御史大夫李涵审讯此案，元载、王缙见大势已去，只得对自己的罪行供认不讳。唐代宗赐元载自尽于万年县，元载求速死，被臭袜子塞进嘴巴窒息而死。王缙后来逃过一劫，贬为括州刺史。元载的老婆王韫秀，三个儿子元伯和、元仲武、元季能均被处死，这一唐朝罕见的大巨贪终于得到应得的报应。元载死后被抄家，除了金银财宝、房产田地之外，还抄出胡椒八百石、钟乳五百两。私藏的胡椒虽然只是普通的调味料，但是钟乳可是名贵的中药，专治虚劳喘咳。那些中书、门下、御史台五品以上，以及尚书省四品以上的高官，都得到意外的一个大礼包，元载苦心搜刮的钟乳被拿出瓜分。北宋学者罗大经在《鹤林玉露》里写下诗句感叹此事：“臭袜终须来塞口，枉收八百斛胡椒”。

虽然除掉了两只大老虎，但是并没有改善唐代宗时期严重腐化的吏治。当时财政制度极为混乱，国家预算、赋税征收、俸禄支出，缺乏严格的官吏，结果被贪腐分子钻了个大空子。再加上元载、王缙二相乱政，太监擅权，贪赃枉法已成常态，“天下不按赃吏者殆二十年”——竟然有二十多年没有展开像样的反腐行动。

唐代宗的儿子唐德宗刚即位时绝对是位好皇帝，他一上台就大刀阔斧进行人事调整，唐代宗时代一些碌碌无为的官员不是被免职就是被勒令退休，如门下侍郎、平章事常衮贬为潮州刺史等等，提拔能干的崔祐甫为宰相。

更难能可贵的是，唐德宗即位之初，大力提倡节俭勤政。下诏停止地方各州县、新罗、渤海岁贡鹰、鹞；山南的枇杷、江南的柑橘除了每年上贡供奉宗庙之外，其余的也停止进贡了；禁止进贡珍奇异兽，银器也不许用黄金装饰；将文单国（今天的老挝）进献的三十二只舞象放生到荆山，五坊的猎鹰和猎犬也全部放生。此外还仿效唐太宗，释放宫女百余人回民间。罢去扬州每年端午节进贡铸镜、幽州进贡麝香。右银台用来招待外国贵宾，每年耗需一万二千斛，实属铺张浪费，唐德宗也一并裁撤。前朝大贪腐分子元载、马璘、刘忠翼等的宅邸严重超标，唐德宗为表明惩贪反腐的决心，将那些豪宅夷为平地，还下诏禁止文武百官与民争利。

与此同时，唐德宗一反老爹唐代宗宠爱太监的态度，开始压制腐败的太监势力。公元 770 年，唐德宗任命太监邵中超为特使，前往蔡州慰问江淮大军阀李希烈。但是邵中超私自收取了李希烈的贿赂，包括奴仆、马匹，及七百匹细绢、二百斤黄茗。唐德宗借机严打，下令痛打邵中超六十大棍之后，将他流放。这一杀鸡儆猴很快就奏效了，那些出使在外的太监惊恐不已，收取贿赂的吓得半路把赃物扔到山谷里去。自那以后，贪婪成性的太监势力大为收敛，再也不敢接受贿赂。

公元 780 年，唐德宗接受宰相杨炎的建议，实行“两税法”，按财产多寡来征收赋税，分夏秋两季征收，“此外敛者，以枉法论”。公元 788 年，唐德宗又下诏：“京城内庄宅使界、诸街坊墙有破坏，宜令取两税钱和雇工匠修筑，不得科敛民户。”两税法的实施，一定程度上遏制了贪腐现象的发生。

从这些生猛的动作上可以看出，唐德宗确实在反腐倡廉上很用功，同时也痛下决心要跟帝国的两大敌人——太监势力和藩镇军阀割裂对决。

不幸的是，唐德宗有心杀贼，无力回天。公元 783 年，泾原军哗变，军阀朱泚趁机发动叛乱。唐德宗惶恐出逃奉天，这一事件成了他一生的转折点。第二年，唐德宗重返长安的时候，已经变成了一个迷恋和追求金钱、依赖和宠信太监的腐化君主。为了聚敛钱财，唐德宗无耻地派出太监，向朝中各个署衙，以及地方各州县公开索贿，称之为“宣索”。当时的宰相李泌是四朝元老，为了大唐的中兴殚精竭虑，很受唐德宗的敬畏。唐德宗怕“宣索”的事被李泌知道了，就秘密敕令地方州县，不得泄露出去。李泌“闻之，惆怅而不敢言”，最后郁郁而终。

唐德宗在位期间变幻无常，即位初期，短短的几个月之内将安史之乱的腐败扫荡一空。眼见大唐中兴可期，但是他猜忌刻薄，“前勇而后怯”。朱泚之乱后，唐德宗信用奸佞，疏斥忠良，对藩镇及宦官势力姑息养奸，从此朝廷江河日下，地方藩镇咄咄逼人，愈来愈强大，一直到唐朝灭亡，唐德宗负有不可推卸的责任。

第 7 节　唐宪宗、唐宣宗：回光返照

唐德宗的孙子唐宪宗是唐朝后期难得一见的好皇帝，他即位之后，把前几任皇帝的实录都认真读了一遍。读到唐太宗的贞观之治、唐玄宗的开元盛世，令他羡慕不已，决心以这两个老祖宗为自己效仿的榜样，励精图治，重振大唐雄风。从此唐宪宗兢兢业业地上朝理政，在延英殿打理国事，要等漏下五、六刻（凌晨一点）才休息。

唐宪宗不再像前几任皇帝那样，对藩镇势力软趴趴的。他倚重朝中宰相，采取铁血政策，坚决镇压闹事的节度使。如公元 806 年，唐宪宗刚登上皇位没几天，西川的地方军阀刘辟就举旗叛乱，想给新皇帝一个下马威。唐宪宗二话没说，立即派遣左神策行营节度使高崇文、神策京西行营兵马使李元奕率兵讨伐，刘辟一败涂地，最后被斩首。紧接着，唐宪宗又连续作战，剿灭了淮西吴元济的叛乱，各地军阀均表臣服，大唐皇帝又以强势姿态展现在世人面前，帝国在形式上取得了统一。

在整顿吏治上，唐宪宗也很有作为。

公元 808 年，唐宪宗为了加强地方财政管理，设置了反贪的专职官员——观察判官。观察判官肩负专治那些违法征税、贪污受贿的经济犯罪。“应坐赃，及他罪当赎者”，观察判官应及时上报朝廷。如隐藏不报的，罪上加罪从重处罚。如果出现冤假错案，罪名不当或乱罚钱财的，也都由观察判官依法全权处置。

唐宪宗加大了严惩贪官污吏的力度，这在唐朝后期算比较罕见的。

公元 809 年，御史中丞李夷简揭发京兆尹（相当于今天的北京市长）杨凭在担任江西观察使期间，贪污受贿钱累万计，又私自营建豪华住宅，生活腐化。唐宪宗二话没说，把他贬为临贺县尉（县公安局长），没收全部财产。从京畿首长一下子降为地方小县的公安局长，这个落差也太大了吧！杨凭才华出众，与弟弟杨凝、杨凌在唐代宗时期相继登科及第，一时名声鹊起，被人誉为“三杨”。孰料杨凭在贪腐上大栽跟头，留下恶名，以致于去临贺赴任时，由于担心受到牵连，无人敢送。有一个耿直的给事中穆质，他是大文豪柳宗元的好友，忠心耿耿，敢于指摘朝政得失，堪称

朝中的“意见领袖”。但穆质跟杨凭私交相当深，唐宪宗“恨屋及乌”，也把他贬到蛮荒之地开州（今重庆开县）去做刺史。

同一年，唐宪宗派遣监察御史元稹巡察四川剑南时，发现已故的剑南东川节度使严砺生前贪残腐败，强行夺取了辖区内官兵、百姓的钱物、住宅及奴婢等，擅自非法征收两税之外的钱、米、草等等，构成严重贪污罪。严砺虽已死，但元稹穷究不舍，结果剑南东川呈现出“塌方式腐败”，严砺属下的几个州刺史全都是大蛀虫。遂州刺史柳蒙、绵州刺史陶鍠、剑州刺史崔实成、普州刺史李怤、合州刺史张平、渝州刺史邵膺、荣州刺史陈当、泸州刺史兼御史刘文翼，全都恶贯满盈，霸占人家的田庄宅房，强掳良家妇女，滥征钱、米、草料等等。元稹上报朝廷之后，将那些贪官一个个绳之以法。

公元810年，在平定李希烈叛乱中立下汗马功劳的右金吾大将军伊慎，向监军的右军中尉、太监第五从直贿赂了三千万钱，让他在皇帝面前推荐做个河中节度使。第五从直害怕东川事发，就主动向唐宪宗自守。唐宪宗大怒，把伊慎降为右卫将军，与此事有牵连的三个人也被处死。

公元811年，前行营料粮使于皋谟、董溪贪污了赃钱数千缗，按律当斩。唐宪宗下诏让他们花钱赎刑，把于皋谟流放春州，董溪流放封州。可是两人走到潭州时，唐宪宗就后悔了，又派使者将他们就地处死。这一年，太监王伯恭私自收取了成德节度使王承宗的贿赂，唐宪宗狠下心来，让人将王伯恭乱杖打死。

公元813年，御史台告发已故宰相杜黄裳生前贪赃枉法的劣迹，永乐县令吴凭通过和尚鉴虚向杜黄裳行贿买官，杜黄裳还向邠宁节度使高崇文索贿四万五千贯，赃款由杜黄裳的儿子杜载收下。唐宪宗出于对死者的尊重，不追究杜黄裳、高崇文的罪责，杜载缴出赃款之后也将他释放了。但是吴凭和鉴虚受到严厉的惩罚，鉴虚被处死，吴凭流配昭州。

公元817年，唐宪宗又将贪腐分子京兆尹窦易直贬为金州刺史。

已故宰相权德舆有个亲戚叫权长儒，担任盐铁福建院官期间贪污获罪，唐宪宗要将他处以极刑。权长儒之母刘氏向宰相崔群乞求，于是崔群跑到皇帝面前替权长儒说情，他可是权德舆的族子啊，权德舆尸骨未寒，饶了他这一次吧。唐宪宗坚决不肯，反驳说："权德舆生前对贪腐分子零容忍，要是他活着犯了法，朕也不会饶恕他，更别说权长儒这个畜生了。"后来唐宪宗听说权长儒的母亲年老无人奉养，就饶他不死，改为流放康州。

唐宪宗在位十五年，勤勉国事，治世有方，各地藩镇俯首听命于朝廷。严打贪腐，吏政较为清明，帝国一度走上正轨，史称"元和中兴"。但是唐宪宗也犯下致命的错误，过度依赖太监，失去了剪除太监势力的最有利时机，最后唐宪宗也惨死于太监之手，儿子唐穆宗继位。

唐穆宗上台后，各地军阀藩镇卷土重来，公开对抗朝廷，太监势力又攫取朝政大权，唐帝国因此病体沉疴，无药可治，日薄西山了。再之后的唐文宗、唐武宗父子执政二十年间，政治黑暗，太监当家，肆意乱政。连皇帝也成了傀儡，虽然下了几道反腐诏令，但是形同空文，根本就起不了作用。

帝国已经被腐败压得喘不过气，奄奄一息。这时候，有"小太宗"美称的唐宣宗登台亮相了。唐宣宗是唐宪宗的第十三子，唐穆宗的异母弟。唐武宗死后，唐宣宗以皇太叔的名义君临天下。

唐宣宗是唐朝罕见的好皇帝，跟老祖宗唐太宗一样都是性情中人，执政风格更是跟唐太宗如出一辙，勤俭治国、虚心纳谏、宽厚仁慈，敦睦友爱，被后尊为"小太宗"再也恰当不过了。

唐宣宗最大的优点是敏而好学，嗜书如命。他建造了一个专门供自己读书的殿阁，每天朝会之后，唐宣宗就独自钻进去如饥似渴地博览群书，有时还秉烛苦读到深夜，宫中的人都戏称他为老儒生。

唐宣宗竭力倡导勤俭节约、反对铺张浪费，这是他的另一大优点。宫中有个惯例，皇帝每到一个宫殿，那些太监都要手忙脚乱，把龙脑、郁金铺在地上。唐宣宗即位之后做的第一件事，就是立马把这个奢华的规矩废了。

倡廉反腐，统治者要从自身做起。唐宣宗登基的第一年恰逢大旱灾，于是下诏"减膳彻乐、出宫女、纵鹰隼、止营缮"。

万寿公主是唐宣宗最疼爱的女儿，特意为她选了一个才华出众的起居郎郑颢做驸马爷。有关部门准备按照旧例让万寿公主坐着银装车出嫁，把婚礼搞得轰轰烈烈，结果被唐宣宗大骂一场，我正准备以俭约来教育老百姓，这首先得从身边的亲人做起啊！立即下令按照官员女眷的规格，让万寿公主改坐铜装车嫁入郑府。

唐宣宗穿的都是那些洗过一遍又一遍的旧衣裳，吃的也只有寥寥数碟而已。如果不是皇太后过生日，决不举行宴会。一旦老百姓稍微遇到饥荒，唐宣宗就愁眉苦脸，忧形于色。

唐宣宗俭朴而不吝啬，他恭俭好善，有一个宫女生病，叫来御医看了一下，很快就好起来。唐宣宗从袖口里偷偷取出黄金，赏赐给御医，并告诫他不要到处宣扬，免得被人说偏私身边的侍者。

不近女色是唐宣宗的又一个优点。越州刺史曾经给唐宣宗献上一个绝色佳人，唱歌、跳舞样样精通。唐宣宗刚开始很喜欢她，还赏赐了大把大把的东西。可是有一天早晨，他突然间想起了唐玄宗宠爱杨贵妃搞得天下大乱，至今尚未平息，心中闷闷不乐，就叫来那个佳人，告诉她："我留不得你！"左右的侍者说："既然留不得，就把她放回民间。"没想到唐宣宗是一个可怕的偏执狂，他说："放她回去我心中还会想念她的，干脆赐她一杯毒酒喝吧！"就这样，为了斩断欲念，唐宣宗残忍地毒死了一个大美女。

从这也可以看出唐宣宗冷酷的另一面。他虽然宽厚仁慈，但是执法严酷，对腐败是零容忍，对外戚更是严切苛刻。唐宣宗曾经说过，犯了我的法律，即使是皇子皇孙也不轻饶！听得宫里宫外的人都胆战心惊的。

国舅爷郑光有个看守田庄的奴才仗势欺人，在乡邻里恣行无忌，为患一方，租赋积了多年屡催不缴。恰逢唐宣宗任命户部侍郎韦澳为京兆尹，韦澳是个天不怕地不怕的汉子，他一走马上任，就派人把郑光的田庄吏抓起来，戴上镣铐打入牢狱。并勒令在五天之内必须补全所欠的赋税，否则依法处死。

郑光听后赶紧跑进宫去见郑太后，郑太后又去找唐宣宗，唐宣宗不胜其烦，就把韦澳叫到延英殿，问道：你把国舅爷的庄吏抓起来了，准备怎么处置？韦澳说依法处置呗。唐宣宗有点急了，他可是国舅爷最倚重的得力干将，怎么办啊？

韦澳可不吃这一套，对皇帝说：你把我外调做京兆尹，是让我去清理京畿地区的腐败现象。郑光的庄吏多年来一直拒缴赋税，如果再做宽大处理，国法就成了那些穷苦老百姓的国法。我不干！

韦澳这么一说，唐宣宗更急了，韦老弟说的很对！但是那个郑光一再求我，能不能找个办法让庄吏逃得一死？或者判个重刑什么的？

连皇帝都这么苦苦哀求，不给台阶下还真不行。韦澳其实心里偷着乐，他何曾想要庄吏的那条狗命，醉翁之意不在酒啊。于是趁机说，皇帝的命令我不敢不遵，但还得让那家伙在监狱里再呆几天，等所欠的税赋都补交之后就放了。唐宣宗也很高兴，那就让郑光看着办吧！

韦澳从延英殿出来后，立刻带上一队人马，大摇大摆地闯入郑光的府邸，拿走了所欠的租税数百斛米粮，这才释放了那个庄吏。

唐宣宗对皇亲国戚如此，对官吏的贪赃枉法也是如此。在位期间，唐宣宗多次发布了反腐诏书。

公元 850 年，有关司法部门建议，按照唐德宗时代的法律，贪污受贿赃满绢三匹以上的都要处以极刑，三匹以下的酌情处理。

根据唐朝的法律，罪犯自首的都减罪二等，甚至可以免罪。但是在公元 851 年，唐宣宗发布了一道《自首诏令》：“今后有官典犯赃，及诸色取受。但是全未发觉已前，能经陈首，即准律文与减等。如知事发，已有萌兆，虽未被追捕勘问，亦不许陈首之限。”——这道诏书严格限制了腐败分子自首的条件，贪腐罪行只能在全未发觉之前自首，才能够得到宽大处理。但是如果已有兆头，即使抢先自首，虽然还没有被逮捕审讯，就连减罪二等的优待也无法享受，更别说免罪了。

公元 852 年，唐宣宗又发布了一道平赃诏书，“应犯赃人，其平赃定估等，议取所犯处及所犯月上绢之价。纵有卖价贵贱，所估不同，亦依估为定。”——诏书规定，贪腐分子的赃物应按照“适地适时”的平赃原则进行估价，也就是按照犯罪所在地、当月的上等绢来折价计算其数额。唐宣宗的这一平赃原则意义重大，确立了贪腐分子定罪量刑的统一标准，为后世的各个王朝所沿用。

唐宣宗在位十五年，为国事日夜操劳，孜孜无怠，大力反腐倡廉，他统治期间的吏治在唐朝后期最为清正。官员们奉纪守法，兢兢业业，压在帝国头上的三座大山“权豪、奸臣、太监”反而被压得喘不过气来。由此海内安定，天下小康，除了偶尔出现的水旱灾害之外，没有什么大麻烦。即使有宣、洪、潭、青等几个州发生兵乱，但那都是因将帅统御不力引起的，而且迅速得到平定。所以唐宣宗统治的十五年，是唐朝后期最安宁、最强盛的十五年，史书上说“穆若清风，颂声载路”——就像一阵清风拂面而来，令人心旷神怡，老百姓的颂呼声此起彼伏。唐朝灭亡之后，老百姓非常想念这一段美好的时光，也将唐宣宗跟一代英主唐太宗相提并论，称之为“小太宗”。

唐宣宗以后的唐帝国陷入一片漆黑，皇帝不是被太监所劫持，就是成了藩镇手中的傀儡，完全丧失了自主权。这时候皇帝虽然高高在上，但是其处境犹如泥菩萨过江，自身难保，更别说反贪反腐了。

唐宣宗的长子唐懿宗是唐朝倒数第五个皇帝，他的年号“咸通”取自唐宣宗写的一个曲子“海岳晏咸通”，可在他的身上根本就见不到老爹的半个影子。

唐懿宗虽然也厌恶贪腐分子，在公元 869 年下了一道诏书，“应京城天下诸州府见禁囚徒，除十恶忤逆、官典犯赃、故意杀人、合造毒药、放火持仗、开劫坟墓及关连徐州逆党外，并宜量罪轻重，速令决遣，无久系留。”——把贪赃枉法与十恶不赦、投毒、杀人、挖坟等等极端罪行相提并论。但是唐懿宗昏庸无能，好大喜功，穷奢极欲，整天醉生梦死，过着极其糜烂的生活。即位十四年间，竟然有二十一个宰相。而且这二十一个宰相各个都是尸禄素餐、只想捞取不讲奉献的寄生虫。京城的老百姓对这些贪残成性的宰相恨之入骨，甚至还将四个宰相的名字串成一首打油诗，加以嘲讽：确确（曹确）无论事，钱财总被收（杨收）。商（徐商）人都不管，货赂（路岩）几时休？

另一个宰相韦宙更是精通发家致富之术，他在江陵府东拥有一处产业，是那个地区最为膏腴肥沃的田地，每到收成时节，稻穗累累，连稻杆都被压趴了。韦宙之前奉命南下去做岭南节度使时，唐懿宗跟他开起玩笑，岭南可是珠宝、翠玉的盛产地，做官要廉洁清正，你可不要喝了贪泉水，见了珠宝就起贪念。韦宙呵呵大笑：我在江陵的庄园里有谷粮七千余堆，吃几辈子都吃不完，怎么会看上岭南的财宝呢？

唐懿宗不由地吓了一大跳：你真是一个足谷翁！

这个唐懿宗是最后一个在长安城内安度日子的唐朝皇帝，之后的四个皇帝过着颠沛流离的非人生活，命运完全操纵在藩镇手中，各个都充满了悲剧色彩。地方藩镇相互纷争，农民暴动蜂拥而起，老百姓困苦不堪，唐帝国早已名存实亡。到了公元 907 年，狡诈残暴的朱温废掉唐哀宗李柷，盛极一时的大唐王朝就此灭亡，中国进入了又一次大割据时期——五代十国。

第七章
宋元：鼎盛一时与腐败亡国

第 1 节 宋太祖：若犯吾法，惟有剑耳！

五代十国短短的半个多世纪，列强倾轧争雄，“兵强马壮者为天子”，道德沦丧，人性扭曲，堪称历史上最黑暗的时期。五代十国的各个政权在反腐败上几乎没有什么突出的建树，朝政的清廉指数也下降到了历史上的最低处。当然，这也不能说各个政权的统治者都不想有所作为，他们是心有余而力不足。形势比人强，落后就要挨打。在军事权臣骄横的压制之下，即使朝中反腐机构有所行动，也被军阀恶棍的车毂辗得粉碎。

五代十国时期，反腐工作做的最好要数后周世宗柴荣。他是一位雄才大略的皇帝，即位之后励精图治，锐意进取，立志“削平天下”，统一中国。为此柴荣在军队上、政治上、经济上、文化上，进行了大刀阔斧的全面改革。整顿军纪、澄清吏治、开垦荒地、重视科举，成为大黑夜之中一颗耀眼夺目的希望之星。

柴荣虚心纳谏，严惩破坏纲纪的贪官污吏，甚至不惜滥用刑法，以告诫那些蠢蠢欲动的腐败分子。公元 954 年，左羽林大将军孟汉卿负责征收赋税，贪污了一部分刍藁税（田租附加税），被揭发之后后周世宗只说了一个字：杀！司法部门上报说，杀不得，按照法律，孟汉卿罪不至死！柴荣冷冷回答，我岂能不知？杀了给大家一个血的教训吧！说罢马上勒令孟汉卿自裁。

侍卫马军都指挥使（近卫军骑兵统帅）韩令坤是柴荣的爱将，他的老爹许州行军司马韩伦在陈州多行不义，公然干预当地的政事，贪污暴虐，官民不堪其扰，结果被项城百姓武都朝廷告发。柴荣令殿中侍御史率汀审理此案，没想到韩伦不把这个区区的御史放在眼中，骗率汀说自己要去面见皇帝。柴荣得知之后大怒，要将这个不怕死的老头弃市斩首。韩令坤跑到柴荣跟前哭得死去活来，柴荣这才免韩伦一死，把他流放到遥远的沙门岛去。

柴荣在叶县视察时，有人揭发供奉官郝光庭私报公仇，滥杀百姓。柴荣立即下令将他砍头示众。楚州防御史张顺贪污了榷税（贸易税）五十万钱，二千两官丝，属于重大腐败案件，也被处死。

公元958年，柴荣进行俸禄改革，“重定诸道州府幕职令录佐官料钱，其州县官俸户宜停”——唐朝以来地方官吏的俸禄由地方财政支出，有些地方官趁机巧立名目、搜刮民膏民脂，柴荣改革之后，俸禄由国家统一支出，大大促进了地方的廉政建设。

五代十国各个政权的统治者天下乌鸦一般黑，柴荣却与众不同、超然独立，建立了一个强大的后周王朝，具备了扫荡天下的所有条件。完成大一统、甚至光复沦陷已久的幽云十六州的神圣使命，毫无疑问将落在柴荣肩上。可惜天妒英才，柴荣在位五年之后就撒手而去，把这伟大的使命留给了一个五六岁的幼孺。被柴荣的得力干将赵匡胤捡了个大便宜，在陈桥驿自编自导了一出黄袍加身的闹剧，夺取政权，建立了赵宋王朝。赵匡胤即宋太祖。

宋太祖阴谋夺权，就好如靠卑贱手段上位的小三，是一位名副其实的谮主，势必在史书上留下臭名。宋太祖也为自己丑恶的灵魂感到心虚，所以上台之后奉行宽容的治国理念，以笼络民心。

宋太祖出身于武士阶层，却没有痴迷于暴力，而是慎罚薄敛。他曾经秘密立下誓约，不杀大臣和言官，这与后周世宗柴荣嗜杀大臣形成了鲜明的对比。但是宋太祖深恶痛绝那些贪官污吏，对腐败分子的量刑极重，超过了以往的任何时期。这就是清朝大学者赵翼所说的，“宋以忠厚开国，凡罪罚悉从轻减，独于赃吏最严。”

宋太祖亲眼目睹了五代十国以来贪官污吏横行的积弊，对那些蠹国害民的贪腐分子恨之入骨，即位后的第二年——公元 961 年就不遗余力地进行反腐斗争。那一年三月，皇家酿酒厂——内酒坊失火，造成三十多人身亡。有五十多人趁火打劫，被打死三十八人。事后宋太祖严查责任人，将酿酒厂的两个领导——酒坊使左承规、副使田处岩拉出去斩首弃市。一个月后，商河县令李瑶因贪污被杖死，左赞善大夫申文纬负责征税，因未能及时揭发李瑶的赃罪也被免除官职。左承规、田处岩、李瑶等人成了宋朝第一批被处罚的腐败分子。

宋太祖不择手段来羞辱、惩罚贪腐分子，让他们死的得死有余僇，活的生不如死。宋太祖有句狠话，“若犯吾法，惟有剑耳”——对付贪赃枉法的别无他物，只有一把剑。

宋太祖对贪腐分子动用的刑罚手段五花八门，单单死刑就有三种：弃市、杖死、磔。弃市也就是砍头之后暴尸街头。宋太祖在位期间，有一半以上贪腐分子受过此种刑罚。公元 974 年，北宋王朝的第一个巨贪——太子中舍胡德冲在担任延州通判时，贪污了公款一百八十万钱，相当于一万两白银。被揪出来之后，宋太祖立即下诏将他斩首弃市。

比弃市更残酷的是杖死，即乱棍打死。最残酷是磔，先砍断四肢，再割断喉咙，被处以这种极刑的寥寥无几，只出现在公元 962 年。那年，蔡河务纲官王训等四人在军粮里混杂糠皮和土渣。当时赵宋刚刚立国不久，前线部队正为统一天下而浴血奋战，如此的黑心肝实在是罪大恶极，不施以磔刑对不住全军官兵啊！

除了死刑，宋太祖还发明了刺配，也就是在罪犯的脸上烙下终身耻辱的二维码，然后流徙远方。如公元 975 年，有个叫雷有终的陕西人少年得志，年纪轻轻就做了莱芜县尉。当时担任左拾遗（**监察助理**）的刘祺瞧不起雷有终，嘲讽他嘴上没毛、办事不牢。雷有终怀恨在心，挖出刘祺曾经收受过贿赂。结果刘祺糟糕了，脸上被刺了个墨字，屁股又被痛打一顿，然后流配到山东海外的沙门岛，成了刺配新型刑罚的试验品之一。这类刑罚虽然侥幸得了性命，但是颜面无存，一辈子见不得人，实则生不如死。至于除名、除籍，即摘掉乌纱帽，那算对你十分客气了。

下列是宋太祖在位期间被处罚的贪腐分子情况简表：

公元	人名	官职	罪行	刑罚
961 年	李瑶	商河县令	坐赃（贪污）	杖死
	申文纬	左赞善大夫	失觉察（失职）	除籍
	李继昭	供奉官	盗卖官船	弃市
	郭顗	大名府永济主簿	坐赃	弃市
962 年	王训等人	蔡河务纲官	以糠土杂军粮	磔
963 年	曹匪躬	兵部郎中	走私、非法经商	弃市
	张蔼	海陵盐城屯田副使	走私	除籍
964 年	高锡	知制诰	受贿	降级
	赵砺	宗正卿	坐赃	除籍
965 年	李岳	职方员外郎	坐赃	弃市
	王治	太子中舍	坐赃、杀人	弃市
966 年	白全绍	澧州刺史	违纪、敛财	免官
967 年	王全斌	大将	贪污	降级
	陈郾	仓部员外郎	坐赃	弃市
968 年	李怀节	坊州刺史	掠夺民财	降级
	杨士达	监察御史	鞫狱滥杀（司法腐败）	弃市
970 年	石延祚	右领军卫将军	偷窃、坐赃	弃市
971 年	桑进兴	右千牛卫大将军	坐赃	弃市
	闾丘舜卿	监察御史	盗用官钱	弃市
	王元吉	太子洗马	坐赃	弃市
972 年	张穆	殿中侍御史	坐赃	弃市
	张恂	右拾遗	坐赃	弃市
	董延谔	内班	监务盗刍粟（盗窃）	杖杀
973 年	侯济	泗州推官	试判假手（考试舞弊）	除名
974 年	秦亶	左拾遗	坐赃	除名
	吕鹄	太子中允	坐赃	除名
	胡德冲	太子中舍	隐官钱（贪污公款）	弃市
	李莹	殿中侍御史	受贿	降级
975 年	赵象	殿中丞	擅税（非法敛财）	除名
	刘祺	左拾遗	受贿	刺配
	董枢	兵部郎中	隐没羡银（贪污公款）	弃市
	孔璘	右赞善大夫	隐没羡银（贪污公款）	弃市
	赵瑜	太子洗马	隐没羡银（贪污公款）	刺配
	崔绚	宋州观察判官	坐赃	弃市
	马德休	录事参军	坐赃	弃市
976 年	郭思齐	太子中允	坐赃	弃市

从上表可以看出，宋太祖对坐赃贪污犯的处罚非常坚决，除了极少数特殊人物之外（如宗正卿赵砺是皇室贵族），大都弃市。对收受贿赂的罪犯处罚相对较轻，一般只做警告、降级的处分。

除了用严刑酷罚来惩治贪腐分子之外，宋太祖在反腐上还奉行四条原则。

第一，反腐没有死角，既往也咎。贪腐分子大都抱有侥幸心理，认为升官了或者调动了，过去的罪恶就可以一笔勾销。但是宋太祖既往也咎，生前犯下的罪过，即使死了也要把你从地狱里揪出来，剖棺戮尸。像监察御史闾丘舜卿、左拾遗刘祺、兵部郎中董枢、右赞善大夫孔璘等人，因为之前盗用、贪污公款，许多年才被发觉，但是仍然被斩首弃市。如公元970年，殿中丞张颙被查出先前担任知颍州时有腐败行为，丢了乌纱帽。

第二，贪腐分子大赦不免。每逢重大国事，如举行庆典、更改纪元等等，都要颁布大赦令，除了贪污等极端犯罪不可饶恕之外，其余的罪行皆可免。如公元968年的冬至日，宋太祖宣布要到南郊举行祭祀大礼，并改年号为开宝，“大赦，十恶、杀人、官吏受赃者不原”——仿照前代，将贪污罪与十恶、杀人列入大赦的黑名单。公元971年，宋太祖又发布了同样的诏令，让贪污腐败是弥天大罪的观念深入人心。

第三，贪腐连带问责。官员有违法乱纪、贪赃枉法的行为，荐举人或其他相关人员都要受到牵连，一并处理。如公元962年宋太祖发布的诏令称，“文班官举堪为宾佐、令录者各一人，不当者比事连坐。”——百官举荐的下属或者地方官，如果涉及贪腐，荐举者将连坐。

又如公元961年处死的宋朝第一个贪污犯商河县令李瑶，负责巡察该地方的左赞善大夫申文纬因未能及时揭发李瑶的罪行，也被免官为民。公元973年，负责科举考试的翰林学士、知贡举李昉因为自己选拔的官员犯法，也被贬职为太常少卿。

第四，举报有奖，让贪腐分子成为过街老鼠。公元975年，知桂阳监张侃举报兵部郎中董枢、右赞善大夫孔璘等人曾经贪污公款，宋太祖把他提拔为屯田员外郎。

宋太祖死后，弟弟宋太宗赵光义在烛光斧影的疑云之中登上皇位，他继续高举哥哥的反腐大旗，同样采取了严厉的治贪政策，对贪赃枉法穷追猛打，反贪成效也很显著。宋太宗在位二十二年间，严惩了许多巨贪大腐。

公元 978 年，宋太宗即位的第三年掀起了一个反腐小高潮，这一年有六位高官因贪腐被处死。负责监督仓库的泗州录事参军徐璧收受贿赂、侍御史赵承嗣贪污公款、御史张白挪用公款非法进行粮食交易，三人均被斩首弃市。中书令史李知古和詹事丞徐选两人因贪污被杖杀。汴河主粮吏抢劫漕军粮，宋太宗下令把他的双手砍断，在汴河航道示众三天，然后再将主粮吏杀了。当年六月，宋太宗又颁布反腐诏书：自他即位以来官员因贪赃获罪者，遇大赦不得重新录用，永为定制。

宋太宗对贪腐分子的处置偶尔也出现不公平的现象。比如公元 991 年，监察御史祖吉因为之前在晋州时，受贿数以万计，事发后弃市，没收家产，家属入官府为奴。宰相王沔的弟弟王淮贪污了上千万，赃额是祖吉的百千倍，按律就是十个脑袋也不够砍。却因为朝中有人，只受了一百杖刑，降为定远主薄，很快又官复原职。后来被耿直的北宋名臣寇准爆料出来，闹得沸沸扬扬，连宋太宗也下不了台。但是北宋初期，宋太祖兄弟对贪官污吏的惩罚是相当严厉的，反贪反腐卓有成效，哥儿俩执政近四十年间，是宋朝吏治最清廉的时期。

宋太宗的儿子宋真宗即位之后，偏重于从道德层面进行反贪反腐，忽视了法律武器的运用。公元 1009 年，宋真宗颁布了《文臣七条》和《武臣七条》，强调无论文臣武将，都要清心寡欲、修身养性，试图用说教的办法来规劝贪腐分子改邪归正。而宋太祖惩治腐败分子的利器——弃市之法则被完全丢弃了，取而代之的是杖流海岛。如屯田员外郎盛梁收受贿赂，被流放海南岛；著作郎高清贪赃枉法，杖脊之后流放山东沙门岛。

宋真宗对犯罪分子的宽容已经没有底线了，他曾经多次御驾崇政殿，亲自断案。可是经过宋真宗的圣裁，一些等候秋决的死刑犯被胡乱打了几棍之后就被释放了。有一个叫孙蛙的鼎州判官犯了贪污罪被抓起来，鼎州转运使向千里之外的恽州递送公文，要把孙蛙的家属押送到鼎州对质。宋真宗听说孙蛙的三个儿子都幼弱无知，心生怜悯，就免去了千里对质的事，让鼎州转运使自个儿断案。

宋真宗的怜悯之心固然可嘉，对敌对分子仁慈就是对自己残忍。殿中侍御史曹定给宋真宗提了个建议，有些地方官犯罪了，害怕被他人揭发，就投牒自首。那些官员即使罪不可赦，但是浪子回头金不换，理应饶恕了他们。宋真宗竟然不假思索地接受曹定的建议，稀里糊涂地在公元1014年下了一道赦免诏书：自今起知州、通判、使臣等有罪，只要在尚未败露之前主动自首，便可免于追究罪责，包括大赦不赦的贪赃枉法罪。

结果这道诏书成了许多贪官污吏的护身符或挡箭牌，更加有恃无恐，疯狂作案，受害最深的仍然是那些无辜的老百姓。清代史学家赵翼就此强烈地批评说，宋真宗在惩治贪腐分子上出现了大倒退，已经远远不如宋太祖那样严厉了。

第2节　好皇帝宋仁宗和反腐标兵包拯

宋真宗之后的宋仁宗是一位很有作为的好皇帝，他宅心仁厚、宽容大度、勤勉俭朴，堪比历史上的开明君主汉文帝、唐太宗。

史书上称颂说，宋仁宗与生俱来就有“恭俭仁恕”的优点。一遇到水旱灾害，就在宫廷里整天向老天不停地祈祷，或者赤脚站在殿阶之下为民请愿。

宋仁宗非常俭约，即使参加隆重的宴会，穿的也只是那些洗了千百遍的旧衣裳。蚊帐、被褥都是那些粗糙的绸布制作而成。冬天不用火炉，夏天不打御扇。

一天晨练时，宋仁宗突然间告诉侍臣：昨晚我肚子饿得都睡不着觉，很想吃点烧烤的羊肉解解饥。侍臣说，皇上为什么不吱一声，奴才就给你送去？宋仁宗的回答感人肺腑：听说皇帝每一次索取什么东西，宫外天天都得储备一点。如此一来恐怕你们夜夜都要忙着宰羊宰牛，日子久了杀生也就多了。怎可不能忍一时之饥，就无休止地残害生命？

宋仁宗每次的私人宴会只有十来碟熟食。有人想讨好皇帝，就献上了号称“天下第一鲜”的蛤蜊。当时正值初秋，蛤蜊刚刚运进京城，宋仁宗似乎没吃过这玩意儿，问道：怎么有这东西？值多少钱啊？那人答说，每枚一千钱，一盒二十八枚。宋仁宗一听如此昂贵，大为不快，骂说：我屡屡告诫你们不可奢靡浪费，今天我一下筷子就要吃掉两万八千钱，实在咽不下。说罢竟然放下筷子拒绝食用蛤蜊。

还有一次，有关部门想把被烧毁的玉清宫开辟成皇家花园，宋仁宗说，祖宗们留给我的花园已经够大够漂亮，再弄一个太浪费了。

宋仁宗也有好生之德，司法部门把可疑的死刑案件都呈送上去，经过宋仁宗亲自审断之后，每年均有千余名死刑犯活下来。吏部选拔人才，一旦跟死刑犯扯上关系，这辈子就休想升官了。为此宋仁宗经常告诉百官，我从来不用死字骂人，怎敢滥用死刑呢?

但宋仁宗的宽容是一把双刃剑，怜惜生命的同时，在反贪反腐上也是过于慈悲，甚至比老爹宋真宗更加软趴趴。宋真宗废去了弃市之刑，改行杖流海岛。到了宋仁宗手里，就连刺配、杖流也不常用，贪官污吏免受杖责、黥面的越来越多。如公元 1030 年，监翰林司、阁门副使郭承祐监守自盗，偷窃了御酒和饮食金器，依律当重惩。由于是舒王赵元祐（宋太宗次子）的女婿，所以宋仁宗法外开恩，做出了免刺字、除名，流配到岳州收容编管。

宋仁宗长达四十二年的统治期间，罕见发布严厉的反腐诏令，更多的是举官免责诏令。如公元 1023 年诏："凡举官未改转而坐赃者，举主免劾。"——被举荐的官员如果贪赃枉法，免于荐举人的责任。

第二年，又诏："举官已迁改而贪污者，举主以状闻，闻而不以实者坐之。"——举荐人应当主动揭发被举荐的官员贪赃枉法，但是上报不实的要按罪论处。这道诏令直截了当地告诉举荐人，不必为你举荐的官员操心。他的清廉与否跟你半毛关系都没有，万一举报不实，你还得坐牢呢。这简直是在为某些野心家树立朋党大开绿灯！

宋仁宗似乎觉得这样的举官免责还不够宽容，干脆在公元 1045 年明文下诏，"文武官已致仕而举官犯罪当连坐者，除之。"——被荐举的官员犯罪了，牵涉到荐举人理当连坐的。如果此时荐举人已经退休，就免于追究一切责任。

宋仁宗对贪腐分子最严厉的诏书是公元 1029 年发布的，"诏吏胥受赇毋用荫"。宋代当官有个好处，后世子孙可以沾上你的光得到荫补，也就是受到封赏或者免罪。如果你贪赃枉法了，就被剥夺了荫补的特权。

虽然贪腐分子虑及子孙，对这道诏书心存一定的忌惮，但是对那些持有“人生一世草生一秋，今朝有酒今日醉”腐败逻辑的大贪官们来说，根本就不具备威慑力。致使贪官污吏更加放纵，变本加厉地行不法之事。老百姓备受荼毒，困苦不堪，都在热切地盼望着统治阶层能够像开国之初的宋太祖、宋太宗那样，用最锋利的铡刀铡断每一个贪官污吏的狗头。无奈宋仁宗根本就听不进基层群众的呼声，依然是那样不瘟不火，把他的慈爱洒向每一个人的头上，也包括万人诅咒的贪官污吏。老百姓渐渐失望了，诉求无门，就把希望寄托在某一个救世主身上。

于是一位叫包拯的人横空出世，顺应民心，成了传颂千古的青天大老爷。包拯传说是天上星宿下凡，故而长相出奇，满脸乌黑，人称包黑子。他二十九岁进士及第，宋仁宗让他去云南做大理评事兼知建昌县。当时包拯的双亲年事已高，就向宋仁宗提出，随便在老家合肥附近给他一个差使。宋仁宗就让他做个和州监税。和州离合肥不过两百里，于是包拯兴高采烈地跑回合肥老家，去见爹娘。但是爹娘怎么也不肯离开合肥，包拯没辙了，心一狠，索性不做官了。于是递上辞呈，回家侍奉年迈的双亲，这一侍奉就是十年，直到双亲过世。如此的孝心真是千古罕见，足以感天动地。

到了公元 1037 年，包拯快奔四了，又收拾包袱准备二次进京赶考。宋仁宗一瞧，这个包黑子还真是大孝子，不用再考了，马上授予知长县。在天长县任职期间，包拯断了一起“牛舌案”。有一人慌慌张张地跑来报案说，家里的牛被人割掉舌头了。既然舌头被割了，牛也活不成了。包拯就让那人安心回家把牛杀了卖掉。当时法律规定，残害耕牛要判刑的。第二天，又有一人匆匆忙忙跑来报案说，某某人私自宰牛。包拯马上把他抓起来讯问，为什么割了人家的牛舌头又来报案？不费吹灰之力就把凶手揪出来。

在天长做了两三年的县长之后，宋仁宗提拔包拯为大理寺丞，把他调到广东端州去做知州。公元 1043 年，包拯又升任监察御史，自此踏上了风风火火的反腐之路。包拯建言宋仁宗恢复封驳审议制度，以澄清日益浑浊的吏政。以及撤废、禁锢贪官污吏，选拔清廉的地方长官等等。当时地方长官除了一个转运使外，还有一个负责考核吏治、分管刑律的按察使。

包拯认为那些按察使吹毛求疵，整天鸡蛋里挑骨头，搞得各级官员神经兮兮的，根本就达不到反腐败的效果，不如把按察使裁撤了。这个建议马上被宋仁宗采纳。

这时候宰相范仲淹开始推行“庆历新政”，包拯也在自己的岗位上积极配合。他上书反对京西路转运司借着“折变”的名义盘剥陈州老百姓，要求朝廷严惩贩卖私盐的淮南转运使张可久。张可久旋即被移送司法机关大理寺，大理寺教条地搬出法令，依照查获贩卖私盐的数量来定刑。但是狡猾的张可久早已把私盐转卖得一粒不剩，结果大理寺无计可施。包拯振振有词，张可久身为父母官，贩卖私盐，影响极坏，应予重罚。于是宋仁宗把张可久流放到遥远的蛮荒之地，包拯取得了第一次反腐败的胜利。

公元1045年，包拯暂时离开了反腐岗位，先是担任外交官出使契丹，回来后又连任京东路转运使、陕西转运使、三司户部副使等等。晃来晃去混了四五年之后，公元1050年，宋仁宗又把包拯从地方调回中央，授予天章阁待制（皇帝秘书）、知谏院的职务。这个谏院是宋真宗设置的独立监察机构，但因为人员配备未到位，名存实亡。宋仁宗觉得这个谏院很有必要，又重新配备专门的谏官——知院六人，谏院也开始有了固定的办公地点，就设在门下省署衙里面。知院通常以谏议大夫、司谏、正言等职业反腐官员充任，负责弹劾百官。包拯是以皇帝秘书的身份兼任，称之为知谏院。

知谏院两年期间，包拯俨然是一门威力无比的大炮，他集中火力，猛轰那些受皇帝宠信的权臣和腐败分子。包拯的反腐言论异常激烈，首先让皇帝废掉那些所有不正当的内授官职，还特意抄写唐朝谏官魏征的三篇文章献给宋仁宗，要皇帝把它们作为座右铭和借鉴。又劝说皇帝应当听取正确的意见、辨清结党营私的人、爱惜提拔人才等七件事，最后还提出反腐的具体措施，如去刻薄、抑侥幸、正刑明禁、戒兴作、禁妖妄等等。

包拯也将自己的激进反腐言论付诸行动，他跟翰林学士赵概一起破了“冷青假皇子案”，这也是包拯一生中审理的最大案件。

偷窃御酒和金器的贪污犯郭承祐被流配岳州之后，凭着老丈人是宋仁宗的皇叔，很快又东山再起，而且官越做越大，最后竟然成了南京留守、建武节度使。但是他无法无天，贪暴不法，滥用刑罚，甚至连皇帝的马车也动用。包拯毫不客气上书弹劾，宋仁宗迫不得已，只好假惺惺地将郭承祐降级为许州兵马总管。可是包拯很快就发觉，这是宋仁宗以退为进，在糊弄自己。虽然郭承祐降职了，但是仍然保留建武节度使的头衔，实际上毫发无损，可见宋仁宗根本就不想惩罚郭承祐。气愤不过的包拯又连续上了四道弹劾奏疏，最终还是没有把郭承祐拉下马。

弹劾郭承祐的不如愿，并没有使包拯的反腐斗志有所松懈。他又联合两个刚正的谏官吴奎、陈升之把矛头对准三司使（计相）张尧佐。这个张尧佐是宋仁宗宠妃温成皇后的伯父，靠着这一层特殊的关系，从一个小小的知县开始，如坐直升机似的，短短的几年之内扶摇直上，擢天章阁待制、吏部流内铨，迁兵部郎中、权知开封府，最后加龙图阁直学士、迁给事中、端明殿学士、拜三司使，成了大宋王朝的财政部长。凭心而论，张尧佐不像郭承祐那样干出蠹政害民的恶事，只不过升官太快，跟他的才能不相称。包拯看着心里就不爽，上书弹劾说张尧佐一个庸才，凭借着裙带关系，骤然高升，这简直就是逆天啊（上违天意，下咈人情）！

宋仁宗似乎挡不住了包拯的咄咄逼人之势，又故伎重演，以退为进，授予张尧佐淮康军节度使、群牧制置使、宣徽南院使、景灵宫使等四个职务。可是没等任命书下来，包拯等人的弹劾奏疏又雪花般地飘上去了。包拯的激进行为得到了朝中百官的共鸣，谏院的那些谏官群起而动，而且有愈演愈烈之势，宋仁宗迫不得已，只好罢去了张尧佐的宣徽南院使、景灵宫使两个职务。

这一仗打得比弹劾郭承祐更为惊心动魄，但总算取得阶段性的成果。包拯再接再厉，第二年（公元 1051 年），朝廷上烽烟又起。这一回包拯的目标是当朝宰相宋庠。

宋庠跟他的弟弟宋祁都是宋朝著名的文学家，兄弟俩同科进士。宋庠更是以连中三元（乡试、会试、殿试都是第一名）一时成为美谈，可见这个老兄还是罕见的奇才。但是这个奇才做了几年的宰相却毫无建树，按包拯的话说，宋庠“阴拱持禄，窃位素餐，安处洋洋，以为得策。”——骂他占着茅坑不拉屎，还为占了好位置暗自偷着乐。

宋庠本身不是腐败分子，而且还是个才子，吟诗、作文样样行，就是搞政治不行。包拯想把他拉下马，然后换个有政治才干的人做宰相。恰好当时开封府内发生了一起伪造告敕的案件，主犯叫张彦方，宋庠的儿子与他结交甚为密切，给人落下一个“家教不严、纵容亲属过错”的口实。宋仁宗见再也无法包庇过去，只好罢免了宋庠的宰相职务，让他出知河南府。也有人认为包拯弹劾宋庠是在替“庆历新政”失败复仇，这倒也未必如此。一则包拯的政治主张比较保守，并不是“庆历新政”的拥趸，二则包拯与新政主导者范仲淹的关系并不是很铁。尽管包拯也替“庆历新政”的某些官员说过话，但那是正义感所致。

经过昼夜不停的奋战之后，包拯总算把尸位素餐、白吃干饭的宋庠赶下台。昨天郭承祐，今天张尧佐，明天又是宋庠，大有不架空朝廷就誓不罢休之势。但是宽仁无比的宋仁宗并没有对包拯喋喋不休的弹劾感到不悦，反而在公元 1052 年授予包拯龙图阁直学士的荣誉称号，让他去做河北都转运使。包拯又开始在地方过着东奔西跑的忙碌生活。知瀛州、知扬州、徙庐州、知池州、徙江宁府，几乎跑遍了大江南北。在知庐州时，包拯的从舅犯法，包拯狠狠地鞭打他一顿，从此亲戚朋友再也不敢胆大妄为。

奔波了五、六年之后，公元 1057 年，权知开封府曾公亮被提拔为副宰相，包拯也从江宁府调往开封府，接替曾公亮，升任权知开封府（**相当于北京市代市长**）。那首“开封有个包青天、铁面无私辨忠奸”的流行歌曲，唱的就是包拯权知开封府的故事。

朝廷上的皇亲勋贵、太监们一向把开封府当作自己的地盘，行贿受贿、贪赃枉法，我的地盘我做主，谁也奈何不得。所以权知开封府这个位置看起来很诱人，却像一朵带刺的玫瑰花，既好看也扎得手疼。

包拯却毫无惧色，一到开封府，就采取了雷厉风行的铁腕举措，不惜把朝中的权贵都得罪光，痛下杀手，严惩贪腐、恶势力。结果那些不法分子一听到“包拯”两个字就吓得屁滚尿流，皇亲勋贵、太监们不得不收起黑手，直至销声匿迹，免得自找上门，把头颅送到龙头铡和虎头铡下。“包青天”、“包待制”的彪悍美名由是妇孺皆知，传遍全天下。在开封城内流传着一句话，“关节不到，有阎罗包老”——意思是说再也不能靠行贿疏通关系了，因为来了一个“阎王包老爷”。

包拯不但惩恶，而且亲民。按照老规矩，老百姓报案不得直接去找知府，要先把诉讼书交给坐在门口把关的小吏——牌司，再由牌司呈递给知府。这么一来极易造成腐败，那些牌司经常从中渔利，敲诈勒索。包拯走马上任之后做的第一件事，就是废了这条坑人的臭规矩。包拯下令，敞开正门，要喊冤要击鼓径直来吧。这个亲民举措大受老百姓的点赞，报案的、诉讼的蜂拥而入，包拯无不凭公执法，为民伸张正义。有个恶霸借了东西赖着不还，被告到开封府。包拯当即发出批文，勒令那个恶霸立即偿还债物。恶霸仗着权势拒绝偿还，结果被包拯传唤到开封府，与债主当面对质，逼他就范。包拯的执法如山可见一斑。

皇宫里的太监、勋贵竞相在开封城内大搞圈地运动，纷纷在惠民河两岸建筑豪宅、园林亭榭，结果惠民河拥堵不堪，河水为之断流。包拯上任不久，恰逢大雨河水暴涨。包拯真正成了一个铁面铜头的强人，强令拆掉那些豪宅、园林、亭榭。太监和勋贵们跑到宋仁宗面前哭的死去活来，宋仁宗实在看不下去了，等洪水退了就下诏恢复被拆毁的房产。太监和勋贵们趁机拿着伪造的地契，准备捞取更多的基建面积。孰料包拯早已料到这一招，不惜挖地一丈，也要找出原来的地基标识，将那些企图浑水摸鱼的太监们都抓来，上报朝廷，撤了他们的职务。

包拯在开封府呆了半年之后，宋仁宗见他忠诚耿直，就提拔为谏议大夫、权御史中丞，成了反腐最高机构——御史台的主要领导。肩上的责任更大了，包拯的斗志也更加昂扬了，发誓要将朝中贪官污吏通通扫地出门。

包拯就像一门巨炮，只要发现目标，就会开足火力予以猛轰。上任之后的第一个目标是财政部长——三司使张方平。史书上说张方平慷慨而有气节，智商极高，能够做到过目不忘。刚开始包拯也很欣赏张方平，还跟他一道上书请求宋仁宗重新任命范祥为制置解盐使。但是不久包拯就发现张方平是一个霸道的家伙。

开封城内有个叫刘保衡的富商开了个酒店，结果生意惨淡，欠了酒税百余万。国家财政税收都是归三司使所管辖，张方平几次派人向刘保衡逼债。刘保衡无奈之下，只好把房产卖了用来还清所欠的酒税。结果张方平利用职权之便，半买半抢，低价购买刘保衡的房产。

事发之后，包拯弹劾张方平“无谦耻，不可处大位”——恬不知耻，不配做财政部长。宋仁宗就把罢免了张方平，任命宋祁去做三司使。这个宋祁就是前任宰相宋庠的弟弟。

孰料宋祁上任没几天，包拯又喋喋不休弹劾他之前在四川当官时奢侈无度，而且还有贪污受贿的恶行。宋仁宗实在受不了，又把宋祁罢免了。

张尧佐做三司使时，你拉他下马，现在宋祁做三司使，你也要把他拉下马。宋仁宗脾气好得很，大家都不行，只有你一个行吧！于是任命包拯为枢密直学士、权三司使（副财长）。这下子犹如扔下一颗炸弹，炸得朝廷沸沸扬扬。欧阳修也坐不住了，宋祁你弹劾了，连他弟弟也不放过，实在太不像话了。于是上书弹劾包拯有“蹊田夺牛”的嫌疑——糟蹋了人家的水田，牵走人家的牛。简单一句话，醉翁之意不在酒。

受到欧阳修的弹劾，包拯羞愧难当，整天躲在家里闷闷不乐。宋仁宗无奈之下，只好在几天后任命包拯为枢密副使。公元 1062 年，这个反腐标兵走完了人生的最后一程，溘然而逝。噩耗传来，宋仁宗惨然说道：“包拯公而忘私，不邀阴幸也。”——包拯大公无私，清正廉洁，从不为己。

包拯死后留下遗训：“后世子孙仕宦有犯赃滥者，不得放归本家；亡殁之后，不得葬于大茔之中。不从吾志，非吾子孙。”包拯在反腐史上书写了极为灿烂的一页，他的光辉形象流传千年，永不退色。

包拯逝世之后不到一年，宋仁宗也驾崩了。宋仁宗与包拯之间的君臣关系虽然不同于唐太宗与魏征这一对黄金搭档，但是包拯的惩恶扬善和赤胆忠心，也得到宽宏大度的宋仁宗的包容。这恐怕就是包拯屡犯圣威而能得以善终的原因。

史书是这么评价宋仁宗在位四十二年期间的吏政，“吏治若偷惰，而任事蔑残刻之人；刑法似纵弛，而决狱多平允之士。”——宋仁宗统治时期，是宋朝三百年之间最鼎盛的时期，被誉为“仁宗盛治”。

第 3 节 “北宋六贼”祸国殃民

像包拯这样刚正不阿、不畏强权的监察官员，堪称廉吏的典范。包拯之后再也无包拯，北宋中后期统治日益腐败，宋真宗、宋仁宗时期出现了五大奸臣，王钦若、丁谓、林特、陈彭年、刘承珪，时人称之为“五鬼”。虽然经过王安石变法，但是未能改变积贫积弱的状况，也未能扭转日益腐败的官场风气。由于受到“刑不上大夫”传统思想的影响，统治阶层有法不依、执法不严、违法不究，致使贪赃枉法之风愈刮愈猛烈。甚至在北宋末期，出现了十官九贪的危亡局面。尤其宋徽宗期间形成了“六贼”腐败集团，霸持朝政、横征暴敛、祸国殃民，吏治完全沉沦。老百姓处于水深火热之中，山东宋江、淮西王庆、河北田虎和江南方腊，纷纷揭竿而起，加速了北宋的衰亡。

“六贼”腐败集团包括蔡京、王黼、童贯、梁师成、朱勔、李邦彦，以及其他的爪牙，如蔡京的儿子蔡鋆、太尉高俅等等。

这个腐败集团的头头是蔡京，他发迹于公元 1070 年，也就是反腐标兵包青天死后八年，或者宋神宗王安石开始变法的那一年。蔡京考上了进士，做了一个七品芝麻官——钱塘县尉。在宋神宗和宋哲宗时代，蔡京的官越做越大，几乎复制了包拯的经历，一直做到龙图阁待制、知开封府。

遗憾的是，蔡京没能成为第二个包待制。公元 1100 年，宋徽宗上台，似乎很讨厌这个处事圆滑的京畿首长，要把他甩到北方的太原去。皇太后却很欣赏蔡京的才华，竟然出面求情，让他呆在朝廷写完国史再外调。蔡京不断地巴结、接近宫中的太监，动机不纯，被谏官陈瓘狠狠地弹劾了一把。宋徽宗不问曲直，各打五十大板，把陈瓘免了，蔡京也外调到江宁府去。蔡京留恋京城的繁华，闷闷不乐，迟迟不肯赴任，又被御史陈次升等人告了一状。结果蔡京连江宁知府也做不成了，宋徽宗把他赶到杭州去，随便给一个提举洞霄宫的闲职。

赴杭州途经苏州时，蔡京很想建一座寺阁，需数万钱。苏州有个靠兜售狗皮膏药发财的朱冲独家赞助了数千根木头，很快就把寺阁搭起来。朱冲有个儿子叫朱勔，也是个狡黠的家伙，善于谄媚，由是蔡京对朱冲父子俩另眼看待。

这时候，宋徽宗在杭州设了一个明金局，搜刮民财供自己挥霍。他派遣一个很会溜须拍马的太监童贯专门负责此事。蔡京因祸得福，跟童贯勾结上了。在童贯的暗箱操作下，蔡京很快就走运了，两三年后奉诏还京，升任左仆射，也就是宰相。

蔡京做了宰相，意识到没有自己的一班人早晚还会被赶下台，于是开始私结党羽。他首先提拔童贯做节度使，其后又施点小恩小惠，把杨戬、蓝从熙、谭稹、梁师成等拉到自己的身边。

蔡京见宋徽宗喜欢奇花异石，暗中吩咐朱冲父子搜罗浙江异宝。不久朱勔进贡了三株奇异的黄杨树。宋徽宗龙颜大悦，蔡京趁机举荐。童贯就让朱勔在苏州设了应奉局（明金局苏州分局），专办采集奇珍异宝，走水道从淮河、汴河运入开封，称之为花石纲。至此，以蔡京为首的腐败集团初步形成。

蔡京骤贵之后，更加贪婪。宋代官僚的俸禄是历朝以来最为优厚，宰相月薪高达一百二十八万。但是蔡京贪婪成性，又首创一个司空寄禄钱，像粟、豆、柴薪及侍从口粮等等，既折换成货币，又按实物配发，结果领了双份薪水。上报时蔡京又耍了一个瞒天过海的伎俩，给宋徽宗的只是一张官员名单，所以皇帝并不知情。

经过王安石变革之后，宋朝国库充实，再加上采取睦邻政策，几年没有打大仗，天下一片安宁。这时候只要统治阶层稍稍有所作为，国家又将强盛起来。但是蔡京极力倡导“丰、亨、豫、大”的治国理念，视官爵财物如粪土，将北宋上百年来积累的财富挥霍一空。

宋徽宗刚开始有点犹豫，举行宴会时拿出玉盏、玉杯给蔡京看，担心被骂奢华无度。蔡京却把宋徽宗引上奢靡的邪途，说他过去出使契丹时，契丹人拿出后晋儿皇帝进贡的玉盘、玉杯，炫耀说南朝一定没有这样的好东西。泱泱大宋怎能落后于契丹番邦呢？

宋徽宗又说宋哲宗只筑了一个数尺高的土台，群臣的疏奏就雪片般飞来。现在把尘封多年的玉器拿出来用，恐怕那些长嘴的又将唧唧歪歪不停了。蔡京为皇帝壮胆，只要做的有道理，还怕什么闲话？皇帝可是一国之君啊，全天下的财物都是你的。区区几个小杯子算的了什么？

在蔡京别有用心的唆诱之下，本来就崇尚物质享受的宋徽宗越陷越深，终于不可自拔了。

公元 1106 年，一颗彗星横贯长空。朝中的不同政见者借着天意大肆攻讦蔡京，宋徽宗被迫罢免了蔡京的宰相职务，让他做开府仪同三司、中太乙宫使，贬居杭州。

但是蔡京这个不倒翁不到一年之后又东山再起，再次拜相。这回帮助蔡京的是另一个奸臣，校书郎王黼。王黼极会见风使舵，他十分清楚蔡京的势力在朝中根深蒂固，不是那么容易就被扳倒的。

蔡京罢相之后，接任的张商英受到了宋徽宗的冷落。宋徽宗想起远在杭州的蔡京，派人赏赐玉环给他，暗示着准备让他回来。王黼察言观色之后，决定借机巴结蔡京。他把蔡京吹得天花乱坠，把张商英批得体无完肤。公元 1107 年，蔡京大摇大摆地进京，不但官复左仆射，而且更加受到宠幸，受八宝，拜太师。而王黼也由一个小小的校书郎，在蔡京的刻意栽培之下，骤升为御史中丞。蔡京的腐败集团从此多了一条凶恶的走狗。

这个王黼也是一株墙头草，升官之后又投靠号称郑贵妃从兄的太宰郑居中，跟他往来一场密切。蔡京与郑居中不和，对此恼恨在心。我既能让你上天堂，也可以把你打入地狱！正值青黄不接时，蔡京就将王黼调任户部尚书，准备给他安上一个“管理失当，致使财用不足”的罪名。无奈人算不如天算，恰逢皇宫禁军没有按期领到赏赐，到左藏库闹事。王黼捡到了一根救命草，立即去见那些起哄的禁军，张榜答复某月某日分发犒赏。这么一来，王黼等于给自己买了一份人身保险。蔡京不敢轻举妄动，干脆做个人情，给了王黼一个学士的名衔，提携为承旨。

此时蔡京的日子也不好过。公元 1109 年，蔡京的政敌们——御史和谏官群起而动，纷纷上书弹劾蔡京！宋徽宗为了平息众愤，让蔡京致仕，但只是退居二线而已。蔡京仍旧担任《哲宗实录》的总编——通常只有宰相才有资格获此重任。并改封楚国公，每月初一和十五上朝。

受到了皇帝的忽悠，愤怒的太学生陈朝老挺身而出，痛斥蔡京渎上帝、罔君父、结奥援、轻爵禄、广费用等十三项罪名，强烈要求将他流放到远方去。御史中丞石公弼、侍御史毛注也积极响应，为其奥援。

第二年，一颗扫把星横贯天空。人们就说这是老天爷在示警，蔡京这颗人间的扫把星不除，国家将永无安宁之日。御史张克公等言官们群起激昂，指斥蔡京贪赃枉法等几十条罪状，闹得沸沸扬扬。宋徽宗见事态严重了，赶紧把蔡京贬为太子少保，让他去杭州暂时避一避。

蔡京一走，另一大佬梁师成和墙头草王黼迅速崛起，填补了朝中的权力真空。

这个梁师成狡猾多端，擅长书法，因而颇得宋徽宗的宠爱，皇帝的诏书几乎都是由他草拟颁布。为了捞取政治资本，梁师成竟然无耻地宣称自己是大文豪苏东坡的私生子。他竖起推广苏东坡的书法、文章的幌子，招揽心腹，势力急剧膨胀，就连蔡京也不得不向他低头。王黼更是奴颜媚骨、自甘堕落，认梁师成为干爹，称之为“恩府先生”。 梁师成身兼数十百个职务，京城的人都视如“隐相”——看不见的宰相。

王黼攀上梁师成这棵大树之后，很快就创造了宋朝升官的纪录。公元1119年，王黼由通议大夫连升八级，官拜特进、少宰。王黼当上了宰相，摇身一变，变成一只人人痛恨的大老虎。

宋徽宗把开封城西最好的别墅赏赐给王黼。乔迁之日，歌舞乐队，所用的器具、杂物，应有尽有，全部取之于官府。王黼利用职权之便，大肆搜刮财物，府中的美女、奴仆、玉帛，不可胜数，跟宫中有得一比。王黼还利用下三滥的手段，诱拐走徽猷阁待制邓之纲的小妾，而后贼喊做贼，诬陷邓之纲，把他流放到岭南去。

故门下侍郎许将的宅邸与梁师成的府邸相邻，为了强占许宅，王黼狐假虎威，竟然在光天化日之下赶走许将的家人。道路上行人见了，都敢怒而不敢言，哀叹许家的惨状。

此时尽管蔡京也回到朝廷，被封为鲁国公，三天一视事，但宋徽宗最宠幸的还是王黼。在王黼的请求下，宋徽宗设置了应奉局，由王黼自兼提领，成为他疯狂掠财的工具。宋徽宗还下诏，竭中外各种钱财，供应奉局尽情使用。于是地方的财赋税收、奇珍异宝，像流水般花花流进了应奉局。结果其中只有一成进献给皇宫，其余的九成都被王黼中饱私囊。北宋初年的贪污犯胡德冲跟王黼这样的超级巨贪相比，简直就是小巫见大巫。

宋徽宗曾经七次御临王黼的豪宅，每一次都赏赐无算。就连王黼的小厮、奴仆都被封为高官，女婢、小妾也都赐号夫人。王黼得宠，可见一斑。

就在这时候，江南一声巨响，青溪民方腊高举“诛朱勔”的旗号，发动反抗朝廷暴政的大起义。这事还得从六贼之首蔡京说起。

蔡京时常对宋徽宗说，如今国库已经积累了五千万之多，怎么花也花不完。说得宋徽宗飘飘然起来，开始大兴土木，铸九鼎、建明堂、修方泽、立道观。又任命孟昌龄为都水使者，开凿河南浚县的大伾、凤凰、紫金三座大山，架起天成、圣功两座大桥，耗用民力不下四十万。搞得汴河、黄河周围的老百姓民不聊生，穷困潦倒。

但是蔡京却把老百姓的哀号声当做歌颂声，把自己比拟做上古的名臣稷、契、周公、召公。又要扩建宫殿，以奉承好大喜功的宋徽宗。蔡京让童贯、朱勔日夜不停地搜集江南的奇花异石，结果民间惨遭洗劫，生灵涂炭，中等富户几乎破产，甚至沦落到卖老婆、卖儿子的地步。老百姓再也活不下去了，官逼民反，最后铤而走险，揭竿而起。蔡京可以说是方腊起义的罪魁祸首。

方腊起义军席卷两浙路、江南东路、淮南西路等十八个州郡，攻夺县城六十余座，大宋江山的南半壁摇摇欲坠，京师人心惶惶，好像天快要塌下来了。但是宰相王黼却粉饰太平，封杀了所有的紧急报告。

方腊起义军却势如破竹，不到一个月就攻破了六郡。宋徽宗这才如梦初醒，赶紧让童贯率十万大军征讨。

大宋王朝风雨飘摇之际，六贼腐败集团却爆出了狗咬狗的内讧事件。童贯南下之后很快就发现，老百姓已经被花石纲压得奄奄一息，全是王黼、朱勔搞什么应奉局的过错。于是伪造诏书，有撤去应奉局的命令。经过四百五十天的剿杀，方腊起义终于被童贯镇压。

童贯因功升太师，改封楚国公，与王黼的矛盾也日益加深，甚至扬言要让退居二线的蔡京回来。王黼也是很狡猾的，抢先一步，在宋徽宗面前将了童贯一军，说什么方腊暴动全是因茶盐法引起的，但是童贯却把罪过栽到皇帝的头上。宋徽宗大怒，下诏重建应奉局，让王黼和梁师成全权负责。而专办花石纲的朱勔再次成为炙手可热的“香饽饽”，得以在掠夺民膏民脂上继续发挥专长。

公元 1123 年，朱勔在太湖山得到了一块高四丈的石头，用巨舰运抵开封，耗民工数千人。沿途所经州县，由于石头过大，不得不拆掉水门、桥梁，甚至凿开城墙。一块石头弄得天下骚然，宋徽宗却乐此不疲，右手一挥，写下潇洒的五个瘦金体大字：神运昭功石。还滑天下之大稽，给石头封了个“磐固侯”。

朱勔也因此被擢升为威远节度使，成了王黼之后又一只贪残的大老虎。朱勔利用手中的特权，建立了一支数千人的私人武装，公开进行强盗式的掠夺。霸占的都是江南最好的田园、豪宅，几乎是浙西的一半。计有十处田庄，三十万亩膏腴沃田，每年收入的租税超过十万石。府中生活极度奢华，所用的饮食器具远远超过王公国戚。朱勔在苏州营建的同乐园，俗称朱家园。楼台九曲，占地之广、湖石之奇，号称江南第一，无人敢与媲美。江南一带的地方长官，什么刺史、郡守，几乎都是朱勔的人马。他们只知道一个朱勔，不知道朝廷，“颐指目摄，皆奔走听命”——对朱勔比对皇帝还要忠诚，时人称之为“江南小朝廷”。

朱勔犹如初升的旭日，冉冉而起，权奸王黼却日薄西山了。宋徽宗御临王黼的府邸观看灵芝时，穿越一个便门到达梁师成的家，又从梁师成的家回到王黼的府邸，醉成一摊烂泥。但是醒过来之后幡然悟到王黼与梁师成暗中勾结，这是一个极其危险的信号，立即引发宋徽宗的警惕。

皇帝一变脸，王黼就岌岌可危了。有人失意，必定有人得意。为了打压王黼，六贼之中最后一个贼李邦彦粉墨登场了。李邦彦算的上一个美男子，史书说他“俊爽、美风姿”，不但长得俊俏，而且很有才华。但是他自幼就在民间陋巷生长，所以为人猥琐，喜欢干那些下三滥的勾当。他滑稽戏谑，自号浪子，很会踢足球，经常把一些街市鄙俗的俚语变成小曲，到处传唱。公元 1108 年，李邦彦进士及第，被授秘书省校书郎、试符宝郎。

此后靠着巴结宫中太监，李邦彦不断升官，累迁中书舍人、翰林学士承旨。混了十多年，终于在公元 1121 年，官拜尚书右丞，成了一名副宰相。两年之后，转为尚书左丞。又过了一年，拜少宰，坐上了宰相的大位。但是这么一个猥琐的小人上台之后，整天除了阿谀奉承皇帝和宫中的太监外，什么也没有干，世人称为“浪子宰相”。

李邦彦很嫉恨王黼的权势，看到他渐渐被宋徽宗抛弃了。干脆勾结蔡京的长子蔡攸，给他临门一脚，不断地在皇帝面前诋毁王黼。王黼的末日终于来临了，公元 1124 年，宋徽宗勒令他致仕，连党羽胡松年等人也被免去官职。

王黼下台之后，蔡京在朱勔的帮助下又回来了。这个不倒翁以七十八岁的高龄第四次拜相当国，又是创造了北宋政坛上的一个奇迹。此时蔡京已经两眼昏花，别说打理政事，就是连吃饭也会流口水，结果所有的事务都交给次子蔡絛处理。北宋的吏治在这么一个昏头昏脑的老头手里，已经腐烂透顶了。

当时的爱国青年学生陈东疾呼，“蔡京坏乱于前，梁师成阴谋于后，李彦结怨于西北，朱勔结怨于东南，王黼、童贯又结怨于辽、金，创开边衅。”但是未能引起统治者的警惕，依然我行我素，贪墨成风，欺压百姓，终于出现了令所有汉人同胞痛彻心扉的靖康奇耻。蔡京为首的“六贼”腐败集团是导致这场千古奇辱的直接推手，也成了腐败亡国的最典型案例。

第 4 节　南宋反腐昙花一现

北宋为金所灭之后，康王赵构扯起大旗，在建康另立中央，这就是南宋。南宋一共九个皇帝，除去最后三个会尿裤子的小娃娃，实际上只能算六个皇帝。这六个皇帝只有一个宋孝宗稍稍有所作为之外，其余的不是昏庸之君，就是痴呆之主。上有昏庸，下必有奸相。南宋多奸相，高宗朝的黄潜善、汪伯彦、秦桧，宁宗和理宗朝的史弥远、丁大全、贾似道等等，无不骄奢淫逸、贪赃枉法、胡作非为，各个都是祸国殃民的巨奸大腐。故而，南宋的腐败比北宋有过之而无不及。

南宋的腐败有个特点，大发国难财。前方武将在金兵的横扫之下一败涂地，后方的官僚却完全置国家存亡于不顾，仿佛世界末日即将来临似的，趁机争先恐后地掠夺财富。抗金名将岳飞看到此情此景，不由长叹说，“文臣不爱钱，武臣不惜死，天下太平矣！”一语道出了对当前普遍腐败的无奈。

宋高宗赵构时期，官员非法经商相当普遍，不但有文臣，更有肩负御敌重任的武将。上至宰相，把打理朝政当做副业，主业是贸易经商、走私贩卖。皇亲国戚要么委托亲信，在市场上摆起摊位，要么亲自出马，做起大宗买卖，获取暴利；霸占良田、山林、河泽，甚至在东南沿海各大港口组建贸易船队，招揽外商，大搞金银珠宝贸易。至于基层小吏，十个中就有六七个做起生意、赚取外快。繁华的临安街上，挂着官员名号牌子的商铺不计其数，什么“楼太宰药铺”、“徐官人幞头铺”、“杨将领药铺”、“傅官人刷牙铺”、“张官人诸史子文籍铺”等等。这一些，都是朝中官员经营的商铺。

文臣们治国无方，武将们打仗不行，但是他们各个都是经商能人、敛钱高手。如户部尚书张悫善于理财，说起钱谷利害，头头是道。身为国家的财长，不发挥自身的特长为国理财，而是在临安街头经营酒店、开设货栈，为己谋取私利。

至于军队将领经商的俯首皆是，而且各个经商有术。南宋中兴四大名将之一的张俊，最擅长海外贸易。他役使士兵在临安闹市街头修建了一座名叫“太平楼”的高级酒店，还把生意做到国外去，每一笔的利润都翻了几十倍。张俊靠着经商暴富，家中金银堆积如山。但是他为人刻薄、贪残，士兵们被奴役做各种苦工，不但累，而且还要交纳各种费用，搞得全军怨气冲天。因而，张俊军队的战斗力是当时宋军中最低下的。

张俊还极力营建各种第宅房廊，兜售酒、药，到处搜罗绫锦、古董，甚至还从海外进口风骚美女。满脑子尽是五花八门的金钱，所以有个演戏讥讽他“钱眼内坐”，意即一切向钱看。军中士兵也怨恨张俊，给他起了个不雅的绰号“铁脸”，那时候人们把不知羞耻、穿无底裤的人唤作“铁脸”。

张俊靠着不择手段的敛财，一跃成为当时的大富翁，“岁收租米六十万斛”，死的时候几个儿子进孝的黄金多达九万两。

面对贪腐分子泛滥成灾的危局，宋高宗一点也不着急。只要他的宝座坐得稳固，淮河以北大片领土都可以割让出去，更别说那一点小钱了。宋高宗继承北宋中后期对贪腐分子的宽容措施，基本上不杀贪官。那些坐赃抵死的，通常只判处贷命、除名、勒停、编管等刑罚。

公元 1137 年，永嘉县令李处谦贪污了一大笔巨款，按律当处以绞刑。

但是宋高宗下诏说，只要李处谦把赃物上缴充公，即可免于一死。宋高宗开了一个恶例，“追纳赃钱入官”可以赎死。自此之后，再也没有一个贪污犯被处以极刑。

在宋高宗一朝，最大快人心的反腐事件就是医官王继先的倒台。王继先是开封人，世代行医，家有祖传专治外科疮疡的医方——黑虎丹，名气很大。宋高宗受惊吓失去雄风之后，多次找来王继先为其疗治，由是得宠，世号王医师。再之后，王继先给太后看病，诊治有功。宋高宗让他主管翰林医官局——国家最高医政机构，全权负责皇室成员的医疗保健事务。

宋高宗的任命受到朝中绝大多数人的抵制，王继先也很知趣，假惺惺地请求退休。但是没过多久，宋高宗借着进封吴贵妃的机会，提拔王继先担任奉宁军承宣使，还把他的老婆郭氏赐封为郡夫人。

王继先受到的恩宠几乎超过所有人，与大汉奸秦桧不相上下。朝中百官甚至军中将领，无不对他服服帖帖的，不敢得罪。就连趾高气扬的秦桧也甘拜下风，采取“夫人外交”的方式，热乎乎地跟王继先结拜为异性兄弟，互为表里，共同控制朝政。此时王继先已脱离一个医生的本份，开始插手政治上的事。不久，王继先任昭庆军承宣使。但他不知足，又想拿到节钺，捞点实权，让徒弟张孝直把孙思邈编订的《本草经》献给宋高宗。给事中杨椿竭力劝止，王继先的美梦成空。

虽然头顶上只有一个承宣使的虚职，但是王继先狐假虎威，仗着皇帝对他的恩宠，疯狂掠财，富比将相王侯。他在临安城中强行拆毁民居数百家，大造豪宅，时人称为“快乐仙宫”。在这座藏污纳垢的仙宫里，充斥各色各类的美女佳丽，大都是被掠来的良家妇女，还有一个是从宋高宗御前讨来的镇江妓女，能歌善舞。宋钦宗惨死金国的时候，消息传到南宋。宋高宗下诏举朝默哀，但是王继先顶风作案，在家里举行宴会，令府中妓女只跳舞不唱歌，称之为“哑乐”。

王继先还多行贪赃枉法之事，收受富户的贿赂，推荐到朝中去做官。惹上了大案命案要案，王继先都暗中行贿，得以化解。又在各大佛寺建立生祠，凡是名山大刹的香火收入，统统落入王继先的腰包。

腐败分子大都是贪生怕死之辈，王继先听说金国来了使者，立马慌了神，整天忙着把金银财宝押送到吴兴去，时刻准备卷起铺盖走人。为了保命，王继先还私养了一批亡命之徒，配备武器、甲胄。

更可恶的是，王继先在朝中各个要害部门安插自己的党羽和姻亲，时刻监视着朝廷的一动一静，使得王继先变成一个石头巨人，几十年间坚如磐石，无人可以动摇。

大宋江山本来就处于风雨飘摇之中，现在朝中又出了这么一条大蛀虫，侍御史杜莘老不胜其愤，上书狠狠地弹劾了王继先一把。宋高宗也十分反感王继先的怙宠奸法和倚老卖老，索性顺水推舟，把他贬到福州去居住。三个儿子，长子王安道官居武泰军承宣使、次子王守道官居朝议大夫、直徽猷阁，三子王悦道官居朝奉郎、直秘阁，孙子王锜官居承议郎、直秘阁，都勒令停职。王继先在临安城内苦心经营了数十年的资产全部收归国有，府中掳掠而来的百余名良家妇女也全部释放回家。抄家之后累计缴获的资产以千万计，将他的田园、庄宅售卖出去，所得纳入御前激赏库，用以奖励前线的官兵。王继先还有几艘海船，也拨给沿海御前水军都统制李宝。

王继先这一南宋前期罕见巨贪的垮台，世人普大喜奔，天下称快。但是废了一个王继先，并没有改变宋高宗昏君的本色。他在位三十五年，对外奉行投降主义，冤杀抗金名将岳飞，割地赔款；对内崇尚享乐主义，大兴土木、穷奢极欲、不思进取，是一个彻头彻尾的昏庸帝王。

宋高宗的继任者宋孝宗算的是南宋唯一的有为之君，面对支离破碎的河山，他恢复岳飞的名誉，竖起抗战的大旗。针对日益腐败的吏治，宋孝宗于公元 1164 年发布了严厉的惩腐的诏令，“今后命官犯自盗枉法赃罪，抵死、除籍、没家财外，取旨遵依祖宗旧制决配。”——宋孝宗恢复已经消失了百余年的刺配刑罚，凡是朝廷官员监守自盗、贪赃枉法的，除了处死、免职、没收财产之外，还要遵照宋太祖制定的法律执行刺配刑罚。

如上元知县李允开贪污受贿，杖脊刺面，配惠州牢城，没收家产，失察的上司还要受到牵连。广东提刑石敦义知法犯法，犯赃贷死，抄家、编管南雄。宰相钱良臣因为举荐了一个贪官也受到牵连，被调离中央，出知镇江府。如此雷厉风行的反腐行动在霉气沉沉的南宋一朝，实属难能可贵。

另外，宋孝宗为了防止朝中权臣专制、出现党争，规定皇宫内外文武百官退休的年龄期限为七十岁，七十岁以上不退休的，无法享受子孙荫补的待遇。

尽管在孝宗一朝没有出现贪官污吏被处死的案例，但是处以其他刑罚如除名、勒停、杖脊、刺面、配牢城的显著增加，官场风气焕然一新，出现了“以贪污为耻、以受贿为辱”的良好风气。

可惜宋孝宗的强力反腐只是昙花一现，宋光宗、宋宁宗期间，虽然也重申严惩赃吏之法，但只是口头上的空头支票，从来没有得到认真的执行。宋孝宗呕心沥血的反腐成果化为乌有，吏治更加松弛，贪官又横行朝野。

外戚韩侂胄担任宰相前后的十四年，南宋的吏政就像咕噜咕噜往下滚的石块，迅速堕落下去。孝宗一朝的廉洁之风荡然无存，宰相、御史门前公然贿赂，已是司空见惯的事，各级官员“私县官之赃以自入、公苞苴之贻以自富”。这时候贪腐的手段有两种，一种是传统的私下收受贿赂，另一种是宋朝创新的贪腐手法——苞苴。

苞苴，其本意是包装鱼肉的草袋子，南宋时期被用作馈送的代名词。如果馈送只是自己掏腰包，弄点礼品，表示表示一下，尚有可原之处。可恨的是南宋的这种苞苴是挪用公款请客送礼，下级送上级，知县赠知府，平级之间也互相馈送，类似于今天利用微信或支付宝送红包，礼尚往来，织就了官场上一张巨大的关系网。或五千、或一万，随着官阶的大小而定，送来送去，把纳税人的血汗钱当做礼物落入贪官污吏的腰包。

苞苴之法滥觞于北宋，南宋初期渐渐流行，南宋中后期特别是韩侂胄执政以后，成了官场上一个不可或缺的潜规则。中央、地方的各级官署都明目张胆地在财政支出簿上另立一个项目，拨出一笔公款，用于苞苴之赃。根据南宋史学家李心传的观察，这笔公款的数目之大十分惊人，比如李心传所见扬州府的苞苴专款，单单在账面上就有十二万贯之巨，至于冰山之下就不得而知了。其他的实物馈送也是怵目惊心，李心传提到，江浙一地每年都要给朝廷各大署衙的官员馈赠美酒，一年不少于五六次，每次都有数千斤之多。

就是政治相对比较清明的宋孝宗年间，铺张奢华也是非常可怕的。平江知府王仲行挪用公款请客吃饭，一桌就要耗上千贯钱。成都三司之间你我互送，吃一顿饭都要花费三千四百余缗。越到南宋后期，这样的苞苴之礼就越发严重。

宋理宗即位之后，对屡禁不止的苞苴大为头疼，多次发布反腐诏令，戒饬贪官污吏。公元 1261 年，宋理宗诏令，各个相关的反腐部门每半年都要上报一次赃吏的人数，按多寡来赏罚。地方长官也要配合反腐部门，每年上报一次赃吏的人数，也按多寡排定名次，实行赏罚。如果地方长官拿不出赃吏的名单，但是反腐部门提到了，那么该地方长官就得受到严厉的制裁。

宋理宗在位的前期，确实也忧国忧民，惩罚一大批贪腐分子。

公元 1233 年，绍兴府一座著名道观的掌门人——差提举千秋鸿禧观梁成大贪婪残暴，厚颜无耻。被给事中莫泽弹劾，宋理宗一怒之下，剥夺了梁成大的俸禄。可笑的是螳螂捕蝉黄雀在后，仅仅隔了二十天，有人又弹劾莫泽生活糜烂，结果莫泽被罢官。

公元 1253 年，宋理宗将贪赃枉法的中书侍郎陈垓流放潮州。负责福建漕运的大臣高斯得被指控贪污百余万钱，宋理宗不但将他夺官下狱，而且还勒令在规定的时间内上缴所有的赃款。知江州袁玠贪赃不悛，荼毒地方百姓，宋理宗将他“削五秩、流放南雄州”。

次年，知庆元府兼沿海制置使、提举洞霄宫马天骥贪污，不但自己丢了乌纱帽、没了俸禄，而且连刚踏上仕途的儿子马时楙也受到牵连，“削一秩、罢新任”。不久大太监李忠辅贪婪、欺君，被降二级、罢官、流放。

虽然宋理宗处分一些贪官污吏，但是当时的吏治完全腐烂透顶，出现了“廉吏十一、贪吏十九”的可怕局面。再加上权奸史弥远、丁大全、贾似道等长期霸持朝政，百姓困苦不堪，国力日渐衰落，只能苟延残喘了。

宋理宗之后的宋度宗根本就是一个木偶人，他沉迷酒色，政事完全被奸臣贾似道所操控。南宋王朝沉疴难愈，公元 1276 年，元世祖忽必烈的大军攻入临安城，这个昏君奸臣长期当道、腐烂不堪的没落王朝终于宣告灭亡。

第 5 节　敛财巨奸阿合马与桑哥

元世祖忽必烈创立的蒙古帝国是历史上第一个由少数民族统治全中国的王朝。忽必烈往蒙古人野蛮、剽悍的体格之中注入了儒家文明的新鲜血液，从而使其获得了脱胎换骨般的变化。公元 1271 年，忽必烈将他的帝国正式改国号为大元，取自《易经》中开篇的第一句话，宣示了忽必烈决心要以中原封建王朝的模式或套路来改造蒙古帝国。

忽必烈首先仿照中原王朝的政治制度，建立了一个从中央到地方严密的监察网络，在中央，沿袭唐宋设御史台；在地方，设立京畿、江南、陕西三大监察区。

但是在忽必烈即位初期，几乎把所有的精力都投入到对外战争之中，帝国全部机构的一切工作都围绕“战争”两个字来进行，从而忽略吏治廉政建设，留下了暗箱操作的空间，为腐败分子和投机分子钻营取巧大开绿灯。受忽必烈重用的两个色目人，阿合马与桑哥就是忽必烈时代两只最大老虎。

阿合马是中亚费纳客忒（今乌兹别克斯坦塔什干）的理财能手，曾经是忽必烈老丈人按陈的陪嫁奴隶。

公元 1251 年，拖雷家族的长子蒙哥夺取了汗位，任命阿合马为别失八里行省长官助理。后来忽必烈又把他挖回去，成了金莲川幕府的重要一员。忽必烈与阿里不哥争汗时，阿合马坚定地站在忽必烈这一边。再之后出任开平府同知（副长官），逐渐跻身于忽必烈集团的权力核心。

阿合马像其他的穆斯林信徒那样善于经商，精明过人，很会理财，深得忽必烈的芳心。忽必烈称汗后，阿合马不但成了陪都开平府的代理长官，而且掌管皇家粮库。公元 1261 年，阿合马计点燕京万亿库诸色物货，其后又提议中书省设置和籴所，建立中央粮食储备库。结果短短的几个月之内，和籴所的粮米堆积如山，阿合马的理财能力由此可见一斑。次年山东军阀李璮叛变，老丈人、财政大臣王文统受到牵连被杀。帝国的财政系统陷入一片混乱，忽必烈遂起用比狗还要忠诚的阿合马，提拔他为领中书左右部、兼诸路都转运使，权势直逼朝中的丞相。

在阿合马的精打细算之下，帝国的财政收入蒸蒸日上。公元 1264 年，山西盐税增加五千两，忽必烈大喜过望，立即任命阿合马为中书平章政事。阿合马做了宰相之后，极力排除异己，为日后独揽大权铺平大路。公元 1270 年，忽必烈重设尚书省，任命阿合马为尚书省平章政事、兼制国用使（相当于国务院副总理兼财政部长），独揽帝国财政大权。

公元 1272 年，忽必烈第三次政治体制改组，把负责执行功能的尚书省并入到中书省，阿合马任平章政事。从此，中书省再也没有设置右丞相和左丞相。其他的几个宰辅郝祯、耿仁等都是阿合马的党羽。帝国的首脑机关——中书省成了阿合马的私人机构，朝中呈现出阿合马一股独大的局面，文武百官都对他侧目相视，避得远远的。

缺乏制约和抗衡的权力是可怕的，阿合马日益跋扈专横，肆无忌惮地贪赃枉法，成了一只罪大恶极的超级老虎。他任职期间，搜刮的财物数目惊人，仅马、驼、牛、羊、驴等牲畜就有三千七百余只。

阿合马更以好色而臭名昭著，《马可·波罗游记》中称，凡是漂亮妇女被阿合马看中，没有一个逃得出他的魔掌。许多官吏为了升迁，投其所好，不顾廉耻，毅然献出自己的老婆、姐妹或者女儿。结果阿合马有妻四十、妾四百，而且都是名门闺秀。

阿合马还广树朋党，在朝中各个部门安插自己的亲信七百十四人。二十五个儿子，各个身居高位。长子忽辛本来只是一个大都路总管，后来升至江淮行省中书右丞。次子抹速忽做了杭州路的军民总管。侄儿宰奴丁也做了河南行省参政。就连家奴忽都答儿也做到兵部尚书，握有军权。

阿合马掌控元朝全国经济近二十年，他的理财手段异常残酷，近乎苛政。再加上阿合马飞扬跋扈，狡诈多端，不惜使用任何手段排除异己，贪暴不仁，疯狂掠财，惹得天怒人怨。上至真金太子，下至黎民，无不对他咬牙切齿。

还是那句话，不作死就不会死。公元 1282 年，益都千户王著、僧人高和尚在皇室贵族和朝中反阿合马势力的暗中支持下，趁着忽必烈、真金太子去察罕脑儿行宫北巡，假扮成真金太子，诈称回大都举行盛大佛事活动，矫传太子旨意，命令中书省全体官员都要集合在太子宫前迎驾。王著拿出袖中的铁锤，当场将阿合马这个一代巨奸砸成肉酱。

忽必烈闻讯之后震怒，发兵擒拿王著和高和尚，并将他们斩首弃市。后来枢密副使孛罗揭发了阿合马的弥天大罪，忽必烈勃然大怒：王著杀的好！立即下诏，抄了阿合马的家，在通玄门外将阿合马剖棺戮尸，放出恶狗尽情地享受美餐。抄家时有人告发，阿合马生前秘密与爱妾引柱、术士曹震圭等四人图谋不轨，怒不可遏的忽必烈下诏将这四人剥皮，挂在大都城头上示众。阿合马的两个死党郝祯、耿仁，一个开棺戮尸、另一个下狱赐死。阿合马的几个儿子、侄儿、家奴全都凌迟处死。还将阿合马的罪恶诏布天下，朝中阿合马的党徒也被扫荡一空。

阿合马毙命后，忽必烈又重用另一个善于理财的吐蕃人桑哥，他是国师八思巴的徒弟。公元 1287 年，忽必烈重置尚书省，桑哥及铁木儿并为尚书平章政事。不久，桑哥升任尚书右丞相兼宣政院使、领功德使司事，中书省形同虚设，从此桑哥独揽大权。

桑哥上台之后，为了摆脱当时的财政困难，首先进行货币改革，另造至元宝钞，并严惩伪造假钞的不法分子，取得了立竿见影的效果，为世人所称道。桑哥又大肆钩考钱谷，核查出亏欠钞四千七百七十锭、昏钞一千二百三十四锭。假借反贪反腐，迫害政敌——中书省的官员，平章麦术丁自裁，参政杨居宽、郭佑被杀。

接着，桑哥将钩考钱谷扩大化，派遣亲信到江淮、江西等六个行省核查钱谷。核查的目的就是强征钱粮，以补充国库的不足。桑哥任用的钩考官大都是贪婪狠毒之辈，他们专门欺压百姓，特别是江南地区，就像野狼驱赶绵羊一样到处追捕穷苦人家，逼令他们限期缴纳税赋。可怜的老百姓走投无路之下只好卖妻鬻女。灾祸蔓延到临近的地区，扬州、杭州受害最惨，无故下狱的不计其数，被拷打而死超过五百人。一时间天下骚然，百姓哀嚎连天，各地暴动迭起，有数百处之多。

桑哥的钩考其实就是一场无情的大掠夺，不断地将百姓逼入绝境。于是桑哥挖空心思，又提出增加商税的措施，以充实国库。

桑哥在理财方面确实也有两下子，忽必烈对他很欣赏。一些见风使舵的小人看到桑哥受到宠爱，开始厚颜无耻地溜须拍马，在尚书省署衙门前树立了一块风风光光的纪念碑——《王公辅政之碑》，为其歌功颂德。

桑哥由是变得飘飘然起来，愈加骄横。为了压制不同政见，桑哥残酷迫害朝中的御史和谏臣，甚至公然在家里做起买卖刑狱和官爵的勾当。由是朝纲日益败坏，搞得人心惶惶、不得安宁。

对桑哥这个喇嘛僧最不满的是那些蒙古贵族，几个实权派大臣也里审班、也先帖木儿、彻里等上书忽必烈，弹劾桑哥擅权专政、利用手中职权，毫无忌惮地卖官鬻狱，谋取暴利。

忽必烈问宰相康里人不忽木，不忽木说，桑哥欺君罔上，扰乱朝政，有人揭发就随便给他安上一个莫须有的罪名，砍了他的头。现在老百姓生活困苦，无所事事，各地暴乱一触即发。如果再不宰了桑哥，恐怕皇帝就危险了。

不忽木这么一说，忽必烈毫不犹豫地将桑哥打进大牢，严加审讯。公元 1291 年，桑哥被正法，抄家时缴获了四百两黄金、三千五百两白金，还有水田、水磨、别墅。

根据波斯人编写的《史集》中的记载，士兵们从桑哥的家里抬走了两大箱宝物，忽必烈把桑哥臭骂一顿，你有这么多珠宝，为什么我向你讨两三颗，你一毛不拔？桑哥狡辩说，这些都是达官贵人赠送给我，他们都是每个地区的长官。

桑哥一说，忽必烈更加气愤了，为什么那些达官贵人不把宝物献给我？你把一些粗制滥造的毛衣送给我，而那些金银珠宝却自个儿留着。这不是贪赃枉法，那是什么？说罢不容桑哥狡辩，大手一挥，桑哥的人头立即落地。

处决桑哥之后，那些向桑哥行贿的贵族、党羽河间盐运使张庸都得到严惩。阿合马、桑哥这两大巨贪的倒台，极大地震慑了朝中那些蠢蠢欲动的不法分子，一定程度上遏制了日益恶化的贪赃之风。

忽必烈死后，其孙铁穆耳继位，朝中自发掀起了一阵反腐之风。铁穆耳也颁布反贪法令，“诏定赃罪为十二章”，并加强反腐力度。但是铁穆耳以后，大元帝国腐风日盛，朝中权奸迭出。元文宗时代的燕铁木儿、元明宗时代的伯颜，到了元朝末代皇帝——元顺帝时，朝廷上更是奸臣、小人遍地爬行。元顺帝沉溺于酒色，肆意挥霍，厌恶朝政，任用的宰相要么是奸佞小人，要么是鲁莽武夫，他们公开卖官鬻爵，行贿受贿。元帝国在这一些昏君奸相的糟蹋之下，全然不见铁木真时代驰骋欧亚大陆的彪悍之风。公元 1351 年爆发了轰轰烈烈的红巾军大起义，继而浙东的方国珍、泰州的张士诚等等，以星火燎原之势，将曾经不可一世的大元帝国埋葬在熊熊烈焰之中。

第八章
明朝：从血腥杀戮到太监肆虐

第 1 节　剥皮揎草与御用农民陈寿六

在元末农民战争之中，濠州郭子兴的红巾军中有个位奇特的部将——朱元璋。此人是标准定义上的矮矬穷，相貌丑陋，一张月牙铲形的脸人见人憎恶。十七岁时淮北大旱，朱元璋的父母、长兄相继而去，为了活命，朱元璋只好剃发入皇觉寺做和尚。此后又四处流浪乞讨了七八年，二十五岁弃僧从军，参加郭子兴的红巾军，投身于可歌可泣的抗元战争，从此开始了奋斗与辉煌的传奇一生。二十九岁时成了红巾军的核心人物，三十四岁被奉为吴国公，四十一岁时称帝，他就是明太祖，开创了大明帝国。

由于经历了与众不同的苦难与惨痛史，朱元璋有其独特的人生体会。他亲眼目睹了元朝末年土豪劣绅肆意盘剥百姓，所以朱元璋称帝之后，与贪官污吏有不共戴天的仇恨，三番五次开展了大规模的反贪反腐运动，大有不把贪腐分子赶尽杀绝誓不罢休之势。朱元璋反贪反腐的手段花样之多，用刑之惨，也是前所未见。

朱元璋多次颁发劝诫官吏的反腐诏令和文书，甚至亲自编写反腐教材，对全体官员进行洗脑教育，力图从根源上杜绝贪腐现象的产生。

朱元璋称帝后第二年开始，为了巩固皇权，训诫后世子孙，确保大明王朝长治久安，朱元璋不厌其烦地颁发了《皇明祖训》、《臣诫录》、《醒贪简要录》、《彰善瘅恶录》等文书和诰谕，详细阐述了朱元璋的"荣辱观"。他还亲自担任主编，从全国刑事案件中挑选出上万例有教育意义的官民案列，汇编成一系列惩贪反腐的通用读本——《大诰》、《大诰续编》、《大诰三编》及《大诰武臣》。

朱元璋下诏，无论是当官的还是老百姓，必须做到人手一册，而且还要认真研读、深刻领会朝廷的惩腐精神。这些惩贪反腐的读本甚至还具备了赎罪的功能，"户户有此一本，若犯笞杖、徙流罪名，每减一等，无者每加一等。"——家中的书柜上如果有摆设这样书，以后你犯了法可以减免一等刑罚，要是没有，以后犯了法，那就罪加一等。如此的要求简直就是偏执狂。

不但如此，朱元璋还把《大明律》和《大诰》四部系列作为各级学校的必修课程，甚至连最偏僻的贫穷山村也要设置师塾进行传授，使得全体国民，上至皇室贵族下至挑担脚夫都要接受惩贪反腐教育。而且还与儒家经典一道，列入科举选拔考试的内容。你想当官从政，首先必须熟读这些反腐教科书，做到倒背如流，确立做一个好官、清官、德官的思想。

朱元璋还别出心裁，举行《大诰》诵读比赛。一时间，大街小巷、田野路边，人人手里都捧着一本《大诰》，如饥似渴地讲读着，那种情形就好像狂热的基督教徒们日夜不息地颂呼上帝。经过三十年的推广宣传，在全国范围内掀起了一股又一股的诵读热潮。到了公元 1397 年，民众对诵读《大诰》热情高涨，竟然有十九万三千三百人手捧《大诰》挤进京城，发疯似地讲读，如此的盛景绝对是空前绝后的。

朱元璋吸取元朝因"法度日驰、纪纲不振、主荒臣专、威福下移"而导致覆亡的教训，即位之后大力加强基层公民道德教育，重建封建礼教秩序。公元 1372 年朱元璋规定，全国各地都要建立申明亭，境内官民犯法，都要在申明亭上书写，将其曝光，以示惩劝。

当然，单纯依赖洗脑和政治思想教育是无法达到惩贪反腐的目的。总有一些满脑子都是金钱、完全把礼义廉耻抛在一旁的贪腐分子，决不会因为你的苦口婆心就悬崖勒马、改邪归正的。为了让缸里的水保持新鲜清洁，必须毫不留情地扔掉那些死臭的鱼。

朱元璋决心痛下杀手，向那些死不悔改的贪腐分子开战。这样的战争将旷日持久，比当年打一代枭雄陈友谅还要艰辛百倍。

朱元璋认为，虽然大明王朝建立了，但是元朝末年贪腐横行之风不会在一夜之间就消失的。“治乱世用重刑”，这是千百年来颠扑不破的原理。《大诰》系列编撰的目的除了对全民进行洗脑之外，还对法外用刑进行辩护，使之合法化。《大诰》系列从头到尾都是惨无人道的严刑酷法，其残忍程度超过武则天时代两大酷吏来俊臣、索元礼合编的刑讯逼供教科书——《罗织经》。像什么墨面文身、挑筋去指、挑筋去膝盖、断手、斩趾、刖足、枷令、常号枷令、枷项游历、重刑迁、充军、阉割为奴等，使得汉初以来已经消失了一千五百年的反人类肉刑重现人间。

最令贪官污吏心惊肉跳的是，朱元璋独创了一种“剥皮揎草”之刑，规定贪污赃款超过白银六十两的，押往府县衙门左边的土地神庙，那儿有座“剥皮亭”，将他的人皮完整地剥下来，晒干做成囊袋状，填充干稻草之后悬挂在官府公座的两旁，让继任者触目惊心，再也不敢胡作非为。

第一个享受“剥皮揎草”这一最高待遇的据说是开国功臣永嘉侯朱亮祖的儿子——府军卫指挥使朱暹。朱亮祖本是元军悍将，后来被朱元璋擒获。朱元璋怜惜朱亮祖的勇猛，赏他大把银子又给官做。但是朱亮祖身在曹营心在汉，偷偷跑回元军，继续与朱元璋为敌，不久又被擒获。朱元璋问，现在有话说吗？朱亮祖感动不已，发誓说“生则尽力，死则死耳！”从此成了朱元璋的死忠，跟随他南征北战，屡立殊功，被赐封为永嘉侯，公元 1379 年出镇广东。

朱亮祖仗着自己英勇善战，功勋卓著开始在地方恣意妄为，累犯不法。但是居功自傲的朱亮祖很快就碰到硬钉子——番禺知县道同。这个道同是个大孝子，当时的番禺黑道白道各种恶势力横行，尤其是驻军部队更加霸道，经常无故鞭打县衙门的官员，谁做知县都得吃不了兜着走，故而号称“烦剧”。道同上任之后，以硬碰硬，凡是无理取闹的一律严惩不贷，地方百姓这才安宁下来。

朱亮祖派人去找道同，恩威并用，就是想把他哄得服服帖帖。但是利诱也好，威胁也好，道同根本就不为所动。番禺城内有几十个土豪强行贱价收购市场上的珍奇宝物，主人稍作反抗，就遭到豪强们的报复。道同不胜其忿，把土豪的头头抓起来，锁上铁链，拉去游街示众。其他的土豪们见势不妙，纷纷向朱亮祖行贿，请他当保护伞，出面把事情摆平。

朱亮祖就宴请道同，好酒好肉款待，为那些土豪说话，并要求道同立即放人。道同严词拒绝，还责问朱亮祖，你身为朝廷大臣，怎么反而被小人所用？朱亮祖恼羞成怒，派几个士兵冲到街上，弄坏铁链，把那些罪犯都放了。从此公开撕破脸，跟道同势不两立，双方屡屡爆发正面冲突。

有个大富豪跟朱亮祖结为姻亲，他的几个兄弟仗恃欺人，气焰非常嚣张。道同毫不畏惧，又把他们全部抓起来，准备法办。朱亮祖干脆一不做二不休，派部下冲击府衙，将那些人犯通通劫走。道同无奈之下，只好上书奏报朝廷。但是朱亮祖恶人先告状，抢在道同之前，在朱元璋面前诬告道同，说他傲慢无礼，蔑视皇权。朱元璋一向很宠信朱亮祖，头脑一时发热，派遣使者到广东去，将道同就地处决。没等使者走多远，道同的奏疏就来了。朱元璋这才如梦初醒，像道同这样身卑不忘法，敢于同权贵势力做斗争，是个很有骨气的人物，堪可大用！又急忙派使者到广东去赦免道同，可惜晚了一步，道同已被处死。

这下惹毛了朱元璋，这个猪头竟然连我也耍了。第二年九月，把朱亮祖及其子朱暹召到南京城。一见到他们，朱元璋不说半句废话，立即让侍卫将朱亮祖父子活活鞭死。处决他们犹不能解朱元璋心中之气，又下令剥了朱暹的人皮，塞进干草，做成贪官实体标本，高悬在番禹县署衙，供官吏参观，以儆效尤。

朱亮祖案件之后，朱元璋越发认识到反腐的重要性。宁可错杀三千，不可放走一人。朱元璋又不断将反腐运动扩大化，走全民反腐之路，鼓动老百姓起来造反。允许群众从小门、旁门冲击府衙，将那些贪官污吏捆绑送京，交给朝廷审判，开创了群众批斗官员的历史先河。朱元璋出身于贫农，深知民告官的艰辛，于是又给那些绑官进京告状的农民大开绿灯。朱元璋下诏告示，妨碍群众批斗贪官，就等同于违抗朝廷命令，罪不容赦。

即使那些农民身上没有任何通行许可文书，各大关口也要放行，不得擅自阻拦。“其正官首领及一切人等，敢有阻拦者，其家族诛。”

在朱元璋的支持乃至于激励之下，大明帝国反贪反腐的声浪滔天，掀起了一波又一波群众批斗贪官的狂潮。时势造英雄，一个憨厚老实的庄稼汉陈寿六大无畏地冲向风口浪尖，名垂千古，成为大明第一农民。

陈寿六是常熟县人，该县有个无恶不作的官员叫顾英，他盘剥百姓，搜刮民财，无法无天。被欺压的大都忍气吞声，甚至连反抗的念头也不敢有。但是顾英很快就倒霉了，因为他遇到了“敢叫日月换新天”的陈寿六。

陈寿六辛辛苦苦种了一年，全家赖以活命的口粮全被顾英这个恶霸掠走了，甚至连明年的种粮也没有留下半粒。不在沉默中死亡，就在沉默中爆发。陈寿六和他的弟弟、外甥三人，手里各拿着一把红皮书《大诰》，从旁门冲进常熟县府，揪住顾英，暴打之后捆成一个粽子，扭送到南京。一路上陈寿六三人高举《大诰》，口呼万岁。所经之处，各级官员吓得口呆目瞪，谁也不敢冒着族诛的风险加以拦截。就这样，陈寿六沿途畅通无阻，犹如刮过一阵风，迅速抵达南京城。

如此破天荒的进京运动真是令人匪夷所思，更兴奋的还在后头。陈寿六受到了最高统治者——朱元璋的亲切接见，朱元璋似乎在他的身上看出了自己当年“横扫一切牛鬼蛇神”的大无畏精神。不但没有责问陈寿六以下犯上、以民犯官，反而赏赐陈寿六钞三十锭，三人各衣服两件，还免除了三年的杂役。

但是事情还没完，为了推广陈寿六这种批斗贪官的方式，朱元璋下诏褒奖，并严正警告地方官员，胆敢打击报复陈寿六的，我就将他族诛！当然陈寿六借着皇命为非作歹，砸了我的招牌，也同样罪不容赦。但必须将他送到京城，由我亲自审理。最后朱元璋在诏书里发出感叹，“其陈寿六岂不伟哉！”——陈寿六是个好同志，一个伟大的好同志！

陈寿六成了只有朱元璋一人可以动的的御用农民，是朱元璋铁腕反腐的一个小缩影。对陈寿六的肯定与保护，让人看到朱元璋温馨似朝阳的一面，但透过两大要案——“空印案”、“郭桓案”，更让后人看到了他冷酷如寒冰的另一面。

第 2 节　血腥的空印案和郭桓案

要说空印案，首先还得从空印这两个字说起。

明朝继承元朝的国家财政统计政策，有一个固定的流程——逐级向上汇报。州、县的统计部门将数字上报布政使司（即元朝的行省，一级行政机构），布政使司汇总之后再派审计专员赴京城，将地方的财政收支账目向全国最高财政机关——户部汇报。户部接到所有的统计数字之后，进行严密细致的审核统计。钱谷统计数字精确到分、毫、升、合，按今天的话说就是精确到小数点以后三、四个数字。

户部审核的结果必须是府县与布政使司、布政使司与户部之间做到毫厘不差。一旦发现不合，哪怕是一个小小的数字偏差，比如万分之三与万分之四，就必须将统计表册驳还给布政使司和府县，重新填写后，盖上原来的机关印信，再送交户部核审。这本来就无可厚非，不行重新来呗！问题来了，像浙江布政使司跟南京距离不过五百里，江西布政使司到南京也不过千余里，马儿跑的快，一两天就到了。但是像云南布政使司到南京的直线距离就有三千五百里，实际路程五六千里，马儿要跑一个月，来回就得两三个月。为了一个印信，折腾来折腾去，实在是活着受罪。

为了避免户部吹毛求疵的挑剔，各布政使司在进京汇报之前，除了携带已经填好的统计表册之外，另有备胎——盖上原机关印信的空白表册，这就是所谓的空印。如此一来，一旦户部统计出来数字不合，地方的审计人员只要在盖过官印的空白表册上重填就行了。省时又省力，效率大大提高。也有人认为，钱粮在运往京城的途中难免有些损耗，户部接收后的统计数字肯定有差异，至于差异多少无法预测，只能等户部申报时再填写在空印表册上。而且空印表册盖的都是骑缝印，根本无法挪用其他地方去，所以户部也乐观其成，我只要一个统计数字，其余的都不理不问。

这个空印备胎自元代以来就存在，一直使用了上百年，大家都觉得挺方便，明朝建立以后就作为惯例，一直沿用下来。空印的潜规则朝廷上上下下无不知晓，除了一个朱元璋。而在建国初期，朱元璋因为事务繁多，既要杀忠臣又要追杀残元势力，忙得晕头转向，无暇去过问户部的事。

但是到了公元 1376 年夏的某一天，当时全国的反腐反贪运动正搞得热火朝天。朱元璋突然心血来潮，让户部把那些钱谷表册都搬来翻翻。不翻不打紧，一翻就摊上了大事了。朱元璋是个很精细的人，马上就发现了空印。至于怎么发现的，不得而知。可能是用空印重填的表册色泽不同，或者是地方审计人员在表册中混杂了一两张空印，也有可能户部的人不经意提起。总之，世界上没有密不透风的墙，朱元璋知道了这个公开的秘密，立即引发他的警惕，这是明目张胆的贪污腐败！一旦户部与布政使司相互勾结，徇私舞弊，就可以轻而易举地行贪污冒领之事。

朱元璋迅速作出反应，当即下令严办，把赴京的地方审计专员全部抓来，彻查他们手中的空印表册。有一位浙江的审计人员辩护说，自元朝以来就有空印的事！朱元璋勃然大怒，大元帝国就是这样被搞垮的！

紧接着，朱元璋趁热打铁，扩大打击面，借机狠整那些不听话的官员。上至户部尚书王博，下至全国的十三个布政司、一千五百余个州、府、县大大小小的官员，不分良莠，全部冠上欺君罪名，加以惩处。凡是掌管机关大印的一律处死，其副职杖责一百，流配远方。朱元璋脸上杀气腾腾，这时候右丞相胡惟庸也是麻烦不断，左丞相李善长、左都御史汪广洋、右都御史陈宁等都不敢进谏。空印案遂一发而不可收拾。

是年九月底，发生了星变，令本已黑云压顶的南京城更增添了几分恐怖的色彩。朱元璋认为这是老天在警告他，就下诏求上言，指出皇帝的过错。有个叫叶伯巨的平遥儒学训导，趁机上了一折《万言书》，痛陈朝廷存在三大弊端：分封太侈、用刑太繁、求治太急。

不料朱元璋读后气得呼呼大叫，这小子是在借空印一事含沙射影，离间我的骨肉，速速逮来，我要亲手射死他！结果叶伯巨被抓到南京，投入大牢，受尽折磨，活活饿死。

再之后，有一个多嘴的读书人叫郑士利。他的哥哥郑士元生性耿直而且很有才华，官居湖广按察使佥事。荆襄驻军经常抢掠妇女，那些当官的都不敢吭声，只有一个郑士元跑去跟将领理论，要求他们无条件释放被掳掠的妇女。空印案起，郑士元受到牵连，进了监狱。郑士利摇头叹息，皇帝不知道，空印案根本就不是什么大逆不道的罪恶，只是没人提醒而已。如果有人劝谏，以皇帝的圣明，很快就会领悟的。恰逢星变，朱元璋求直言。郑士利大喜，可以啦！正要准备上书言事，既而看到诏书中有句话，“有假公言私者，罪。”郑士利说，我想说的，是皇帝滥杀那些无罪的人。我的哥哥不是掌管印信的负责人，本来就应该无罪释放。等哥哥杖罚之后出狱，我再说几句公道话，虽死无憾！

不久，郑士元出狱了。郑士利精神抖擞，大笔一挥，洋洋洒洒数千言，说了好几件事，其中最主要的就是评论空印案，为那些受空印案牵连的人辩护。郑士元的观点有四条：

第一，空印无用论。郑士利一厢情愿地认为，朱元璋之所以严惩那些使用空印表册的官员，是担心他们挪用空印表册，坑害老百姓。但是空印表册是两张纸盖上骑缝印，根本无法用来为非作歹，所以皇帝的担忧是多余的。

第二，空印无罪论。钱、粮的数额，一定要州县跟布政使司相符、布政使司跟户部相符，最终的数额要等户部核实后才知道。要是死板按照规定，数额有误差，得跑回原地敲上大印之后再回户部交差。可有的州县、布政使司距离户部有五六千里之遥，来回一趟少则数月多则一年半载的。所以备份个空印表册，只是权宜之计而已，自古以来就这样的，怎么算犯了大罪呢？

第三，空印无法论。国家确立一部法律，先得把法律制定出来，公示天下，做到人人皆知，有法可依。如果知法犯法，那就应该受到法律的制裁。但是大明律令千万条，没有一条涉及到空印罪。有关部门沿袭前朝惯例，那是墨守成规。现在突然间要对空印使用者大开杀戒，岂不是无法乱究吗？怎么让老百姓心服口服？

第四，人才非草论。十年树木，百年树人。国家培养一个人才非常不容易，那些清官廉吏的头颅可不是荒原上的野草，割了可以再长出来。就因为这小小的空印案，杀掉了一大批优秀的人才，皇帝难道就不心痛吗？

奏疏写好之后，郑士利独自关在旅舍里哭了好几天，郑士元的儿子很奇怪，叔叔哭什么呢？郑士利说，我想给皇帝说几句贴心话，必将激怒皇帝引来杀身之祸。但是死了一个郑士利，救了无数的好官，我死而无憾！于是进京献上奏疏。

朱元璋看了奏疏，果然大怒，责问郑士利，你背后的主谋是谁？郑士利笑着说，看看奏疏就知道，我一心为国为民，早已料到难逃一死，哪来的什么背后主谋？

结果自找麻烦的郑士利跟着已经出狱的哥哥郑士元一同被罚到江浦去做苦工。朱元璋受到郑士利奏疏的刺激，更是杀红了眼，将卷入空印案数百人全部杀戮，无一幸免。

在空印案中被处罚的官员除了布政使司属下的地方官，还有按察使司的监察官，其中也不乏清廉刚正的官员楷模。如济宁知府方克勤，他儿子方孝孺是个大文学家，后来因为拒绝为发动靖难之役的朱棣拟写即位诏书被杀。方克勤在任职期间生活异常节俭，一件破旧的布袍要穿上十年，一天三餐，只有一餐吃肉。方克勤做了三年济宁知府，境内户口增加了好几倍，全县都丰衣足食，颇受老百姓的拥戴，甚至唱歌来讴颂他。也因为清廉受到朱元璋的召见和表彰，但在空印案中还是难逃一劫。

朱元璋之所以要发疯似的搞出一个空印案，其初衷是要从空印案中揪出一两个贪腐分子做典型，但是大闹了两三个月，没有发现什么贪污的大案要案，只有数百个官员悲惨地倒在血泊之中。至于他们是否无辜，不得而知。但是有一点是肯定的，被杀的官员至少都犯下了欺君罔上之罪。朱元璋痛下杀手，严肃处理涉案人员，堵住了一个巨大的财务漏洞，将贪腐的风险扼杀在萌芽状态之下。九年之后爆出的户部侍郎郭恒特大贪污案，证明了朱元璋的未雨绸缪是无比英明的。

郭恒是山东东平人，公元 1372 年被任命为山西按察司佥事。四年之后发生了空印案，郭恒似乎受到了牵连。又四年，发生了惊天动地的胡惟庸案。再过了四年（公元 1384 年）朱元璋把郭恒调到中央，任命他做试户部右侍郎，不久又试尚书主户部，也就是暂代财政总长。朱元璋似乎觉察到郭恒有点不对劲，第二年（1385 年）正月提拔山东左布政使徐铎为户部尚书，郭恒降为户部右侍郎，充任徐铎的副手。

是年二月，大明的开国第一功臣徐达在北平病逝，这个徐元老也是燕王朱棣的泰山。或许是在徐达追悼会期间有人爆料，北平有高官与户部右侍郎郭恒狼狈为奸，舞弊营私。于是朱元璋暗中下令秘密调查。三月，御史余敏、丁廷举上书揭发郭恒勾结北平承宣布政使司李彧与提刑按察使司赵全德，大肆侵吞秋粮。郭恒在试尚书主户部任职时，浙西秋粮共四百五十万石，由他经手。但是郭恒仅仅上缴六十万石粮食和八十万锭白银，合计二百六十万石粮食，其余的一百九十万石被郭恒及其他的地方官鲸吞了。

朱元璋大为震惊，几年前空印案搞得沸沸扬扬，就是担心户部与地方官员相勾结，干下贪赃枉法之事。立即成立由审刑司右审刑吴庸牵头的秋粮案专案小组，对郭恒、李彧、赵全德等进行调查。调查结果更令朱元璋暴跳如雷，案子越闹越大，蛀虫越挖越多。六部除了吏部，各部几乎都有高官被查出有严重的经济问题，户部三个侍郎郭恒、胡益、王道亨，礼部尚书赵瑁、刑部尚书王惠迪、兵部侍郎王志、工部侍郎麦志德等等。

接着朱元璋按照那些贪官的口供顺藤摸瓜，准备在北平大搞一场，把燕王朱棣身边的人马清除干净。但是事与愿违，案中案主要集中在京畿附近的江浙地区。

最后公布出来郭恒案罪状是这样的：

经手浙西秋粮四百五十万石，但郭恒上交国库仅六十万石、钞银八十万锭，折算可抵二百余万石。其余一百九十万石未上缴国库。

伙同地方官黄文通、奸吏边源等私分浙西四府钞五十万贯。

伙同地方官张钦私分应天等五府州、县数十万的夏税、秋粮。

伙同承运库官范朝宗偷盗金银。（承运库储存金银、宝玉、布匹等物资，属户部管辖。）

伙同广惠库官张裕挪用钞六百万贯。（广惠库储存钞票，相当于今天的央行，属户部管辖。）

巧立名目，私自征收鱼盐税、水脚钱、口食钱、库子钱、神佛钱等赋税。

以上赃数合计精粮二千四百余万石，相当于大明帝国一年的财政收入。这个天文数字骇人听闻，朱元璋打死也不信，因此公布出来的赃数只有七百万石。追赃又牵连到全国各地的大地主、大官僚，中产阶级因而破产的不计其数。

郭恒案涉案赃额之多，牵扯面之广，极为罕见。朱元璋因极度愤怒几乎失去理性，下诏将六部左右侍郎以下全部处死。兵部侍郎王志被查出贪污钞二十二万贯，临刑前朱元璋问他，你怎么贪这么多？王志回答，财迷心窍，我看到白花花的银子就忘记了皇帝！朱元璋又问，那现在呢？王志叭叭掉眼泪，“臣临刑方觉悔不及矣！”——一句话道出了古往今来所有贪腐分子在接受正义的审判时，那种悔之不及的心态。早知今日，何必当初！

各省官吏死于狱中达数万人以上。其中也有不少官员蒙受不白之冤，而追赃又造成全国的骚动。朱元璋为了平息民怨，最后将主审官吴庸处死。

此案令朱元璋痛心不已，怒斥郭恒说，“呜呼！古今贪有若是乎！郭桓不才，乃敢如是，其中所分入已者几何，罪及同谋愚顽者，生死纪必枚焉，空仓廪，乏府库，皆郭桓为之。”——无法无天！我朱重八自娘胎出来就没有见过这么贪婪的官员！郭恒一个小小的户部右侍郎，就如此胆大妄为。他贪污多少，连累那些愚蠢的不法分子，都将被牢牢地钉在历史的耻辱柱上。掏空国库、扰乱经济，都是郭恒的所作所为。

郭恒案结案后，朱元璋发现那些贪官污吏作案的最主要手段就是涂改账目，将汉字小写数字如“一二三”等等，增添笔画加以改动，以达到鱼目混珠的目的。为了堵塞这一漏洞，朱元璋发明了一个巧妙的办法，将汉字小写数字全部改为大写数字，这一账册记录改革一直沿用到今天，对反贪反腐起到了有力的推动作用。

朱元璋执行“重典治吏”的政策，不断地将反贪反腐斗争扩大化，空印案、胡惟庸案、郭恒案、蓝玉案这四大案，官员被杀的将近十万人，导致了紧张和恐怖的政治氛围。在朱元璋时代，官吏薪酬、待遇之低，实在有点离谱。明末清初的思想家顾炎武都感叹道，“自古官俸之薄，未有如此者！”正一品官员俸禄每月 87 石米，七品县令的俸禄只有一品的十二分之一，每月 7.5 石米（约人民币 2200 元）。再加上发放俸禄时，执行“钞俸折色”，七扣八扣之后更低了。

在那个时期当官，不再是香饽饽。伴君如伴虎，一整天都提心吊胆的，几乎是活受罪，因而出现了拒绝当官的奇特现象。上海文人郁惟正被征诏入朝为官时，在朱元璋面前装疯卖傻，唱道“上海八都郁惟正，见患四肢风湿病。皇帝若还可怜见，饶了这条穷性命。”甚至有的读书人为了逃避当官，断指自残。

第 3 节 “贪腐元老”刘观和“三留知府”况钟

朱元璋采取血腥暴力反腐的措施，确实起到了澄清吏治的作用。朱元璋死后，长孙朱允炆即位，他就是建文帝。但是建文帝在位四年，整日忙于跟叔叔燕王朱棣的靖难军交战，根本就无暇肃贪。朱棣夺取皇位之后，把首都迁到北京去，他就是明成祖。明成祖一如其父，有腐必反，反腐必严，决不姑息养奸。

如公元 1407 年，广西布政司右参议吴翔收受贿赂，明成祖立即下诏将其交给都察院法办。山东布政司左参政何荡贪腐好淫，也被明成祖打入天牢治罪。另外，明成祖还仿照汉唐，于公元 1421 年令吏部尚书蹇义率一支二十六人的纪律巡视团，分巡天下，监察地方，进行吏治大整顿。在巡察河南时，右都御史王彰、给事中王励揪出了贪官污吏一百多人。

明成祖在位期间，老爹朱元璋的反腐余威尚存，再加上明成祖反腐得法，所以吏治较为清明，一直持续到明成祖孙子明宣宗即位之年。这时候大明王朝已经存在了近一个甲子，朱元璋时代的功勋旧臣大都在靖难之役中凋谢，所剩寥寥无几，其中以长期战斗在反腐战线上的五朝元老刘观最为资深。但是谁也没有料到，就是这么一个老资格的司法官成了宣宗一朝最大的贪腐分子。

刘观于公元 1385 年进士及第，刚开始任太谷县丞。公元 1397 年，朱元璋提拔他做署左佥都御史。明成祖上台，对刘观委以重任。先是提拔他做云南按察使，但尚未成行，又改为户部右侍郎。公元 1404 年，刘观调任左副都御史。当时御史台的两个首长一个过于严酷、一个又过于柔和，刘观见机行事，在二者之间和稀泥，左右逢源。由此深得明成祖的欢心，在营造北京城时，派他去浙江砍伐森林。公元 1408 年，刘观被提拔为礼部尚书。七年之后，任左都御史，当上了全国的最高司法官。明仁宗即位，以刘观一代老臣，赐封为太子太保，让他领取双份的薪水，受到的待遇不可不说优渥。

但是刘观做了左都御史之后，倚老卖老，摆弄资格，包庇、纵容嘉兴一郡不法的土豪劣绅，开始腐化堕落。嘉兴的冯本、张行，常州的王昶，松江的蔡林、陈庄等一伙地痞流氓盗窃官粮，强抢民女，甚至行凶杀人，按律当严惩。但是身为最高司法官的刘观收贿数千两白银、绮罗绸缎无数之后，摇身变为这些恶势力的保护伞，徇私枉法，使得罪犯长期逍遥法外。

更可恶的是，刘观还跟朝中党羽刑部郎中许惟、监察御史严皑和李纶等等，串通一气，狼狈为奸，多行不法之事。刘观的儿子刘辐凭着老爹的权势，作威作福，跟御史严皑里应外合，几乎控制了反腐机构御史台。那些御史慑于刘观父子的淫威，不但不敢检举揭发，反而为虎作伥，助纣为虐。浙江流氓伍辰、顾宗淳犯了死罪，但是向刘辐贿赂了数百两白银之后，逃得一死。

刘辐还盗用官府器物，开设酒楼，与严皑、户部主事汪润等等，整天躲在酒楼里，搂着妓女，过着荒淫糜烂的日子。就这样，在明宣帝初年形成一个以刘观、刘辐父子为核心，以严皑、汪润等朝中大臣为爪牙的腐败集团。明宣帝心中早就想割除这一毒瘤，但是刘观资历深、威望高、党羽多、势力众，而且控制了整个监察机构，一旦轻举妄动，极易酿成朝政的动荡。

公元 1428 年六月，明宣帝悄悄地把两大辅臣杨士奇、杨荣召到文华门，问他们，今天最腐败是哪一个？两人回答说是刘观。明宣帝又问，谁可以代替刘观。两人推荐通政使顾佐，此人素有清廉美誉，被称为当时“包孝肃”（包青天第二）。

摸清底细之后，明宣宗着手开始剪除尾大不掉的刘观。他首先采取调虎离山之计，让刘观离开老巢都察院，去巡防河道。刘观一走，明宣宗马上把顾佐提拔为都察院右都御史，将刘观架空。

接着，明宣宗敕令顾佐对都察院的御史进行一次大甄别，凡是廉洁勤奋、公正无私、老成忠厚的，留之。凡是贪淫无耻、受贿枉法、不务正业的，去之，并移交吏部惩办。在皇帝的支持之下，顾佐开始清理门户，各道御史共一百一十人，经过考察之后处分了三十人，其中的十九人涉及到贪污问题，被发配到辽东各驻军点扛木头。

整肃都察院之后，明宣宗又将监察御史严皑、方晰、吴杰等枷项示众，剪除了刘观的羽翼。墙倒众人推，破鼓万人捶。那些嗅觉灵敏的御史们闻讯群起而动，御史张循理等人纷纷上书弹劾刘观父子赃污不法之事。

扳倒刘观，水到渠成。明宣宗立即召集群臣合议，吏部尚书蹇义等一致认为，宜对刘观按法论处，以正朝纲。十月，刘观从黄河岸边被抓到京城，刚开始对自己的罪行百般抵赖，死不认罪。怒不可遏的明宣宗搬出一大堆秘密弹劾他的奏疏，其中有人揭发刘观贪污受贿累计一千金，刘观这才供认不讳，被打入锦衣卫狱，随后跟其子刘辐流配辽东充军。

扫荡刘观贪腐集团之后，明宣宗又对南京都察院进行了为时长达三四个月的整顿，发现三十个御史中竟然有十三个出了问题，全部将他们降黜。

明仁宗、明宣宗父子在位期间赈荒惩腐，法纪严明，吏治清廉，故而社会安宁，经济持续繁荣，呈现出国泰民安的盛世景观，是明王朝最为昌盛的阶段，后人称之为“仁宣之治”。

在这时期，涌现了许多清官廉吏，如被苏州知府况钟、号称“宁州七君子”之一的刘纲、吉安知府陈本深、山西参政樊镇等等。其中最富有传奇的是被誉为“包龙图复出”的况钟。

况钟幼年艰苦，七岁丧母，二十四岁被选用为礼曹吏员。况钟以敬业而著称，曾经受到明成祖三十一次嘉奖。公元 1430 年，时况钟四十七岁，受到吏部尚书蹇义的荐举，出任苏州知府。苏州为江南最富庶的城市之一，赋税徭役杂乱繁多，豪奸巨滑成群出没，勾结官府舞弊营私，最难治理。况钟上任的第一天，就针对那些贪婪残暴、庸俗无能的官员进行大整肃。处死了六个贪赃枉法的胥吏，将五个有贪污行为、十来个光吃饭不干活的官员炒了鱿鱼。对那些欺压百姓的豪强地主、则以严厉制裁和打击。经过一个月的整顿，苏州官场风气大为改观。老百姓拍手称快，无不将况钟奉为神明。

明代的户籍管理是世袭的，比如你参军打仗，你后代的户口都载入军籍里。如果阵亡了或者脱逃了，就要在原籍勾取你的子孙来替补。统治者这么做，无非是想保证有充足的兵源为他抛头颅、洒热血。有的军人在战场上很玩命，就是想立点功劳，让后世子孙脱离军籍。公元 1428 年，御史李立、同知张徽奉旨到苏州清理军籍，将大批无辜百姓纳入军籍，强行征兵。受到百姓的抵制之后，李立与军中暴徒相勾结，大肆屠杀，顿时苏州府七个辖县血流成河。仅吴江一县就有四百七十三人被冤为军户，被杀的不计其数。老百姓扶老携幼，填塞道路，哭声连天。况钟看在眼里，急在心里，上疏明宣宗，痛责李立、张徽不择手段、草菅人命，激化官民矛盾。在况钟的奏请下，明宣宗下诏苏州一百六十人免服军役，一千二百四十人只自己服军役，免除世役。

苏州号称粮仓，是国家财赋重地，官田的租税非常繁重。每亩官田少者征收一斗三升到四升的田租，多则征收五斗至三石的田租。老百姓不堪重负，怨声载道。况钟与巡抚周忱齐心协力，奏免了官田租七十二万石，荒田租十五万石，为苏州人民办了一件实实在在的大好事。

在纠正司法腐败上，况钟也颇有作为。苏州前任知府碌碌无为，一些要案、大案久拖不决，致使许多犯人老死在监狱里。况钟上任后，着手解决历史遗留问题。辖下的七个县，况钟排好日程，逐县清理冤案、假案、错案，结果共“勘部过轻重囚一千一百二十余名，吏不敢为奸，民无冤抑，咸颂包龙图复生。”——老百姓热泪盈眶，况钟是包青天投胎转世啊！有关况钟断案的文艺作品层出不穷，像深受百姓喜爱的《十五贯》等。明末清初文学家冯梦龙的《警世通言》书中，也有一篇有关况钟断案的传奇小说《况太守断死孩儿》，小说中说，“万民传颂（况太守），以为包龙图复出，不是过也。”冯梦龙还由衷地盛赞“况青天折狱如神”云云。

况钟在苏州任上关心百姓疾苦，为民办实事，由此颇受百姓的爱戴，并出现了感人肺腑“三离三留”。

公元 1432 年，况钟的母亲病逝。苏州百姓得知况钟即将回原籍守孝三年，纷纷向巡按御史请愿，挽留况钟。明宣宗感动不已，就诏令况钟夺情起复——提前结束守丧期，回到苏州任上。此为一离一留。

公元 1435 年，况钟要进京觐见皇帝。苏州百姓怕朝廷将他另调升官，在况钟即将启程时，又是扶老携幼，拦住了道路，甚至哭哭啼啼地扯住况钟的马车，躺在路面上。你要升官调走，就先从我身上辗过去吧。大有况钟不在，地球就停止运转之势。如此的误人升官实在是有点过分，但是况钟却觉得很踏实。不管官大官小，唯有受百姓爱戴的才是好官。第二年，况钟回来了。此为二离二留。

公元 1441 年，况钟担任苏州的父母官已经十二年了。按照朱元璋定下的官员考核原则，三年一考，六年再考，九年通考。况钟是圆满通过第四考了，在苏州的政绩太卓著，不升迁外调也不行啊。老百姓却不干，况知府好比我们的再生父母，你这么一走，万一来了个刻薄的，那么我们怎么活下去？有两万多人自发起来，成群结队，走诉巡按御史张文昌，哭着喊着要况钟留下来。这时候的皇帝已经是明英宗了。当朝执政的“三杨”看到这种情景，也是双眼泪汪汪的。那就让况钟呆在苏州一辈子吧！

那个时期，表现卓越的官员往往获得久任。明代担任地方官时间最长是宁州知州刘纲，一共做了三十六年。久任的官员都受到朝廷的补偿，要么物质奖励，加秩、赏赐等方式。要么是精神奖励，皇帝发布诰敕以示奖劝——相当于给他颁布一张劳模奖状。在苏州百姓强烈的要求之下，朝廷赐况钟正三品（在朝中跟都察院左右副督御史、大理寺卿平起平坐），仍担任苏州知府。从此，况钟的脚步再也没有踏出苏州城半步。公元 1442 年底，况钟病逝在苏州任上。况钟的灵柩从大运河运往江西老家时，苏州城内万人空巷，老百姓如丧考妣，哭声震天。临近的松江、常州、嘉兴、湖州之民，前往吊唁的络绎不绝。而运载况钟灵柩的船只上，没有任何金银珠宝，只有一堆书籍、日常衣物等等。

况钟生前在给子侄的一首诗中有这么一句，“膏腴竟作儿孙累，珠玉还为妻女瑕。”这也是况钟留给后代最宝贵的财富。《明史》是如此评价况钟这位清官楷模的，“终明一代，一人而已”。嘉靖时期的大清官海瑞也非常推崇况钟，赞颂他为“胜作十年救时宰相”。有两句如此之高的评语，况钟死而无憾矣！

况钟是“仁宣盛世”清官廉吏的标杆人物，也是那个时期政治清明的缩影。

第 4 节　搞垮明朝的两个太监

明宣宗病死之后，九岁的明英宗上台，在名臣“三杨”（杨士奇、杨荣、杨溥）及张辅的辅佐之下，继续了仁宣时期的反腐事业，吏治依旧比较清明，天下晏然。

随着“三杨”的相继去世，明英宗亲政，这株在温室里培育出来的鲜花根本就没有经受风雨的考验，很快地朝政就落在大太监王振手中，国家日益腐败，明王朝开始迈向衰落。

王振是大明王朝第一个专权乱政的太监。他生性狡黠，善于察言观色，深得明宣宗的信任，被派去侍奉太子（即明英宗）读书。明英宗即位后，王振任司礼监太监，成为宫中最具权势的太监。王振虽然野心勃勃，心机叵测，但是在“三杨”辅政时期，不敢轻举妄动，装出一副忠心耿耿的模样。结果连“三杨”那样的英明人物都被王振欺骗了，赞叹说“宦官中宁有是人”——想不到太监之中也有这样的好人！

“三杨”去世之后，王振无所忌惮，凶残狰狞的原形毕露，开始排除异己，残酷迫害那些不肯向自己低头的正直忠臣。国子监祭酒李时勉、大理寺卿薛瑄、监察御史李俨遭到罢职还乡，侍讲刘球惨死狱中，死后还被王振肢解。甚至连明仁宗的乘龙快婿——驸马都尉焦敬，也被王振套上枷锁，在长安门外罚站了十六天。王振气焰之嚣张可见一斑。

王振在打击异己的同时，培养自己的飞鹰走狗，工部郎中王佑谄媚王振，认他为干爹，王振假传圣旨，破格提拔他做工部侍郎。王振的两个侄子王山和王林被提拔为锦衣卫指挥同知和指挥佥事，王振的党羽。这样，逐渐在朝中形成一个以王振为核心的贪腐集团。

王振独揽朝政大权之后，公开卖官鬻爵，收受贿赂。福建布政司右参政宋彰贪污被弹劾，他向王振贿赂白银万两，反而升任福建左布政使。江阴有个富二代徐颐不学无术，通过行贿王振之后，很快就做了中书舍人，京城里的人都叫他“金中书”。地方官员每次入京朝觐皇帝，都要给王振献上一份厚礼，多的有千金，少的也有百金。

王振对内耍淫威，对外软弱屈服。当时的北方强敌瓦剌酋长也先，屡屡陈兵国境，王振竟然让他的死党、驻守边关重镇大同的太监郭敬每年为也先私造箭镞数十瓮，也先也回赠良马给王振。王振此举无异于引狼入室，让也先看透了明王朝的腐败，终于起了狼子野心，觊觎大明的国土。公元 1449 年，也先向明朝进贡马匹，借以邀赏。王振不肯多给赏赐，还不停地讨价还价。也先遂以此为借口，率军大举内犯。

在王振的擅权之下，明王朝的政治腐败导致了军事上的大溃败。王振极力怂恿明英宗御驾亲征，企图侥幸取胜，贪冒边功。王振的冒险之举遭到朝中绝大多数大臣的反对，兵部尚书邝埜、兵部侍郎于谦、吏部尚书王直等率领群臣竭力劝阻，但是明英宗在王振的挟持和煽惑之下草率出兵。

明军出动的数量超过五十万，兵多将广，但是所有的高级将领都失去指挥权，一切行动都听命于王振。成国公朱勇身为大将军，位高权重，可在王振面前也不得不屈膝而行。户部尚书王佐建议明英宗班师回朝，王振一怒之下，罚他跪在草丛中，直到天黑才能起身。

在王振的瞎指挥下，明军先是犯了冒险主义错误，一败涂地，而后又犯了逃跑主义错误，仓皇逃跑。在撤退时，王振希望大军经过他的老家蔚州，以显示自己的威风。但是到了蔚州，又怕军队和战马践踏了他的庄园，所以行军路线扭来扭去，搞得士兵们疲惫不堪，失去了甩掉也先的最佳时机。结果在宣府被也先的骑兵追上，明军死伤累累，狼狈撤向土木堡，终于发生了惨痛可耻的土木堡之变，数十万明军覆没，明英宗北俘。对王振恨之入骨的护卫将军樊忠抡起铁锤，一锤砸烂王振的脑袋，大呼道，我为天下除掉这个恶贼！

明英宗的弟弟明景帝在危难之际登上皇位，他做的第一件事就是抄了王振的家，共抄出金银六十余库、玉盘一百多个、六七尺高的珊瑚树二十余株，每一株都价值连城。

土木堡惨败之后，明朝陷入空前的大灾难，国家面临存亡之危，而王振这个无恶不作的巨贪大腐则是这场大危机的制造者。

明太祖朱元璋苦心积虑地开展了反贪反腐运动，曾经一度让那些不法分子不寒而栗。但是到了明英宗时代，尤其是太监王振擅权，纲纪扫地，整个官场贪墨成风。自朱元璋以来优良的反腐传统基本上被打断了，大明王朝由盛而衰，开始走向逆转，纲纪不断败坏，国势日益衰落下去。明英宗之后的几个皇帝，明宪宗好神仙方术、沉溺女色，致使太监垄断朝政；明孝宗类似于南宋的孝宗皇帝，进行吏政改革，一定程度上扭转了明英宗以来奸佞当道的局面，出现了“弘治中兴”。但是这个中兴之主年仅三十六岁就死去，继承皇位的是史上最荒淫的皇帝之一——明武宗。少年的明武宗天资颖悟，但是他身边出现了一个比祸国殃民的王振还要可恶十倍的太监，毁了明武宗的一生，也毁了大明帝国的光辉前程。

这个太监就是刘瑾，他名列美国《华尔街日报》评出的“千年来世界最富有的五十人”。这么一个世界级的大富豪并不能使中国人感到荣耀，因为他所有的财产，都是靠滥用职权、剥削亿万老百姓的血汗钱捞来的一个可耻的荣誉。

刘瑾本姓谈，明景帝时进宫为太监，被太监刘顺收养，改姓刘。刘瑾很会吹拉弹唱，所以明宪宗把他调到领教坊去，教宫女奏乐。明孝宗时，刘瑾犯了宫禁，被赶到茂陵（明宪宗的陵墓）去管理香火，后来又调到东宫去服侍太子（明武宗）。在东宫的那些日子里，刘瑾经常表演滑稽的节目，逗得太子十分开心。

明武宗即位时，刘瑾掌管钟鼓司，还是一个地位低微的太监。但是刘瑾身为下贱，心比天高。他通晓古今典故，明英宗朝的王振是他的偶像。刘瑾就跟其他的七个太监（马永成、高凤、罗祥、魏彬、丘聚、谷大用、张永）装牛扮马，整天耍猴戏给明武宗看，借机亲近皇帝。只要明武宗想看的，刘瑾没有表演不出来的，由此深得皇帝的欢心。没过多久，明武宗赐封刘瑾为神机营中军二司，让他掌管神机营下边的五千营。

但是朝中以大学士刘健、谢迁、李东阳为首的正直大臣，对少年皇帝亲近太监深感忧虑，于是发动科道谏官、九卿大臣上书弹劾刘瑾，要求将他正以国法。嫉恨刘瑾的司礼监太监王岳、范亨、徐智等人也暗中响应户部尚书韩文的号召，准备对刘瑾动武。

不料，刘瑾的党羽吏部尚书焦芳暗自向刘瑾泄密。刘瑾马上拉着七个难兄难弟，连夜跑进皇宫，围着明武宗跪成一大圈，把头磕得叮咚响，哭的死去活来。明武宗奇了，三更半夜哭什么呢？刘瑾说，王岳那小子要杀了我！

刘瑾的悲情外交收到立竿见影的奇效。明武宗大怒，当夜命令刘瑾入掌司礼监兼提督团营、丘聚提督东厂、谷大用提督西厂、张永等并司营务，宫中要职就这样全部落在刘瑾等八人手中。

第二天，刘瑾展开大反攻，勒令刘健和谢迁致仕，又派兵追杀太监王岳、范亨、徐智等。并提携亲信，树立同党，任命焦芳为文渊阁大学士、刘宇为兵部尚书。经过这一次事变之后，刘瑾完全掌握朝中大权，时人称之为“立地皇帝”。

刘瑾掌权之后，大肆掠财，收受贿赂，贪赃枉法，罪行累累。魏国公徐俌在无锡抢占百姓的田地，百姓上告官府。右副都御史、南京巡抚艾璞不畏强暴，秉公办案，勒令徐俌把田地还给百姓。不甘心失败的徐俌向刘瑾贿赂了大量的黄金，刘瑾派党羽刑部侍郎王佐、大理寺少卿王鼎为徐俌翻案，又将田地判给他。而正直的艾璞则被安上一个判案不公的罪名，被杖打五十，全家流徙海南岛。

晋王府镇国将军朱槺提出加封自己为郡王的非分要求，被礼部尚书李杰拒绝。朱槺一气之下，向刘瑾行贿。刘瑾一手遮天，假传圣旨，册封朱槺为郡王，并罢免了李杰。刘瑾把黑手伸到大明王朝的每一个角落，朝中百官无不受到荼毒，顺刘瑾者昌、逆刘瑾者亡。公元 1507 年，刘瑾擅自矫旨让尚宝卿顾璇、副使姚祥带上枷锁，赶到长安左、右门外。吏部推荐总督两广熊绣掌南京都察院事，但是熊绣先前在兵部时曾经得罪太监，于是刘瑾勒令他致仕。顺天府丞赵璜在担任济南知府，也得罪了太监，刘瑾耿耿于怀，随便找一个罪名，把赵璜打入大牢，贬官为民。诸如此类的贪赃枉法、假公济私、颠倒黑白之事，不可胜数。

刘瑾的掠财手段也令人发指，假传圣旨，像强盗一般公开抢劫。公元 1507 年，刘瑾矫诏派遣科、道官员，到地方各郡、州、县去清查官府仓库，凡是有储备粮、布等物资的，一律运往北京城。经过这次劫掠，地方所有的官府仓库为之一空。而那些物资大部分都成了刘瑾的囊中物。

公元 1508 年，刘瑾的贪污受贿达到了巅峰造极的地步。他无耻地公开向进京朝觐的官吏索贿，这一手段恐怕是师从王振而来的。刘瑾突然间下令，每个布政司要缴纳白银两万两才能放回。那些布政司使措手不及，为了安全回家，只得向北京城内的富豪高息借款，等回地方后再筹款还钱。

刘瑾又趁着地方发生灾害，假借赈灾，私吞大量赃物。如借湖广灾害，让老乡侍郎韩福到湖广去料理粮饷。但是韩福到了地方之后，肆意剥削当地老百姓，捞取白银数万两。不久，南京发生大饥荒，刘瑾却下令向凤阳运输大米三十三万石。多亏南京兵部尚书何鉴执奏报皇帝，南京的饥荒比凤阳严重啊，受灾也比淮西厉害。这才停止向凤阳运粮，否则又得落入刘瑾的腰包里。

刘瑾听说学士吴俨家中富裕，就派人向他索贿，答应给个官做。但是被吴俨拒绝，刘瑾恼羞成怒，在考核官员时将他罢免了。副都御史邵宝督办漕运，刘瑾也向他伸出索贿之手，邵宝不肯，结果被勒令致仕。平江伯陈熊在督办漕运时，刘瑾向他强行索取贿赂，陈熊连话都不回，刘瑾怀恨在心，把他贬到海南岛去。

左都御史刘宇是第一个给刘瑾贿赂万金级的官员，大大超过了刘瑾的期望值。刘瑾狂喜，盛赞说，刘公真是看重我啊！立即提拔刘宇为兵部尚书。

但是刘瑾为人刻薄，一朝骤贵，就把他的七个难兄难弟甩在一旁，结果众叛亲离。谷大用、马永成等屡求不得，对刘瑾怨气填胸。刘瑾又想陷害张永，幸亏张永狡诈，耍了个诡计，逃过一劫。

不作死就不会死。坏人的下场总是一样的。刘瑾的暴虐搞得民生凋敝，人心思变。公元 1510 年，安化王朱寘鐇高举“诛杀刘瑾”的旗帜，率先发难。刘瑾这才感到一阵恐惧，赶紧派遣都御史杨一清、太监张永率军前往宁夏镇压。张永平定朱寘鐇叛乱之后，就跟杨一清密谋，准备班师回朝，趁着战功，一举干掉刘瑾。

中秋节时，张永、杨一清率大军凯旋而归，从西北回到京城。半夜时分，张永偷偷去见明武宗，说刘瑾贪残无道激起了宁夏事变，心中不安，暗下图谋不轨之事。明武宗有点不信，挥了挥手，不要说这个了，喝点酒，明天再谈吧。张永说，我离开了这里半步，就没命了！明武宗这才问道，刘瑾到底想干什么？张永说，要夺取天下。明武宗漫不经心地回答，刘瑾要取天下那就让他去吧。张永哭笑不得，皇帝啊，刘瑾夺取了天下，那你要到哪里去？

就这么一句话戳中了要害，明武宗立刻翻脸了，那就干掉刘瑾。是夜，刘瑾正在睡大觉，一队禁军突然破门而入，刘瑾从美梦中惊醒过来，问道，皇帝在哪里？禁军答说正在豹房。刘瑾披着衣服还没有走出大门就绑得结结实实，关进菜厂里。

次日早朝时，明武宗公布刘瑾的罪状，并下令将其抄家。结果抄出一大堆金银财宝，其数目之多，令人瞠目结舌，堪称大明第一贪腐。据史书记载，刘瑾贪污受贿的赃物共有：

> 金二十四万锭，又五万七千八百两。银元宝五百万锭，又一百五十八万三千六百两。宝石二斗，金钟二千，金钩三千，玉带四千一百六十二束，狮蛮带二束，金银汤鼓五百，蟒衣四百七十袭，牙牌二匮，穿宫牌五百，金牌三，衮袍四，八爪金龙盔甲三千，玉琴一，玉宝印一颗。冬月团扇饰貂皮，扇中置刀二。衣甲千余，弓弩五百。以上金共一千二百五万七千八百两，银共二万五千九百五十八万三千八百。（按照美国《华尔街日报》的说法，刘瑾的家产合计黄金1200万盎司，白银2.59亿盎司。似乎混淆了单位。）

明武宗大怒，刘瑾这阉货果然要造反！立即下诏把他拉到午门去，凌迟处死。树倒猢狲散，刘瑾死后，其死党全部落网。刘瑾亲属十五人，并二汉、张文冕、杨玉、石文义等被斩首。张彩死在狱中，大学士刘宇及其子编修刘仁、曹元，前大学士焦芳及其子侍读焦黄中，户部尚书刘玑，兵部侍郎陈震，全都削籍为民。

摧毁刘瑾腐败集团，是明王朝中期反腐斗争的重大胜利。可是刘瑾的庞大家产被清缴之后并没有纳入国库，贪婪的明武宗将其全部运往自己的行乐场所——豹房，供他恣意挥霍。结果明武宗也因纵欲过度死在豹房里。

第5节　混迹官场的老手：严嵩

刘瑾被杀了，但是明王朝也一蹶不振。刘观、王振、刘瑾带来的腐败后遗症并没有得到彻底的清除，反反复复了二、三十年，终于在一个特殊的群体——内阁大学士中又重新发作起来，再度上演了寡头权奸霸持朝政，卖官鬻爵，招权纳贿的极端腐败现象。

内阁大学士本来只是明太祖设置的皇家顾问，随时提意见供皇帝参考，偶尔也参与打理国政，顶多只能算国务秘书。但是在明朝中后期，内阁大学士的权力逐渐攀增，已经不限于顾问或秘书的职权，而是凌驾于最高权力执行机关——六部之上，比过去的丞相有过之而无不及。内阁大学士的领头羊——首辅位高权重，随着吏治的腐败堕落，逐渐把权力集中自己手中，在得不到制衡的情况下，他们就会毫无忌惮贪污受贿，恣意掠财，祸国殃民。嘉靖时期的严嵩，就是利用内阁首辅的特权，大肆贪污，成为明王朝屈指可数的几个巨贪大腐之一。

严嵩出生于一个寒士之家，他的老爹是个落魄的读书人，把自己的梦想都寄托在严嵩身上。公元1505年，严嵩进士及第，被授予编修一职，参与修订国史。但是不久，严嵩生了一场大病，被迫回老家休养十年。在这期间，正值大太监刘瑾叱咤风云之时。

刘瑾集团覆灭之后，严嵩大概认为该轮到自己大展宏图了，所以从江西老家北上京城，想在朝中混个大官做。严嵩很走运，他遇到老乡、礼部尚书夏言。朝中有人好做官，严嵩很快就升南京翰林院侍读，署掌院事。不久又被提拔为国子监祭酒，相当于国立大学校长。当时的嘉靖皇帝痴迷于仙丹方术，就把朝政交给大臣处理，自己整天坐在丹炉前，乐呵呵地看着炉中翻腾的火焰。而夏言深得嘉靖的欢心，可说是朝廷上的讲话人。严嵩总算找对了人，官运亨通，步步高升，公元1532年做了南京的礼部尚书，两年后又改任南京吏部尚书（南京的那套行政班子徒有虚名，没有实权）。

公元1536年，严嵩又调任礼部尚书兼翰林院学士。严嵩的贪腐之路，就是从这时候开始走起的。礼部负责对外交流，比如说跟蒙古、西藏或西域等等，需要一批翻译人才。当时的翻译官也像现在这样，是个热门的职业，所以趋之如鹜。严嵩刚走马上任，就定下一个潜规则，公开向那些应聘者收取贿赂。结果严嵩门庭若市，送礼送钱的络绎不绝。严嵩又犯愁了，翻译官就几个名额，僧多粥少，怎么办？于是大幅提高行贿门槛。孰料第一次干黑心事就被曝光，御史桑乔在嘉靖面前狠狠地弹劾了严嵩一把，要求将他罢免。但是嘉靖执意为严嵩撑腰，轻轻遮掩过去。

公元1541年，皇室旁支交城王死去，无后。辅国将军想承袭交城王的爵位，就派使者任得贵向严嵩贿赂了黄白金三千两，又贿赂其他相关的官员。严嵩收取了贿赂，马上同意辅国将军的要求。但是其他的收贿官员被东厂的巡逻兵抓住了，交给司法部门审讯之后，都被判罚戍守边关，只有一个严嵩安然无恙。不久，永寿共和王庶子朱惟[illegible]跟共和王的嫡孙争王位，朱惟燱又贿赂了严嵩白金三千两。严嵩见利忘义，又批准了朱惟燱的请求。共和王的王后心中不满，派人到皇宫击鼓喊冤。御史叶经也弹劾严嵩贪赃枉法。严嵩又使用悲情战术，在嘉靖面前哭哭啼啼的，嘉靖看到他的可怜状，再次饶了他。严嵩从此越发胆大，贪赃枉法的事也越干越多。

第二年，严嵩攻讦曾经对他有恩的内阁首辅夏言，嘉靖宠信严嵩，将夏言革职闲住。严嵩入阁，当上了第一把手。当任首辅之后，严嵩开始有计划地卖官鬻爵。他首先牢牢控制六部中最重要的吏部、兵部，攫取官吏铨选大权，又间接掌握兵权。吏部、兵部的官员如同严嵩的仆人，稍不留意，就被骂得狗头喷血。吏部尚书李本、吴鹏等人完全听命于严嵩父子，兵部尚书许论更是把所有的军事指挥权、将帅任免权，都拱手让给严嵩的儿子严世蕃。

控制吏部、兵部之后，严嵩父子就明码标价，公开出售官爵。因为吏部为六部之首，掌握人事升迁任免大权，所以价格最高。吏部郎中、主事三千两，后来买的人多了，就翻了四倍，涨价到一万二、三千两。其余各有定价，州判三百两、通判五百两。指挥三百两、都指挥七百两。御史五百两、给事中八百两，后来也涨价到千两以上。

由于受到供求关系影响，严嵩父子就把竞争机制引入到官爵交易中。供小于求，水涨船高，官爵价格暴涨，严嵩父子就获得了更为丰厚的收益。而且严嵩父子很守信用，一手交钱、一手交货。只要资金到位，马上给你官做，绝不拖延三天。刑部主事项治原向严世蕃缴纳了一万三千两白银，当天就转为吏部主事。举人潘鸿业出价两千两百两，买来一个临清知州的官过过瘾。已罢官的李凤鸣行贿两千两白银，重新被起用，出任蓟州总兵。老废总兵官郭琮不想呆在家里含饴弄孙，就花了三千两白银，买到一个肥的流油的美差——负责漕运。

公元 1546 年，严嵩将儿子、尚宝司少卿严世蕃提拔为太常寺少卿，但仍然负责掌管玉玺的事。有其父必有其子，严世蕃仗着老爹权势，也大肆招权纳贿，成了严嵩受贿的代理人。

甘肃总兵仇鸾因为诬陷总督曾铣被免去职务在家闲坐，他通过重贿严世蕃，重新被任命为宣大总兵。就连抗倭名将俞大猷也受到严世蕃的勒索，背上莫须有的罪名啷当下狱。俞大猷迫不得已，只好高息借贷了三千两银子，馈赠严世蕃，这才免得一死，发配到大同立功赎罪。

严嵩还把黑手伸向前线军饷。户部输送到边关守军的粮饷，早晨出了仓库大门，下午就进了贪腐分子的家门。到达前线守军手中的只有四成，另外六成落进严嵩的腰包。根据史书的加载，那时候边关军费每年大约一百万两，超过一半被严嵩贪污。结果国库的储存还不够边关守军一年的支出，而严嵩的赃款可供前线开销应几年。严嵩侵吞军费的最主要途径是前线军官的贿赂，当时军中无论大小将校都得克扣银两，多的上万，少的数千，号称买命钱。严嵩侵吞军费，肥了自己，却苦了前线守军，败坏了边防。

经过二十多年的疯狂敛财之后，严嵩富甲天下，连奴才严年的家资也有数十万之多。一人得道鸡犬升天。严年最为狡黠可恶，狗仗人势，为非作歹。严世蕃卖官，他负责收钱，并抽取一成的回扣。严年还跟朝中大臣称兄道弟，互赠诗文。那些没有骨气的缙绅士大夫都争着跟严年结交，还尊称他为“萼山先生”。严世蕃不学无术，整天就干着招权纳贿的勾当，劫掠而来的金银珠宝塞满了府中的每一角落。严世蕃甚至站在堆积如山的财物前嚣张放言，就是皇帝老子也没有我这么富裕！

严世蕃有妻妾三十余个，睡象牙床、围金丝帐，过着荒淫无耻的寄生日子。两个儿子严鹄、严邵康，尽情挥霍着上一代无耻搜刮来的钱财，一年耗金两万，还整天为滚滚而来的财宝无处可放而发愁。

严嵩、严世蕃父子，就像一个可怕的黑洞，不断地吸进了四面八方来的钱财，成为当时明王朝内部最大的隐患。朝中正直的大臣纷纷上疏弹劾，其中以锦衣卫经历（主管锦衣卫文书档案）沈炼的痛斥严嵩最负盛名。沈炼为人刚正不阿、嫉恶如仇，是个铁骨铮铮的硬汉子。公元1550年，由于严嵩的腐败无能和瞎指挥，蒙古俺答汗率大军抄掠北京城，一时举国震惊，朝野哗然。但是朝中大臣慑于严嵩的淫威，都噤若寒蝉，连屁也不敢放一个。身为卑微小吏的沈炼毅然挺身而出，上了一道《早正奸臣误国以决征虏大策》，越级弹劾，“今虏寇（俺答汗大军）之来者，三尺童子皆知严嵩父子之所致也”，矛头直指严嵩父子，痛斥严嵩父子贪污受贿、擅权专政、结党营私，并列举严嵩父子的十大罪状，请嘉靖杀掉严嵩父子以谢天下。

严嵩视沈炼为眼中钉、肉中刺，给沈炼戴上一个恶意攻讦大臣的罪名，将他痛打一顿之后革职流放戍守居庸关。沈炼是一条铁骨铮铮的硬汉子，到了居庸关之后，整天以喝酒詈骂严嵩父子为乐。严嵩怀恨在心，终于在六年后捏造一个叛乱罪杀掉沈炼，把他的长子流放边关，次子、三子活活杖毙。

另一个视死如归的正义之士——兵部员外郎杨继盛并没有屈服于严嵩的血腥手段，他继续上书弹劾严嵩“五奸十大罪”，言辞比沈炼更加尖锐。严嵩自然不会轻易放过他。杨继盛被投进锦衣卫的死囚牢。在结局毫无悬念的情况下，杨继盛仍然不肯屈服，严嵩奈何不得。杨继盛在死囚牢中奇迹般地存活了三年，最后也被拉到闹市斩首。

但是大明王朝不怕死的人实在太多了，杀掉沈炼和杨继盛，还有数不清的后来人。在明知弹劾严嵩的胜算微乎其微的情况下，仁人志士依然如同飞蛾扑火，对严嵩发起了一波又一波的进攻。严嵩躲在嘉靖这道坚固的防火墙背后，安然无恙。

玩火自焚，物极必反，严嵩无底线的作恶终于招来了天谴。到了公元 1560 年，无数正义之士盼望的转机终于来了，严嵩赖以保身的防火墙被政敌——内阁次辅徐阶摧毁了。徐阶利用嘉靖笃信道家的弱点，暗中收买受嘉靖宠信的道士蓝道行。嘉靖视蓝道行为神仙，什么事都要向他请教。有一回嘉靖问蓝道行，内阁的几个辅臣都是正派人物吗？蓝道行装模作样地手舞足蹈一番，告诉皇帝，除了一个严嵩是奸臣，其余都是忠良之士。嘉靖又问，既然严嵩是奸臣，为什么神仙不惩罚他？蓝道行的回答很巧妙，神仙想让皇帝自个儿处理。

嘉靖无语了，因为严嵩的儿子严世蕃的荒淫成性令他很不爽。嘉靖态度的逆转被视严嵩为仇敌的御史邹应龙获悉。欲扳倒严嵩，必须找到他的罩门。严嵩的罩门就是贪得无厌的严世蕃。

公元 1561 年，严嵩的末日来临了。邹应龙上疏弹劾严世蕃贪赃枉法等种种罪行，一并连带指斥严嵩，说他广树朋党、陷害忠良、溺爱恶子。邹应龙在奏疏中誓言，要是有半句假话，那就砍了他的脑袋，高高悬挂在竹竿之上，以谢严嵩父子。邹应龙慷慨陈词、口沫横飞，嘉靖也怦然心动，终于抛弃了严嵩父子，把严世蕃打入大牢，勒令严嵩致仕。

经过为时长达两年之久的艰苦审讯之后，公元 1564 年，嘉靖下令将严嵩贬为庶民、抄家，严世蕃斩首弃市，几个孙子充军。严世蕃临刑之时，北京城内的老百姓奔走相告，纷纷相约提着酒壶，跑到刑场去欢庆这一历史性的反腐胜利。而严嵩也在两年之后精神崩溃而死，死的时候很凄惨，没有葬身的棺木，更没有前去吊唁的故人。

抄家缴获的严嵩家资是一个骇人听闻的天文数字。隆庆时期的文学家田艺蘅在其著作《留青日札》中做了详实的记录。清代有好事者根据嘉靖时期对严嵩的抄家汇报——《严嵩籍没册》残本重新辑录成一本专著《天水冰山录》，列出了长达数十页的物品清单。根据该书的记载，严嵩的家产如下：纯金器具三千一百八十五件，合计一万一千余两。玉器八百五十七件、耳环耳坠两百六十七对。布缎绫罗纱绒一万四千三百余匹。扇柄两万七千余把。另外严嵩在南昌和分宜老家还有三千三百余间宅第房店，拥有住房之多，实属古今罕见。世界上已经没有合适的词语可以形容严嵩的贪婪无厌了！

第 6 节　教条式的大清官：海瑞

有贪官，也必然会有清官。如果说超级大巨贪严嵩是明朝中后期官场极端腐败的集中缩影，那么被誉为清官楷模的海瑞，则可以说是那个时期清流阶层的典型代表。

海瑞是琼山（**今海南海口**）人，其先祖具有穆斯林血统。海瑞四岁丧父，他的母亲谢氏很有文化，挑起了养家育儿的重责。谢氏对儿子进行了虎妈式的苛刻教育，向海瑞口授《孝经》、《大学》、《中庸》等儒家经典。幼年的洗脑，使得儒家传统礼教深深地烙印在海瑞身上，成为他终身恪守的信条。

海瑞在老家琼山一直呆了三十七年，这期间明王朝风起云涌，严嵩大权独揽、祸国殃民，跟那些正直之士斗得天昏地暗。海瑞处在远离风暴中心的天涯海角，正为自己的前程而努力拼搏。曾有有个林姓的广东督学到海南岛去视察，看到海瑞的文章，大加赞赏。海瑞很受鼓舞，欣然参加乡试，写了一篇《治黎策》，阐述了自己对治理海南岛的看法。凭着篇富有真知灼见的好文章，海瑞乡试中举。

公元 1550 年，海瑞离开家乡，踌躇满志地北上京城参加会试。海瑞将自己的得意之作《治黎策》加以扩充，重新改写为《平黎疏》，献给了当权者。但那是大权奸严嵩专政，对海瑞的主张根本就不感兴趣。海瑞只得遗憾地落榜了。三年之后，这时海瑞已经跨入不惑之年，再次进京赶考，结果还是名落孙山。正当海瑞绝望之时，吏部给了他一个事做，到福建的南平县去做一个儒学教谕（**公办教师**）。海瑞从此当了一个教书匠，一教就是四年。

在南平教书期间，有一回延平府督学官下来视察，学校里的领导和老师都恭恭敬敬地跪下来，听取训话。只有一个海瑞挺拔而立，由此博得了一个“山字笔架”的雅号。

公元 1558 年，海瑞被提拔为浙江淳安知县。虽然当上了县太爷，但是海瑞生活过得出奇的清贫，穿着布袍、嚼着粗粮，所有的蔬菜、果实都是一个老奴垦荒栽种的，根本就没有大鱼大肉。只有在为老娘祝寿时，海瑞才花了血本买回两斤猪肉，一时成了当时最热门的八卦新闻。海瑞的顶头上司——浙江总督胡宗宪知道之后，也觉得太不可思议了，人生苦短，何必如此作践自己呢？海瑞以自身为表率，为加强廉政建设，颁发了两个法规，《兴革条例》和《禁馈送告示》。规定新官到任或离任，不许送迎。禁止互赠礼物，违者鞭笞四十等等。

对这样的下属，胡宗宪是既钦佩又害怕。有一回，他的儿子到淳安去游玩，招摇过市、横冲直撞，把招待他的驿吏倒吊起来。事情闹到海瑞那儿，海瑞也不管是不是胡宗宪的儿子，马上开具了一张数千钱的罚款单，还附上一张纸条，上面写着：胡总督过去带兵是最厌恶的就是铺张浪费，现在这家伙浑身名牌，奢侈豪华，一定不是胡总督的儿子。罚款单和纸条送到胡宗宪手中，胡宗宪是哑巴吃黄连，有口难辩。

在淳安知县任上，海瑞干过最惊天动地的事是顶撞严嵩的党羽——都御史鄢懋卿。鄢懋卿靠贿赂严嵩父子巡查江南盐政，他仗着自己的后台强硬，到处敲诈勒索，收受贿赂。他喜欢大讲排场，出巡时都要带上大小老婆、坐着十二个美貌少女抬的五彩轿。马桶要用锦缎当坐垫，夜壶要用白银镶饰。更令人讨厌的是，鄢懋卿非常虚伪，出行前总要下一道文书，什么民膏民脂都取自百姓，请体谅百姓疾苦，地方接待务必以俭朴为主。地方官听出了鄢懋卿的弦外之音，每次出巡都要竭尽阿谀奉承的本事，一顿酒席的招待费最少三、四百两银子。

海瑞却不吃这一套。鄢懋卿来到了淳安之后，海瑞马上给他点颜色瞧瞧，下令摆出素菜淡饭招待。鄢懋卿吃惯了山珍海味、美酒佳酿，一瞧桌上只有一碗大米饭，几根咸萝卜头，连肉丝也看不到，更别说美酒了，气得肚子鼓鼓的，像只蛤蟆。不但如此，海瑞还公开抗议说，淳安地方小，容不下鄢懋卿的豪华马车。这简直就是赤裸裸的挑衅！但是鄢懋卿听说过海瑞的威名，也不敢发作，只得绕道而走，暗中却指使巡盐御史袁淳整整海瑞。海瑞给袁淳写封信，准备进京到皇帝面前评评理。袁淳心虚，不准海瑞进京。

这时候海瑞已被提携为嘉兴通判，受到鄢懋卿事件的牵连，又被贬为江西兴国州判官。海瑞在兴国县虽不足两年，但也做过流芳百世的大好事。他清丈田亩，减轻百姓负担。还严惩了为非作歹的原兵部尚书张鳌的侄儿张豹、张魁，政声素著，深受百姓的爱戴。

随着严嵩父子腐败集团的覆灭，鄢懋卿、袁淳之类卑鄙小人一扫而光，朝中官场风气逐渐得到扭转，海瑞的日子也好过了。公元 1564 年，海瑞升任户部云南司主事。但是在京城里，海瑞也切身体会到朝廷的腐败和嘉靖的昏庸，忧国忧民之心促使海瑞决定冒死进谏。他吩咐家人准备好棺材，然后向嘉靖上了一道石破天惊的奏疏——《直言天下第一事疏》，痛批嘉靖的种种的失误，并疾呼“嘉靖者，言家家皆净而无财用也。”

嘉靖看了之后勃然大怒，下令赶快抓住海瑞，不要让他跑了！一个有正义感的大太监黄锦劝说，海瑞为人憨直，上奏疏之时就已经买好棺材，跟老婆诀别了。海瑞是不会跑走的。嘉靖又看了奏疏之后，这才发现了海瑞的刚正不阿。但是又不愿公开认错，就把海瑞打入牢狱。

等嘉靖彻底认识到自己的过失之后已经来不及，公元 1566 年，嘉靖死在乾清宫。看牢房的预料到海瑞很快就会出狱并受到重用，于是好吃好喝款待。海瑞却以为自己将被送上断头台，就狼吞虎咽，不想做个饿死鬼。当他得知嘉靖已死的消息，立即把吃下去都吐出来，哭的死去活来。海瑞的忠君爱国之心可见一斑。

嘉靖的儿子隆庆即位之后，马上下诏释放海瑞，并官复原职。不久，又改任兵部武库司主事。第二年，海瑞连任四职，从尚宝司司丞到大理寺右寺丞，再到大理寺左寺丞，最后担任南京通政司右通政。

公元 1569 年，海瑞以都察院右佥都御史，总督粮储、提督军务，巡抚应天十府。海瑞还没有莅任之前，就在江南刮起了一股强劲的廉政旋风。那些贪官污吏一听说有“海青天”威名的海瑞要来了，赶紧自动提交辞呈，卷起铺盖，躲得远远的。有钱有势的豪强本来把大门刷得红彤彤的，听到海瑞即将从天而降的消息，吓得连夜让人将大门涂改得黑不溜秋，就连那些在南京监督织造的太监也不敢再坐轿子了。

海瑞到了南京之后，立即大刀阔斧，开展反贪反腐运动。为了革除官场腐败，海瑞制定出《督抚条约》三十六款、《续条约册式》九款、《示府县严惩刁讼》等反腐法规。同时压抑豪强地主，扶助贫穷百姓。地主侵夺的民田，也被勒令归还给老百姓。任职期间，海瑞做过影响最大的事就是督促对他有恩的徐阶家族推田。

徐阶是粉碎严嵩腐败集团的第一功臣，也是一代名相张居正的恩师。但是徐阶罢相之后，成了老家华亭最大的地主，他通过兼并、霸占、受贿等非法手段攫取的田地高达四十万亩。徐阶家族在北京等地还经营了不少商铺，家仆员工多达上千人。徐阶的两个儿子和侄儿都是乡里的恶霸，祸患一方。但是徐阶对海瑞有救命和提携大恩，怎么处理这个老恩人，一度令海瑞纠结万分。最后海瑞决定铁面无私地催促徐阶主动、早日退田。

徐阶很不情愿地将一部分要退的田地列成表册，拿给海瑞过目，想敷衍了事。海瑞婉转地告诉他，你退田的诚意是有的，但是所退的数目太少，希望再努力点。徐阶见搪塞不过去，只好忍痛退掉一半以上的田地，同时将家奴裁减八九成。海瑞趁热打铁，对徐阶家族不法的亲戚子弟进行问罪惩处，在当时引起很大的反响。

海瑞不屈不挠的反贪反腐行动得罪了江南地区大地主、大官僚的群体利益，受到了朝中大臣的三次攻讦。刑科都给事中舒化率先发难，弹劾海瑞迂腐不通人情，做官可不能这样，应该让他退居二线。隆庆没有听从。

但是众口铄金，积毁销骨。不久，吏科给事中戴凤翔又诬告海瑞“包庇奸民、鱼肉缙绅、沽名乱法、滥受词讼”。这一回隆庆有点信了，将海瑞降职，做个专门看守粮仓的官——南京粮储都御史。但是海瑞的霉运还没走完，一个月后，御史杨邦宪第三次攻击海瑞，要皇帝夺了他的官职。内阁首辅高拱在杨邦宪的奏疏上签了个“依议裁革”的意见，隆庆彻底丧失对海瑞的信任，只说一个字“是”。海瑞十七年官宦生涯就此暂告一个段落，心灰意冷地离开南京，回到老家海南琼山，成了一个失意的自由人。

海瑞一罢官就是十六年。在野期间，朝廷的当权者发生了走马灯似的变化。隆庆死了，万历小皇帝继位。高拱下台了，张居正登场大搞独裁。朝中有人怀念海瑞的清廉刚正，屡屡上疏请求让海瑞复出。张居正不胜其烦，就派一个巡按御史去海南岛考察一下海瑞的情况。那位御史到了琼山，海瑞对自己的复出非常期待，特意杀了一头鸡做下酒菜招待。这可是他一生中难得的一次奢侈。那个御史看到海瑞的住处简陋不堪，比猪圈还要破烂，不由地感叹而去。

张居正最怕这种没有任何权力欲望的人。无欲则刚，一旦斗起来，势必将没完没了。这样的野生家伙，还是让他回归大自然吧。张居正的恐惧和忌恨，让海瑞复出的愿望终成空。十多年后，张居正死了，徐阶也死了。海瑞跨入了七十古稀之年，而万历皇帝也长成了一个帅小子，他一向器重海瑞的名望，就下诏让海瑞出山，做个南京右佥都御史。在赶赴南京的途中，圣旨又下来，海瑞改任南京吏部右侍郎。

虽然已是七十二高龄，但是海瑞仍旧念念不忘他的反腐大计。海瑞再次把当年抬棺谏嘉靖的犟脾气拿出来，仿效古人尸谏，上疏万历，列举明太祖剥皮囊草、贪污八十贯处以绞刑的严苛反腐措施，建议万历皇帝对贪官污吏施加虐刑。奏疏一上，朝野舆论大哗。御史梅鹍祚第一个站出来，弹劾海瑞。万历虽然认为海瑞言论不当，但是忠心可嘉，反而惩罚梅鹍祚，夺去他的俸禄。

有了皇帝的撑腰，海瑞得以在人生的最后一程上继续履行他的反腐使命。南京都察院里有个御史演戏取乐，海瑞准备效法朱元璋，将杖责那位御史。结果引发都察院全体人员的强烈反弹，御史房寰、钟宇淳上疏诋毁海瑞。

海瑞这才知道自己就是一个烫手山芋，无论走到了哪里都会被抛弃。再加上年老体衰，身心俱疲，于是接连七次上疏，请求还乡修养，都被万历拒绝。公元1587年，海瑞病重，卒于南京都察院右都御史任上。死时帷帐、箱子等杂物比贫穷人家还要破旧不堪，箱底一枚铜钱也没有，官员们不得不凑点钱给海瑞助葬。丧出长江，南京城内罢市的罢市，罢工的罢工，都跑到江边两岸，为的是最后瞧一眼这个千古罕见的大清官。人们夹江相送，痛哭失声者百里不绝。老百姓的心中会永远记住清官廉吏的。

第 7 节　太监帝国的最后疯狂：魏忠贤

嘉靖、万历朝的海瑞，仁、宣朝的况钟，都是千古罕见的大清官。但是他们毕竟只是在某个地方任职，展开的反贪反腐虽然卓有成效，但是其影响也仅仅是局部性的。万历首辅张居正在关键时刻，出手托起摇摇欲坠的明王朝，实行变革，采取的某些措施对澄清吏治、遏制贪腐也起到了一定的作用，可张居正的反贪反腐也带有很多局限性。虽然张居正信誓旦旦地宣称要拒绝腐败，但是他言行不一，不能身体力行，暗中多次接受官员的贿赂。海瑞评价张居正说，“工于治国，拙于治身”。正因为张居正自身存在着一系列问题，所以他死后遭到明神宗的清算，差点儿被剖棺戮尸。张居正实行的各项变革措施大都被废除，大明王朝弊端丛生，贪墨之风又日益盛行起来。

曾经多次把国家推到崩溃边缘的太监腐败势力卷土重来。万历死后，儿子朱常洛仅仅在位一个月就呜呼哀哉。十五岁的朱由校不得不仓皇登基，结果朝政落在大太监魏忠贤和乳母客氏手中，宦官专权也由此达到了登峰造极的地步。

魏忠贤本来是一个街头的小混混，他吃喝嫖赌，五毒俱全。魏忠贤没读过书，斗大的字不识几个，人人都叫他傻子，却是一个神箭手。他在赌场里跟一群恶少赌博，输的裤头都没有了，欠了一屁股债。魏忠贤为债务所逼，一气之下挥刀自宫，万历年间在太监魏朝的介绍下入宫，隶属太监孙暹手下。后来又成了皇太孙朱由校生母王才人的厨师，这是魏忠贤人生的转折点。通过魏朝，魏忠贤又结识了司礼监秉笔太监王安。

朱由校的乳母客氏好淫、残忍，本来跟魏朝结成对食夫妻。客氏听说魏忠贤还有一个软蛋，就抛弃了旧爱，另寻新欢。魏忠贤就是这样跟客氏结成死党的。两人串通一气，竭力哄骗年幼的朱由校，深得他的欢心。

公元 1620 年，朱由校即位，他就是明熹宗。朱由校赐封客氏为奉圣夫人，魏忠贤也告别了惜薪司，华丽转身，一跃成为位高权重的司礼监秉笔太监，兼提督宝和三店。朱由校从小就缺乏父爱，生母又在登基前过世，所以魏忠贤和客氏成了世界上最亲的人。朱由校就像伺候双亲那样，宠信魏忠贤和客氏。再加上朱由校是个木匠的天才，整天拿着斧头和铁锯在宫中叮叮当当，废寝忘食，乐此不疲。

于是魏忠贤逐渐控制了朝政，内外大权都由他一手操纵。内则在宫中有党羽三十多人，包括太监王体乾、李朝钦、王朝辅、孙进、王国泰、梁栋等三十余个太监。外则跟朝廷上的文臣武将结成“五五十联盟”。崔呈秀、田吉、吴淳夫、李夔龙、倪文焕等五个文臣为魏忠贤的谋主，称之为“五虎”。田尔耕、许显纯、孙云鹤、杨寰、崔应元等五个武将为魏忠贤的爪牙，称之为“五彪”。此外还有吏部尚书周应秋、太仆少卿曹钦程等十个大臣为魏忠贤的走狗，称之为“十狗”。在民间，魏忠贤还私养了不少死士，有“十孩儿”、“四十孙”等等。举朝阿谀奉承者不可胜数，都称呼魏忠贤为九千九百岁。一个以魏忠贤为核心，包罗内宫、朝廷、民间，上自内阁、六部，下到地方总督、巡抚，规模空前的腐败集团就此宣告诞生。这个阉党集团成为明朝后期的大毒瘤，基本上垄断了中央大权，大行招权纳贿，贪赃枉法，无恶不作，直接危及整个王朝的统治。

为了确保自己的地位稳固不可动摇，魏忠贤又向兵权伸出了魔爪，让亲信刘应坤、陶文、纪用镇守北方战略要地山海关。又让太监涂文辅总督太仓银库和书慎库，崔文升、李明道总督漕运和河道，牢牢地抓住了整个国家的经济命脉。南京内库是北京城外唯一储存金银珠宝的府库，魏忠贤对此垂涎三尺，终于有一天假传圣旨，窜进南京内库，将其盗窃一空。魏忠贤还大肆收受贿赂，如他拥有名马千余匹、骡数百只，都是边关守将贿送的。而且骡、马所佩的鞍、辔异常精美，都是守将挪用军费，为魏忠贤精心打造的。

公元 1623 年，魏忠贤又接管特务机构——东厂。而他的干儿子田尔耕又成了锦衣卫的都督。魏忠贤把厂、卫变成自己打击异己的利器，在全国各地设立分支机构，甚至远在朝鲜半岛也可以见到厂、卫士兵活动的踪迹。“民间偶语，或触忠贤，辄被擒僇，甚至剥皮、封舌，所杀不可胜数，道路以目。”——当时厂卫特务非常猖獗，无孔不入。他们仿佛在每家每户都塞进了窃听器，无论多么偏僻的地区，只要有人在私聊中触及对九千岁的怨恨或不满，马上就会被揪出来，处以酷刑，甚至剥皮、挖舌头。一时间搞得全国百姓惶恐不安，就连晚上睡觉也是提心吊胆。有一天深夜，北京城内有四个人在暗室里喝酒，喝着喝着一位老兄醉醺醺地骂起魏忠贤来。其余三人吓得不敢出声。孰料骂声未了，立即有几名特务破门而入，像老鹰捉小鸡似的，把那四人抓去见魏忠贤。骂人者当场被剥皮，另外三人则被赏了银子后放回家，但是差点吓出精神病来。

一些忧国忧民的有识之士逐渐结合成一股强大的政治力量——东林党人，为了拯救大明王朝的命运，与魏忠贤的阉党集团展开你死我活的殊死搏斗。

公元 1624 年，东林党人左副都御史杨涟上书弹劾魏忠贤二十四罪，拉开了东阉之战的序幕。但是在明熹宗的包庇之下，魏忠贤安然无恙。

公元 1625 年，魏忠贤的阉党集团大举反扑，将东林党人左副都御史杨涟、左佥都御史左光斗、吏科都给事中魏大中、河南道御史袁化中、太仆寺少卿周朝瑞、礼部员外郎顾大章等六人打入大牢，诬蔑他们收受边关守将杨镐和熊廷弼的贿赂。六人惨遭拷打，瘐死狱中，时人称之为东林党前六君子。

次年，魏忠贤又杀害了东林党的领袖左都御史高攀龙、吏部员外郎周顺昌、右佥都御史周起元、左谕德缪昌期、福建道御史李应升和周宗建、山东道御史黄尊素七人，时人称之为东林党后七君子。

经过两次的反扑，东林党遭到毁灭性的打击，就连位于无锡的东林党总部——东林书院也被魏忠贤拆成一堆破瓦砾。魏忠贤阉党集团的权势得到了进一步巩固，气焰更加嚣张，已经到了为所欲为的地步。整个大明王朝笼罩在魏忠贤太监帝国的阴影之下，完全失常。明熹宗仍然窝在紫禁城内，忙他的木工活儿，无暇顾及朝廷上的事，一切全凭魏忠贤做主。朝中群魔乱舞，几乎都是阿附魏忠贤的官员，肉麻的颂呼声不绝于耳，渐渐掀起了一股个人崇拜的逆流。

公元 1626 年，浙江巡抚潘汝桢开了一个恶例，他为了向主子表孝心，奏请明熹宗建立生祠，把魏忠贤当做活神仙高高供起。不久，仓场总督薛贞说草场失火，幸亏了九千岁及时救火，这才没有造成损失。于是全国刮起了建造魏忠贤生祠的热风，“海内争望风献媚，争颂德立祠，汹汹若不及。”各地的巡抚、巡按什么事都没有做，都在为建造生祠忙得不可开交。一年之中，四十余座规模庞大的魏忠贤生祠如雨后春笋般拔地而起，北京、浙江、江苏、山东、河南、山西、湖广、四川、陕西等都有，几乎遍布全国各地。

为了修建魏忠贤生祠，各地不惜挖平百姓坟墓、广占民田、大肆砍伐森林，浪费资源无数。河南开封为建生祠，竟然毁掉民房两千余间。百姓的房子被扒，流离失所，家破人亡。祠堂里供奉的魏忠贤塑像制作精巧、装饰华丽，用上等的沉香木雕刻而成，眼、耳、口、鼻、手、足一概俱全，栩栩如生。塑像的肚子里又用金玉珠宝填充，外面则穿着绮丽的衣服，头上的发髻插着四时香花。每一尊塑像就要耗费数不清的银两。生祠落成之后，各省的巡抚、巡按都率领一大帮知府、通判等官员，到魏忠贤塑像前齐刷刷三跪九叩，以表忠诚。全国各地也竞相仿效，魏忠贤崇拜的热潮也越闹越高涨。

第二年，国子监生陆万龄又将魏忠贤跟大圣人孔夫子相提并论，称孔夫子著《春秋》，九千岁也著有《要典》，孔夫子诛杀少正卯，九千岁也诛伐东林党。身为儒生，陆万龄失去了读书人应有的气节，不伸张正义，反而为虎作伥，带来了极为恶劣的影响。如此的溜须拍马，实在是令人匪夷所思。

魏忠贤因此愈发嚣张起来，为了显示自己的威风，公开现身于北京城内各大闹市、街口。通常司礼监秉笔太监没有公事，禁止随意到宫廷外面活动。但是魏忠贤连皇帝都视之如掌上玩偶，更别说那一套老规矩了。魏忠贤每一次出宫，都是大兵团活动，数千名骑兵前呼后拥，威风凛凛。魏忠贤又嫌坐轿子行动迟缓，就改乘四匹骏马拉的大车，上面有青盖羽幢——华丽的太阳伞，俨然是皇帝的乘舆，在大街之上横冲直撞，跑得比飞鸟还要迅疾。尘土飞扬之中，两旁铙鼓鸣镝之声震耳欲聋。魏忠贤左右两侧那些厂、卫的士兵们穿着锦衣、佩着玉带、蹬着皮靴，手中还握有绣春刀，如狼似虎。队伍的最后则是数万名厨师、戏子、挑夫、仆人等等，黑压压的一大片，从头看不到尾。出行前手下要事先安排好路线，在各个休息点摆满食品、衣服等物。沿途所经之处，家家户户都得焚香插柳，仿佛在恭迎菩萨降临一般。士大夫都要跪候在大道旁，山呼九千岁。那种排场与气势，堪比皇帝出巡。

公元 1627 年，明熹宗加恩魏忠贤三等，侄儿魏良卿太子太保，袭伯爵锦衣卫指挥，另一侄儿魏明望进秩少师。魏忠贤的族孙魏鹏翼才两岁，尚在襁褓之中，也被封为安平伯。另一族孙魏良栋三岁，也被封为东安侯。魏忠贤的权势至此达到了巅峰。

但是一个月后，随着明熹宗的驾崩，魏忠贤也走到穷途末路。上台的崇祯帝朱由检虽然只有十七岁，但是却表现令人赞叹不已的老练和冷静。他不动声色地继续尊崇魏忠贤，你假装要辞职，我也假装不答应。还赐给魏良卿、魏鹏翼丹书铁券，让他们买到了一份生命保险。但是在一切准备就绪后，崇祯帝突然杀了个魏忠贤措手不及。先是以“擅窃国柄、诬陷忠良”的罪名，免去魏忠贤的所有职务，把他甩到凤阳去看护明朝皇室祖陵。而后将阴狠歹毒的奉圣夫人客氏抄家、族诛。

紧接着，崇祯帝以迅雷不及掩耳之势，将魏忠贤阉党集团的成员一网打尽。免去了河南道御史倪文焕、吏部郎中周良材、工部尚书吴淳夫、吏部尚书周应秋、兵部尚书田吉、太仆寺卿白官始、尚宝司卿魏抚民、东厂太监张体干，漕运太监李明道、崔文升等人的职务。将魏忠贤的“五虎、五彪”处死的处死，流放的流放，在短短一个月之后基本上将阉党集团清除干净。

魏忠贤被贬到凤阳，还畜养了许多死士，佩戴凶刃，准备做困兽之斗。崇祯帝闻讯大怒，让锦衣卫赶往凤阳，把魏忠贤卓抓回北京城审讯。魏忠贤等人走到河北阜城时，自知难逃一死，就跟着同犯李朝钦在旅社里自挂东南枝。崇祯帝下令将魏忠贤肢解，砍下头颅高悬于河间府示众。这一权阉终于得到应得的报应。

公元1629年，崇祯帝颁布《钦定逆案》，宣告了这次反腐大战取得了圆满的胜利。虽然抄家时官方并没有公布魏忠贤的家财数量，但是从他的谋主崔呈秀就抄出了七万两白银、三百两黄金、三百件箱柜、二十六处房产共七百四十九间，魏忠贤的财产肯定也是个天文数字。

魏忠贤专政七、八年间，是大明王朝历史上最黑暗的年代，朝政完全处于混乱状态，黑白颠倒，纲纪败坏，国家濒临崩溃。崇祯帝即位之后，看到持续了两百多年的大好江山已经被一条条蛀虫侵蚀得成千疮百孔，很快就要化为朽木烂土了，下定决心整顿吏治。他首先清剿以魏忠贤为首的贪腐集团，而后模仿朱元璋，用严刑峻法来惩治贪腐分子。崇祯登上皇位的第一天就告诫文武百官，“三尺俱在，断不尔贷”。——那些贪官污吏听着，你们要想活命，先得问问我手中的宝剑饶不饶你们？崇祯年间，被杀掉的宰相级朝廷重臣十余人，并且恢复了举荐连坐之法。可以说，崇祯的反腐手段是明朝中后期最强硬的。但是大势已去，魏忠贤腐败的余毒已经浸透入明王朝的骨子里，政治腐败引发了恶性连锁反应。军事惨败，后金肆虐于辽东，北京城的屏障一个个接连丧失。经济崩溃，财政连年亏空，日益恶化的通货膨胀。征收“辽饷、剿饷、练饷”三饷，加重了民众的负担，终于激发了农民大起义。

就在崇祯帝为剪除阉党集团而得意洋洋时，陕北白水王二发起暴动，杀死知县张斗耀，揭开了明末农民战争的序幕。王嘉胤、杨六、不沾泥等也在陕西府谷举旗响应，星星之火可以燎原，由于明王朝反应迟钝，农民义军犹如席卷残云，一发而不可收拾。崇祯左冲右突，殚精竭虑，还是未能撑起哗啦啦倾倒的大厦。

大清（*后金改名*）也趁火打劫，崇祯内外交困，加之他性格多疑，刚愎自用，冤案迭起，民心思变，大明王朝已成土崩瓦解之势。崇祯见回天乏术，终于心灰意冷，自挂于煤山半山腰的一个歪脖子槐树上。清军入关，定鼎北京，明朝灭亡。

第九章
清朝前期：巅峰时代的反腐与没落

第 1 节　顺治反腐：贪官斩立决

清朝取代明朝，是继元朝之后第二个由少数民族统治全中国的政权。清朝统治者刚刚入主中原，为了收拢人心，打着替明朝复仇的旗号，厚葬崇祯帝，也多次颁发大赦、特赦的“恩诏”。但是摄政王多尔衮吸取明亡教训，狠整贪污行贿，将其列入不赦之列。

顺治皇帝在公元 1644 年颁布的即位诏书中，专门针对贪赃枉法列出一条惩处办法，“官若奸贪，则贿赂肆行庸恶幸进、无功冒赏，巨憝得以漏网，良善必至蒙冤吏胥舞文。小民被害，政之紊乱，实由于此。自本年五月初一日以后，凡在京大小衙门，及在外抚按司道各府州县、镇协营路军卫等官，并书吏、班皂通事、拨什库粮长十季夜不收等役，但有贪贿枉法、剥削小民者，照常治罪，不在赦例。”在登基的第一天，顺治就承继了多尔衮的做法，发出了反贪反腐的最强音。

顺治反贪反腐的指导思想是“安民之本，首在惩贪”。为此，顺治及其大臣们加强了立法工作，公元 1646 年，以前朝《大明律》为蓝本，参考后金时代的一些律法，制定《大清律》，颁行天下。在《大清律》中出现的贪腐罪行有：

监守自盗罪——侵夺国家财产。赃款达一千两以上，杀无赦。

枉法赃——受贿后枉法。赃款达八十两以上，处以绞刑。

不枉法赃——受贿后没枉法。赃款达二百四十两以上，处以绞刑。

顺治即位之初，对贪腐分子的严惩甚至超过了《大清律》的规定。公元1651年，顺治在给都察院的训话中，针对反腐重点讲了三句话。“朝廷治国安民，首在严惩贪吏。”惩治贪腐是治理国家的头等大事，攸关政权的安危。“欲严惩贪官，必在审实论罪。”惩治贪腐务必在司法程序上严格把关。“大贪官员问罪至应死者，遇赦不宥。”要让那些贪官污吏没有好下场，遇到大赦也不免。

公元1655年，顺治谕刑部，“贪官蠹国害民，最为可恨，一向法度太轻，革职问罪之后，还能享用赃资，以致贪风不息。今后大小官员，凡受赃银十两以上者，除依律定罪外，不分枉法不枉法，一概籍其家产入官！着为定例。”四年后，顺治又做了更为严厉的修正，“今后贪官赃至十两者，免其籍没，流徙席北地方，其犯赃罪应杖责者，不准折赎。”

将贪官污吏流徙的定罪量刑标准设在赃银十两，世人似乎在顺治身上看到了明太祖朱元璋的影子，但是各级官员却纷纷吐槽。凤阳巡抚林起龙第一个反对，“惩贪之法，自奉新例流徙，犯人惧罪，不吐真赃，岁少赃赎，以致亏饷。”——把量刑底线设得这么低，贪污十两就得流放，会吓坏那些贪腐分子的。他们敢老实交代吗？他们不吐出来，国库收入就减少了一大块。还是按照四年前的旧例，免于流放，将赃款没收充公。

顺治把林起龙大骂一场，“立法止贪，今因济饷而贷法，如民生何？”——立法是为了遏制贪腐，现在就因为那么一点国库收入，让贪官污吏逍遥法外，老百姓要怎么办？

顺治在位十八年，确实是清朝反贪反腐最严厉的时期之一。他亲自批处的贪污案共四十四起，其中六起属于一、二品高官重大案件。

这个时期影响较大的贪污案有四起。

江宁巡抚土国宝贪污案。土国宝原是明朝末年的太湖盗匪，后来被明将洪承畴收编。清军入关之后，土国宝可耻叛投，并成为屠戮抗清义军的刽子手。公元1647年，吴胜兆在松江府举旗反清，事败之后土国宝下令对松江进行血腥大屠杀。每天要杀戮一百人，一直杀了半个月。凡是抓到反清义士，无论死活，只要嘴巴能动的一律砍头。土国宝的残忍无道博得了清廷的好感，次年被提拔为江宁巡抚。在任上土国宝大肆贪污受贿，包庇外甥左营游击杨国海贩卖私盐及硝磺，每个月收受贿赂三百两银子，先后累计达数万两。时人讥讽他“土埋金，谢土好”。公元1651年，顺治诏谕将土国宝隔离审查，土国宝畏罪自杀。

漕运总督吴惟华贪污案。吴惟华是明恭顺伯吴允诚之后，多尔衮进入北京城时，吴惟华是最早投诚的明军将领之一。公元1651年，被任命为漕运总督。漕运是国家的经济命脉，也是油水最多的部门。吴惟华任职才一年，就挪用赃银一万一千六百余两。结果被负责反腐的巡漕御史张中元揭发。经刑部审议、查证后罪名属实，按律当斩。顺治念起归顺较早，又征战有功，就网开一面，免其一死，但是革职削爵，永不录用，所获赃款充公入库。

山东巡抚耿焞贪污案。耿焞，奉天人。在担任山东巡抚期间，利用职权之便，大肆索贿收贿，累计达六千两银子。公元1659年，这只蛀虫被挖出来。经司法部门审讯，决定将其斩首弃市。但是耿焞在追赃期间就病死狱中，没有被送上断头台。顺治仍不予轻饶，下诏将其抄家，财产没收充公。此后，顺治下了一道极为严厉的反腐诏令，“贪官污吏，问拟秋决，即按期处决。何得以追赃未完又请监侯？以后凡系贪污应秋决者，不许再请停决，著永著为例。”——贪官污吏判处死刑的，时间一到立即执行。决不容许以种种借口拖延缓刑，让贪官污吏有苟延残喘的机会。

在这风口浪尖，揪出来的大贪官除了山东巡抚耿焞，还有江南按察使卢慎言，他是顺治时期被惩办最为严厉的贪腐分子，被处以罕见的凌迟极刑。

卢慎言于公元1657年由四川川北道参政，升为江南按察使司按察使。按察使是总督、巡抚属下专门负责司法、监察、逮捕的省级高官（相当于今天的公检法），肩负着地方反腐重任。但是这位老兄随着职务的升迁，胃口也越大，利令智昏，完全忘记了自身的责任。他生性贪婪，不但自己贪污受贿，赃款达数万两白银，而且纵容、包庇其父亲卢传、弟弟卢二贪虐乡里，干下违法的恶事。

卢慎言得知江宁巡按卫贞元要将他告上朝廷，又私下向卫贞元行贿了八千两白银，作为封口费。但是卫贞元不吃这一套，在公元 1658 年十一月上疏顺治，揭发卢慎言的贪腐行为。

当时山东巡抚耿焞贪污案刚刚爆发，严厉的反腐诏令发布还没有几天，又接到卫贞元的奏疏，顺治震怒，大清的贪官真是比蚊子还多。立即下诏革去卢慎言的一切职务，差人前去捉拿卢慎言、卢传、卢二等犯人，连同收缴的赃物，一块儿带到北京城，准备大刑伺候。

结果揪出一个卢慎言，搅浑一池春水，连累了大批官员。卢慎言尚未抵京之前，顺治就把地方各省的布政使和按察使都叫到北京城，召开"天下朝觐藩臬"会议，部署反腐重点工作。在会议上，顺治严查江南右布政使王无咎、漕运总督兼凤阳巡抚亢得时举荐卢慎言的责任。

王无咎狡辩说，自己对卢慎言的犯罪行为实不知情。顺治当头给予棒喝，像卢慎言如此可恶的大贪异酷之人，你不但举荐他，还包庇他，明显是暗中收受贿赂，徇私枉法，如今还敢抵赖！

但是王无咎死鸭子嘴硬，仍然百般狡辩。顺治火了，你这是不见棺材不掉泪。立即下令革去王无咎的官职，把他交给吏部和都察院严加审讯。经过昼夜不停的反复拷问之后，王无咎这才理屈词穷，对接受卢慎言的行贿供认不讳。

卢慎言被押解送京之后，低估了顺治的反腐决心，仍然上蹿下跳，使出最擅长的伎俩，委托宗人府府丞董国祥，到处送钱送礼，疏通关系，为自己开脱。孰料董国祥在活动期间，被巡城御史逮住。

这下子卢慎言摊上大事了。公元 1659 年十月，经过刑部、吏部、都察院的联合会审之后，对卢慎言贪污案相关人员做出如下判决：

江南按察使卢慎言凌迟处死，家产和妻儿没入官府。

江南巡抚刘宗韩违规举荐卢慎言，用人不察，罢官、杖责四十、财产充公、流放宁古塔。

江宁巡抚张中元包庇部属贪官卢慎言，没有及时举报，革职为民。

江南江西总督郎廷佐革去骑都尉爵位（拜他喇布勒哈番），戴罪保留原职。

宗人府府丞董国祥替卢慎言分送金银，论法当斩，但因及时自首，免去一死，革职流放尚阳堡。

其他的如江南右布政使王无咎、漕运总督兼凤阳巡抚亢得时等受到重责处罚。

顺治年间，多尔衮对贪腐分子“必杀无赦”，顺治亲政后，坚持反腐立国，对贪官污吏的惩处，比起多尔衮有过之而无不及。在明清交替、改朝换代之际，各种规章制度尚未健全的情况下，实行严厉的反腐政策，狠刹明末以来劲吹的贪风，对澄清吏政，收拢民心，稳定满清统治，产生了积极的影响。

第 2 节　千古一帝放大招：风闻言事

顺治是清军入关后的第一位皇帝，他六岁登极，年轻有为，志向高远，尤其是朱元璋风格的反腐措施，奠定了大清两百六十多年的基业。公元 1661 年，顺治驾崩，年仅二十四年，把一个井然有序的庞大帝国留给另一位更伟大的少年天子——康熙。康熙即位也只有八岁，由索尼、苏克萨哈、遏必隆和鳌拜四大臣辅政。鳌拜虽然身居四辅臣之末，但是他野心勃勃，根本不把年幼的康熙放在眼中。经常在康熙面前大呼小叫，训斥群臣，有时故意拒绝执行康熙的旨令。康熙亲政之后，鳌拜仍旧视他如无物，擅权决杀、结党营私，骄横无比。甚至有可能包藏祸害康熙的叛逆之心。有一回，康熙去探视鳌拜，鳌拜竟然在卧席下放着一把利刃。被康熙的侍卫搜出之后，场面一度剑拔弩张，最后还是康熙镇定自若，化解了一场危机。

鳌拜气焰熏天，任何人都受不了，更别说康熙这么一个具有雄才大略的皇帝了。所以康熙亲政之后，整顿吏治的最主要任务是铲除权臣，巩固自己的地位。公元 1669 年，十六岁的康熙与亲信索额图合谋，生擒鳌拜，清除鳌拜集团的残余势力。

灭了鳌拜之后，“三藩”、河务、漕运又成了康熙的当务之急，把惩贪重点放在对官员的思想教育上，多次强调当官要有官德，廉洁自律。

平三藩、收台湾，康熙奋斗了十一、二年，终于在公元 1683 年完成全国的大一统。地位巩固了，政权稳定了，康熙开始把目光转向“察吏安民”上。康熙的治国理念与老爹顺治如出一辙，都强调惩贪的重要性。——“治国莫要于惩贪”、“治天下以惩贪奖廉为要务”。

在这之后被揭发第一起重大贪污案是公元 1684 年的宜昌阿、金儁侵吞逆产案。尚之信是平南王尚可喜的儿子，在吴三桂叛乱期间拥兵自重，成了一株在风中摇摆不定的墙头草。结果公元 1680 年尚之信被绑送北京，赐死，搜刮的家产也没入官府，康熙把尚之信的家产交给刑部侍郎宜昌阿、广东巡抚金儁看守。万万没有料到，康熙这一决定是让两只馋猫去看守鱼库。

宜昌阿、金儁抵不住尚之信府中金银珠宝的诱惑，干脆一不做二不休，合谋舞弊，私吞了部分财宝，并收受平南王府参将沈上达的贿赂，累计高达八十九万两白银。又惧怕事情败露，就杀人灭口，干掉沈上达。

沈上达之死惊动了康熙，康熙派刑部侍郎禅塔海审理此案。禅塔海又收取了宜昌阿和金儁的贿赂，假称沈上达属自缢而亡。禅塔海还发誓说，要是沈上达死于其他原因，自己愿领死罪。妄图以此来蒙骗年轻的皇帝。

但是康熙的眼睛是雪亮雪亮的，马上下令将禅塔海拘禁，与宜昌阿、金儁等人一并严加议处。最后议政王大臣会议一致通过，宜昌阿、金儁斩立决，禅塔海革职。缴获的所有赃款拨给户部，充当军饷。

在严查宜昌阿、金儁贪污案的同时，御史钱珏弹劾山西巡抚穆尔赛属官征收的火耗甚重，结果又曝出了一起贪污案。火耗是什么回事？万历首辅张居正变革期间，推行一条鞭法，把百姓上交的碎银重新熔化，铸成银锭，纳入国库。在重铸时必定有所损耗，这个损耗的差额就称为火耗。当然，羊毛出在羊身上，这笔火耗作为赋税的附加税，还得从老百姓那儿剥削而来。猫腻就在这里，征税时加征的火耗大于在熔铸过程产生的实际火耗，万历时期征收的火耗高达百分之二、三十，而清朝有时更是超过百分之五十。这一块利润差额就发放给地方官员作为福利。

接到钱珏的揭发之后，康熙马上召开大学士、九卿会议，询问穆尔赛居官如何？但是户部尚书科尔坤、左都御史陈廷敬等群臣都说他为人朴实、不生事。这岂不是官官相护吗？康熙心中狐疑，就让御史钱珏亲自去调查。结果发现穆尔赛不但多加了文水等县的火耗，而且在女儿出嫁无耻地向下属索取贿赂。更有甚者，已经被革职的通判张谦，勾结穆尔赛的家人，打着穆尔赛的招牌，四处招摇撞骗，诈取官员的钱财。

康熙二话没说，立即下令将穆尔赛捉拿到北京城，审讯之后，钱珏的检举均属实。这下子康熙火了，痛斥科尔坤和陈廷敬等人，不是说穆尔赛为人朴实、不生事吗？康熙因而训斥群臣，“朕不行立断，谁肯执法耶？治天下以惩贪奖廉为要，廉洁者奖一以劝众，贪婪者惩一以儆百。”当即诏令将穆尔赛处以极刑，以杀鸡儆猴。

为了疏通言路，发动全民反腐，让贪腐分子成为过街老鼠，无所遁形，康熙还鼓励打小报告，祭出风闻言事的招法。风闻言事，意即只要捕捉到未经证实的八卦消息，就可以向朝廷举报。明朝曾经一度盛行，因为风闻言事极易造成官员之间的相互攻讦，影响团结，所以在顺治和康熙初期都禁止。但是穆尔赛贪污案暴露出朝廷内外腐败成风，相互包庇。在这危机关头，康熙下定决心重开风闻言事。公元 1687 年，康熙告谕大学士，“凡参劾贪官、其受贿作弊之处、因未曾亲睹、无所凭据、畏缩而不行参劾者甚多。今间有弹章，亦止据风闻参劾耳。岂有身与之通同受贿作弊，而顾肯参劾之耶？向者原有风闻纠弹之例。辅政大臣停止。今再行此例，贪官似有儆惧。若有挟雠参劾者，审明果系挟雠，自有反坐之典在。”

风闻纠劾重启之后，言路大开，反腐机构——都察院成了当时最忙碌的官署，御史们整天忙着搜集材料，打听花边新闻，结果一个个巨贪大腐纷纷落马。其中最为震撼的是公元 1688 年有“铁面御史”之称的郭琇扳倒了权臣、大学士明珠党案。

郭琇是山东即墨人，曾经也是个臭名昭著的贪官污吏。公元 1670 年郭琇进士中举，九年之后出任吴江县令。刚上任时，郭琇的顶头上司江宁巡抚余国柱是大贪官，四处搜刮民财。上梁不正下梁歪，余国柱贪，郭琇比他更贪，闹得天怒人怨。不久，余国柱调走了。新来的江宁巡抚汤斌是个如假包换的大清官，他上任之后烧的第一把火就是向全省通报郭琇的贪腐行为。郭琇跑去见他，我之所以贪酷，是因为前任余国柱贪婪。我不跟着贪婪，就没法混下去了。请给我一个月时间，让我洗心革面。如果到时再听到我的坏名声，任你处置好了。

汤斌就给了郭琇一次机会，姑且听其言、察其行吧。郭琇回到吴江之后，马上进行大扫除，将办公署衙洗得一尘不染。他告诉众人，“前令郭琇已死，今来者又一郭琇也。”——过去的郭琇已经死了，今天又来了一个新的郭琇。从此郭琇走上清廉之道，名声日益卓著。

汤斌很高兴，这家伙是浪子回头金不换啊！立刻向康熙推荐。于是在公元 1686 年，郭琇被提拔为江南道御史。任职期间，郭琇弹劾河道总督靳辅治理黄河无功，结果靳辅被罢官。郭琇由此捞到了政治资本，两年后升任左佥都御史（**相当于中纪委副书记的助手**）。

在处理靳辅案时，康熙曾经问郭琇一句话，“廷臣中有掣肘河务者，尔于本内曾言及否？”——朝廷上有重臣插手治黄的事，你在奏疏中提到没有？

郭琇当即领会到康熙话中有话，在他上任的第二天，就做出惊天之举，上了一道《特纠大臣疏》，弹劾权臣、大学士纳兰明珠，连曾经的老上级余国柱等人也告了一把。这个余国柱一年前升为武英殿大学士，攀附明珠，一切唯他马首是瞻，被人讽之为“余秦桧”。在《特纠大臣疏》中，郭琇罗列明珠和余国柱的罪状有：

> （一）专断独行，投机取巧，贪污受贿。内阁里凡有票拟什么的，全是明珠一人说了算，余国柱只是唯唯诺诺的跟屁虫而已。明珠帮人呈送奏疏，如果皇帝赞扬，明珠邀功是他推荐的。如果皇帝不满意，明珠就说多亏了他和稀泥。八面玲珑，骗取官僚们的信任，有时还趁机索贿。所任用河道总督靳辅治理黄河，耗费银两无数，大都被他们三人私分。而靳辅有明珠、余国柱当靠山，敢于为非作歹，甚至违逆皇命。

（二）结党营私，卖官鬻爵，钳制言论。明珠的党羽，满人有尚书佛伦、葛思泰及其族侄侍郎傅腊塔、席珠等，汉人则有余国柱、李之芳、熊一潇等。尤其是余国柱，简直就是囊橐（混蛋草包）。地方总督、巡抚、布政司、按察使、学政使，职位一旦空缺，都被余国柱按职论价，兜售牟利。由此造成地方督抚贪残刻薄，任意盘剥百姓。明珠、余国柱还插手六科、都察院的事，钳制言论。谁要想进六科、都察院，明珠、余国柱都跟他们约定，日后若有奏疏先要经过他们过目等等。

平心而论，明珠的专权腐败都是康熙一手造成的。为避免皇室贵勋索额图一股独大，康熙坐视甚至纵容明珠势力的不断增长，借以牵制索额图。但是明珠又毫无节制地独揽朝政、贪财纳贿，渐成尾大不掉之势。康熙再也看不下去了，所以郭琇的《特纠大臣疏》一呈上来，康熙果断做出决定，将五位当朝大学士撤换了四位，明珠、余国柱、勒德洪勒令革职，李之芳罢官回籍。并惩处了涉案的大批高官，吏部尚书科尔坤、户部尚书佛伦、工部尚书熊一潇亦等被解职。

明珠案发不久，御史陈紫芝又弹劾明珠的党羽、湖北巡抚张汧在任上贪污九万两白银。康熙派遣户部湖广侍郎色楞额前往勘讯，案情越来越复杂，案中案接连不断，包括康熙身边的亲信或名臣诸如高士奇、徐乾学、陈廷敬等人都被卷进去，引发官场的大地震。

色楞额查案回来报告康熙说，张汧揭发了荆南道参议祖泽深、枝江知县赵嘉星等人贪污。试图以此来转移视线，为张汧开脱。因为张汧此人非同小可，不但是明珠的心腹，更是康熙身边大红人陈廷敬的亲家。听取了色楞额的汇报，康熙很不满意，认为色楞额有包庇罪犯的嫌疑。于是派遣一个特别侦察组南下调查，其成员包括有“天下第一廉吏”之称的直隶巡抚于成龙、山西巡抚马齐、都察院左副都御史开音布等三人。

于成龙三人很快就查出，张汧之前担任福建布政使时贪污无数，挥霍一空。为此勒索下属官员胡戴仁等、向盐商摊派，勉强凑合了九万两，用以抵还在福建任上的亏空。而祖泽深则是向百姓李二杨等人勒索白银八百两。康熙气得差点儿晕过去，下令严惩涉案官员：

户部侍郎色楞额查处不实，斩首。

张汧、祖泽深索贿受贿，绞死。

湖广总督徐国相包庇罪犯，革职。

布政使胡戴仁、按察使丁炜，降二级调用。

大学士梁清标、尚书熊一潇、户部侍郎王遵训、内阁学士卢琦、大理寺丞任辰旦等人因举荐担保张汧，全部被革职。

贪污漩涡案到此并没有结束，两年之后，公元 1690 年，已卸任的安溪知县孙镛告发福建巡抚张仲举、布政使张永茂，侵吞库帑，再次引发福建官场的大地震，有六名知府被抓，数十名州、县官员受到牵连。

康熙登时惊呆了，让于成龙的继任者直隶巡抚郭世隆到福建去调查。窟窿越捅越大，挖出了张仲举与前任福建布政使张汧合谋篡改赋税档案，侵吞了大量税银，将其捏造成百姓拖欠未上缴的罪行。

大贪官张汧调迁湖广巡抚时因挪用官物，肆意挥霍，造成福建库帑亏空三十余万两白银。而张仲举之前在湖南布政使任上也贪污了赃物无数。两人盯着黑洞洞的窟窿，心中一阵发毛。那可是杀头的大罪啊！就相互约定，赶紧设法堵掉窟窿。张汧调任湖北巡抚后，靠勒索下属和盐商，总算筹足了九万两，但是离三十余万还差远哩。随着张汧事泄被杀，张仲举越发慌了神，加紧搜刮民财，以弥补福建库帑的亏空。但为时已晚，龌龊事全被曝光了。张仲举、张永茂步张汧之后尘，被处以极刑。

从靳辅开始，到明珠，再到张汧，最后到张仲举，案中有案，扑朔迷离，终于水落石出，真相大白。这一连环案的破解，举国振奋，朝政风气为之一新，御史郭琇、陈紫芝等反腐斗士也名噪一时。在此后三、四十年间，康熙继续毫不留情地痛击贪腐分子，先后查处大批贪污要案。

公元 1688 年，陕西按察使索尔逊贪污受贿一百六十两白银，按照《大清律》，被处以绞刑。公元 1691 年，有人举报吏部主事朱敦厚在任山东潍县知县时，擅自私派贪污赃银四万余两，案结后朱敦厚被处以绞刑。任刑部尚书徐乾学、山东巡抚钱珏受到牵连被革职。公元 1695 年，康熙大赦天下，但是重申“除贪官污吏、行间犯罪，与十恶等死罪外”，将贪官污吏排在大赦黑名单的第一位。公元 1698 年，山东发生饥荒，巡抚李炜身为父母官，不知抚恤百姓，犯下严重渎职罪，被康熙罢官。

康熙晚年吏治有所松弛，官吏腐败有加剧的倾向，贪贿赃款数字越来越大，导致国库亏空严重，出现了“日不暇给”的尴尬情况。公元 1710 年，四川布政使卞永式征收钱粮时非法加派，用以贿赂巡抚能泰，结果能泰被处以绞刑。公元 1715 年，户部尚书赵申乔的儿子山西太原府知府赵凤诏贪污受贿三十万两，被处死。公元 1710 年的户部尚书希福纳贪污案涉及人数高达一百一十二人，赃款累计六十四万两。如此特大级贪污案令人怵目惊心，但是康熙却做了宽大的处理，“朕反复思之，终夜不寐，若将伊等审问，获罪之人甚多矣。”——由于担心牵涉面太广，影响朝廷声誉，康熙只革去希福纳的职务，其余的涉案官员在吐出赃款后都予无罪释放。

康熙在位六十一年，朝廷一、二品高官犯罪案件九桩，而顺治在位十八年间就有六桩，可见康熙的反腐举措效果确实不错，对澄清吏治发挥了极大的作用。

第 3 节　“天下第一廉吏”于成龙

康熙除了严惩贪腐分子之外，还以身作则，力倡清廉，不遗余力地奖励清官廉吏。康熙把清廉作为选拔官吏的第一条标准。公元 1667 年，贵州道御史田六善上疏建议，“卓异之员宜以清廉为首列，若非洁已爱民，不得滥叨大典。”马上被康熙所采纳，并传谕各省督抚。一旦发现清官廉吏，立即予以重用、提拔，树立典型，弘扬正气，传递正能量，从而带动了政风的好转。康熙时期，一大批廉吏脱颖而出，风骚一时，乃至于永载史册，成为后世的楷模，其中最为著名是康熙御封“清官第一”的于成龙。

于成龙是大器晚成的典型人物。公元 1639 年，于成龙参加山西乡试，恰逢爆出考官索贿的丑闻，于成龙成了一个愤青，在考卷上痛批时政。结果正榜无名，中了副榜贡生。不久改朝换代，清朝坐天下。于成龙再赴乡试，又是名落孙山。公元 1660 年，于成龙进入国子监学习。不久就被顺治派到广西罗城去做县令。罗城位于广西北部，深处群山峻岭之中，荒凉偏远，家人都劝他不要去了。

于成龙抱着“此行绝不以温饱为志，誓勿昧无理良心”的志向，带上五名仆人，慨然踏上罗城之旅。到了罗城之后，于成龙不由地吓了一跳，从未见过如此荒芜的地方。饱受战火洗劫之后，到处野草杂生，豺狼虎豹成群出没。整个县城只有六户人家，十来间草房子，一片萧索。县衙门也只是三间破草屋，曾经来了两位县令，但都失踪了。于成龙只好住进一座关帝庙，插上几根木头和篱笆作为门、窗，在院子里垒起土堆作为办公桌，至于吃饭只好蹲在地上了。

不久，几个仆从死的死，跑的跑，一个不剩。于成龙孤身一人，晚上睡觉都要准备刀枪，以防不测，成了历史上最苦逼的县令。他召集流民，建立保甲，抓到盗贼立即斩首，治安大为改善，逃亡在外的老百姓陆陆续续跑回来。很快地，罗城县又恢复了生机。

条件很艰苦，于成龙却过得很潇洒，很激情。于成龙生活异常俭朴，每天只吃一、两餐，读书在堂上，睡觉也在堂上，蓬头赤脚，官不像官，民不像民。他喜欢喝酒，夜晚常常花四文钱打来一瓶酒，没有小菜，也不用筷子。有时连四文钱都没有，弄得辗转反侧整夜睡不好觉，只得写下一首《无酒》聊以自慰：一夜一壶酒，床头已乏钱。强欲禁酤我，通宵竟不眠。

儿子从老家山西带来一只腊鸭，中秋佳节时父子俩就割下半只鸭过节。于成龙回去探望老母，身无分文，只带上另一半腊鸭。罗城老百姓都亲切地称呼他为“半鸭知县。”

于成龙又为民请命，减免赋税徭役，建立学校，创设孤儿院、养老院，罗城县迅速繁荣起来，创造了一个“于成龙奇迹”。两广总督卢兴祖惊叹不已，马上向朝廷举荐于成龙。

公元 1667 年，康熙任命于成龙为四川合州知州。离开罗城时，老百姓铺天盖地，拦住去路，嚎啕大哭，半鸭知县一走，我们就没得靠了！追送数十里，各个哭得像泪人。

当时四川经过张献忠的蹂躏，境内遗民不足百余户，惨不忍睹。于成龙到了合州之后，招民垦田，不到一个月，人口就翻了十倍，猛增到千余户，又创造了一个“于成龙奇迹”。在罗城时，于成龙对反腐就有清醒的认识，他写信给广西巡抚金光祖说，“贪酷者，害民害政之本”，认为老百姓的最大敌人不是盗贼，而是那些胡作非为的贪官污吏。在合州任上，于成龙反腐从小事抓起。有衙役向百姓勒索鲜鱼，遭到于成龙的痛斥，你知道什么叫竭泽而渔吗？并立下规矩，衙内不许吃鱼。出行也不大摆排场，只要一仆一马相从即可。

公元1674年，于成龙升为武昌知府。当时朝廷跟吴三桂叛军杀得天昏地暗，正准备进攻岳州。康熙让于成龙在江面上搭建浮桥，便于大军过江。孰料碰到了倒霉事，浮桥刚建完，突发山洪，冲毁了一切，于是于成龙被罢官。公元1678年，康熙重新起用于成龙，让他做福建按察使。在任上于成龙重审“通海”案件，将数千名即将被送上断头台的无辜百姓救下来。

第二年，于成龙因政绩卓异，升任福建省布政使。布政使掌管着全省的财政、税赋，当时的福建也算经济大省，官库内金银、布帛堆积如山。为了教育广大干部要清正廉洁，于成龙特意写了一副对联，挂在署衙办公厅的两侧，“盈千累万，尽是朝廷正赋；倘有侵欺，谁替你披枷戴锁？一丝半毫，无非百姓脂膏；不加轸惜，怎饶得男盗女娼！”在福建任上，于成龙勤勤勉勉，考核卓异。福建巡抚吴光祚对他极为推崇，给朝廷的奏疏中盛赞于成龙“闽省廉能第一”。

于成龙就像一颗福星，照耀在哪里，哪里就兴旺发达。如此的清官不予提拔重用，实在对不起天下苍生啊！公元1680年，康熙破格提拔于成龙为直隶巡抚。

直隶别称畿辅，是所谓的“首善之区”。这里的情况很复杂，朝廷要员、达官贵人、豪强地主不可胜数，贪腐成风，贿赂横行，老百姓都憋了一肚子气。于成龙抵达直隶后发出第一号反腐政令，各部门速速将“不肖贪酷、昏庸衰志”的官员名单报送上来，以便于依法惩处。

有位大名知县在中秋佳节，给于成龙送上一个大红包。被于成龙骂得狗头喷血，还特意颁发《严禁馈送檄》，点名通报批评该知县的不法行为。

并严正声明，“嗣后，凡遇重阳、冬至、元宵等节，并过路送礼各衙门，概行禁止，如有私相馈献，查出并行题参，决不宽姑！”青县知县赵履谦赃迹累累，于成龙屡次警告均被当做耳边风。于成龙一怒之下，上疏康熙，弹劾赵履谦，将其按律惩处。

在直隶，于成龙生活一如既往的俭朴，“屑糠杂米为粥，与同仆共吃”。巡抚一级的高官每天靠米糠填饱肚子，恐怕自古以来只有一个于成龙。

第二年，康熙特地把于成龙召到懋勤殿，当着众大臣的面赞誉于成龙“尔为今时清官第一”——你是我朝第一号大清官啊！并特意赋诗一首，嘉奖于成龙的清廉能干，又赏赐内帑白金一千两、亲乘良马一匹。

于成龙担任直隶巡抚一年多，又被提携为两江总督，管辖江苏、江西、安徽三省，是大清最为膏腴肥沃之地，历来就是腐败重灾区。“天下第一清官”即将莅任的消息传开来，立即在两江的上流阶层引发大恐慌，再现了当年海瑞巡抚应天时的情形。南京全城的豪强劣绅都换穿布衣，致使市场上的粗布价格一夜之间出现暴涨。无论红白喜事，都不敢大吹大擂。好讲排场的士大夫们都裁减马车，纷纷敲毁宅邸里的豪华装饰，甚至有吓出病来，躲在家里不敢出门。那些流氓地痞也都携带妻妾各作鸟兽散。南京城内长干、朱雀、雨花、桃叶等旅游胜地或者娱乐闹区，登时死气沉沉，寂静无人，比和尚的宿舍还要冷清。于成龙未到，两江地区的官风、政风就焕然一新。

于成龙抵临南京，下车伊始，就开始微服私访。一时间又搞得那些贪官污吏心惊肉跳，寝食不安。听说于成龙身材高大，于是一碰到身躯伟岸、胸前飘着白胡子的人就吓得六魂无主，七魄悠悠。经过暗中调查之后，于成龙发现两江地区腐化之风尤盛，不禁忧心忡忡，“噫！吏治败坏如倒狂澜，何止时乎？”——哎呀！吏治如此之腐败，就像汹涌澎湃的潮水，什么时候才可以停止呢？

为惩治贪腐，于成龙颁布《兴利除弊约》，列出了十五条具体的贪腐行为，诸如灾耗、私派、贿赂、衙蠹，旗人放债等等，责令各级官员立即整改。同时，又制定了地方官员的行为准则——《新民官自省六戒》，包括勤抚恤、慎刑法、绝贿赂、杜私派、严征收、崇节俭等，大力推行反腐倡廉。

于成龙也注重密切联系群众，他仿效北宋包拯权知开封府期间的做法，下令两江总督府“重门洞开”，每一天都是群众接待日。甚至百姓和官员可以闯入于成龙的寝室，直接反应问题。

于成龙上任仅仅数月，江南政风大为改观，吏治逐渐清廉。那些有不法行为的官员望风改操，由贪官转为清官，由酷吏转变为循吏的不计其数。江南地区大治，经济日益繁荣。当年十一月，康熙南巡到南京，进行了民意调查，博采舆评，都称于成龙“居官清正，实天下廉吏第一。”

但是江南地区的大地主、大官僚却深恨于成龙，尤其是大学士明珠的党羽，都巴不得将于成龙这颗眼中钉拔除掉。公元 1683 年，副都御史马世济弹劾于成龙年老迟钝，被中军副将田万侯所欺骗。于成龙窝了一肚子火，就上疏辞职不干了。康熙不但没有批准，反而让于成龙兼任两江巡抚的职务，独揽江南军政大权。

尽管大权在握，而且江南地区号称大清的财赋重地，富得流油。但是身为最高行政长官，于成龙却过着连普通人也算不上的俭朴日子。“日食粗粝一盂，粥糜一匙，侑以青菜，终年不知肉味。”——每天一碗粗米饭或者一点米粥，配上青菜。其俭朴程度丝毫不亚于明朝的偏执狂海瑞。海瑞还为了老娘的生日买过两斤肉，可是于成龙一年到头都是吃菜，从未吃过肉，由此被世人誉为“于青菜”。

在于成龙的严格管束之下，两江总督衙门的官员生不如死，不要说吃到肉了，有时连青菜也吃不上，只好摘采府衙后院的槐叶嚼烂后咽下，结果没几天，一棵枝叶繁茂的槐树光秃秃的。

更加能可贵的是，于成龙不好色，清心寡欲，无论在哪里做官，都不带家眷。只有一个结发之妻阔别二十余载后才相见一面。

公元 1684 年，于成龙卒于两江任上。临终之时，那些将军、都统、属下官吏进入于成龙的房间，发现屋内的案桌上只有青灯布幔、冷落菜羹，竹箱里除了于成龙生前穿过的破旧衣服、靴子外，别无他物。其唯一的奢华品就是床头上摆设着几碟用以调味的盐豉。于成龙身为正二品的两江总督，是清朝最高级别的封疆大臣，却对自己如此的刻薄，实属罕见！无论是在凄苦荒凉的罗城，还是在膏腴丰沃的南京，于成龙的操守几十年如一日，从未变色过。

康熙得知于成龙之逝，泪崩不已，感叹道，“居官如成龙能有几耶？”——像于成龙好官，恐怕几千年才出一个啊！破例亲为撰写碑文，表彰于成龙清正廉洁、勤政爱民、忠君报国的光辉一生。

老百姓更是怀念于成龙。于成龙最后的一天，南京城内家家户户都挂着于成龙的画像，像供奉祖先、神灵那样祭拜着。无论男女老少，罢工的罢工，罢市的罢市，罢课的罢课，全部丢下手中的活儿，跑到总督府前，哀声感天动地。于成龙已经化身于所有人心中的男神，“持香楮至者日数万人，下至莱庸负贩、色目、番僧也伏地哭。”出殡当天，更是催人泪下。有官员、儒生、市民等数万人送行至二十余里外，伏地恸哭。呜呜的哭声伴随着汹涌的波涛声，响彻在南京城上空，久久不绝。

悲乎！壮哉！天下第一廉吏于成龙！

于成龙是历史上两大清官包拯和海瑞的合体，一身兼具他们秉性，既刚正不阿，不畏权贵，又俭朴清廉，堪称古今官吏的标杆人物。康熙时期，廉吏除了于成龙，还有同样当任过两江总督的傅拉塔和张鹏翮，扳倒明珠的湖广总督郭琇，广东巡抚彭鹏，治黄名臣、河道总督小于成龙，户部尚书王骘等等，每一个都是可歌可泣的模范人物。这也充分表明了康熙反腐倡廉的成就不凡，为中国封建社会的巅峰时代——“康乾盛世”到来，打下了坚实的基础。

第 4 节　雍正反腐三板斧

公元 1722 年，随着“千古一帝”康熙皇帝的驾崩，皇四阿哥胤禛惊艳登台，他就是雍正皇帝。雍正接手的是一个繁荣昌盛的大帝国，但是问题多多。康熙晚年吏治松弛，导致腐败剧烈反弹，国库亏空严重，财政状况恶化。雍正即位时，偌大的一个帝国，库银仅存八百万余两，而地方亏空更加骇人。如山东前任巡抚李树德在任内亏空白银四十万两，福建亏空三十九万两，浙江亏空三十万两，贵州亏空十八万两，山西更是高达一百三十万两。地方亏空的主要原因是地方官员肆无忌惮的贪污、侵渔。在朝廷的追查之后，上级官员不择手段，将府库财产挪移他处，为了隐瞒亏空，强制迫令新任官员接受亏空的事实。而新官上任之后又以此来要挟上级，默许自己肆意贪污。结果形成恶性循环，前腐后继，导致亏空越来越严重。如此以往，恐国将不国，故而清理地方亏空，惩治地方腐败，成了雍正上台后面临的最严峻挑战。

但是雍正很有一套。他针对令人头大的地方亏空，首先一改老爹康熙的宽容做法，砍去内阁拟定的《登基恩诏》中有关豁免官员亏空的条款。一个月后，又下了一道死命令，"除陕西省外，限以三年。各省督抚将所属钱粮严行稽查，凡有亏空，无论已经参出及未经参出者，三年之内，务期如数补足。"——除了陕西省外，其余各省务必在三年之内如数补足钱粮亏空。

紧接着，雍正为清理中央与地方的亏空，又劈出了三板大斧头。

第一板斧头，设立中央审计局——会考府，统一负责审计中央各部门及地方各省的钱粮核销等事项。会考府成立于雍正元年，即公元 1723 年。其领导成员都是雍正最信赖的亲信，皇弟怡亲王允祥、吏部尚书舅舅隆科多、大学士白潢、左都御史朱轼。下属机构的编制人员包括满汉郎中、员外郎各二员，主事各三员，笔帖式十员。

在成立大会上，雍正对会考府负责人允祥脸一横，放出狠话，"尔若不能清查，朕必另遣大臣；若大臣再不能查，朕必亲自查出。"——如果你办不到，我另派他人。如果他人也办不到，我亲自下手。大有一竿子捅到底、不达目的誓不罢休之势。

雍正清查亏空的原则是，先查挪用，后查贪污。一旦查出亏空，涉及人员无论是谁，该赔偿就赔偿，该杀头就杀头，该撤职就撤职，决不轻饶。

皇帝下决心动真格了，允祥不干不行啊。那就查呗！会考府首先从主管全国财政的户部查起，结果一查，户部库存白银亏空共二百五十万两。可是允祥自己就是总理户部事务，就以追补困难为由，提出一个方案，从户部的办公经费中每年扣取二十五万两，分十年赔偿付清。当即遭到雍正的反对，勒令所有在户部做过事的领导、干部，什么尚书，侍郎、郎中、员外郎、主事等等，分摊赔偿一百五十万两，另一百万两由户部逐年赔清，期限为三年。

户部查完之后，会考府全面开花，将宫内宫外所有的部门都彻查一遍。在处理过程中，雍正严字当头，无论亏空官员是皇亲国戚还是勋贵大臣，对付他们的手段只有一个：抄家。先查封你的家产，控制所有的家族成员，追索已变卖的赃物，实行关门打狗，彻底杜绝贪官污吏转移、藏匿赃款的可能性。

在清查工部时，揪出原河道总督赵世显克扣治河工料，私吞钱粮，立即被革职、下狱、抄家。在清查内务府时，发现亏空累累。雍正命令继续穷究不舍，结果发现总督仓场侍郎李英贵伙同张鼎鼐等冒领正项钱粮一百余万两，也被革职，家产充公。康熙第十二子履郡王允祹曾经总管内务府，雍正革去他的郡王封号，降为辅国公。勒令如数偿还亏空，结果弄得允祹倾家荡产，连家里祖传的老古董也拿到街上去贱卖。康熙第十子敦郡王允䄉因赔偿不够，雍正毫不留情地将他抄家。

由于会考府制度上存在一些弊端，并未实现其预设的大部分职权，再加上康熙末年混乱的财政状况已大为改观，公元 1725 年，雍正下诏裁撤会考府。会考府存续三年期间，一共办理了部院钱粮奏销事件五百五十件，其中九十六件属于贪腐案件。雍正初年席卷全国的反贪反腐运动中，会考府贡献巨大。

第二板斧头，派遣中央工作组——钦差大臣和候补。会考府清理中央各个部门亏空的同时，地方清查也如火如荼地开展起来。雍正清查地方亏空也是花招迭出，令人目不暇接。他首先来了个釜底抽薪，对地方行政高官诸如总督、巡抚、布政使、按察使进行大换血。在不到半年之内，就更换了十个省巡抚，布政使、按察使的调动也是异常频繁。雍正此举意在让自己的亲信充当“马前卒”，在清理地方亏空时能够尽心尽责，为国家效力。

新任命的地方督抚也确实没有辜负雍正的期待，他们感恩戴德，赴汤蹈火，在所不辞。如江南安徽布政使石文焯出任河南巡抚时，向雍正表态，“臣蒙圣主畀以封疆重任，敢不悉心筹划，依限完补，期于有裨国帑，无累民生。”——国家对我委以重任，我宁死不辞，决心为清理河南省的亏空奋斗到最后一刻。石文焯三月上任，八月就清查出原巡抚杨宗义任内漕米亏空等项。第二年，田文镜接过石文焯手中的大棒，继任河南巡抚。他也是肝脑涂地，誓死以报，不到四个月就查出河南全省亏空钱粮案件三十六宗。其中十宗由杨宗义赔偿，共计五万四千两，其余的二十六宗也在严查追补之中，成为在三年期限内完成清查亏空的先进直省。

内阁学士诺岷出任山西巡抚，彻查了九十七个州县的亏空个案，勒令太原等三十六个州县在十个月的限期之内，赔偿追补亏近十八万两，严厉处罚了亏空州县大批官员。新任广西巡抚李绂上任后，也很快地查出了该省前任高官私分赃银八十二万两，被勒令按期偿还。这些新任地方高官动作之迅速，效率之高，为政之厉，可见一斑。

各直省亏空的清查，通常就由这些新任地方督抚负责，而一些问题特别严重的直省，雍正则采取了钦差大臣与该省督抚相互配合的方式。

这些钦差大臣由雍正直接指定，组成一个中央工作小组。其成员大多是朝廷上部级或副部级的二、三品高官，他们清正能干，完全听命于皇帝，跟地方没有任何瓜葛。雍正还破天荒地使出一个绝招，抽调一大批候补州县，随同中央工作小组下去办案。

康熙时期，亏空官员往往革职留任弥补，这些贪官污吏分子又借口弥补亏空，假公济私，横征暴敛，或者替前任打圆场，设计弥缝，乃至于出现二次腐败，老百姓大受其害。雍正吸取这个教训，规定钱粮亏空官员不得留任，就地免职，等候审讯。空缺的职位，由随同中央工作小组的候补官员补上。这么做有两个好处，第一，避免了钱粮亏空官员留任的弊端；第二，监督中央工作小组办案。因为候补就是继任的州县官员，亏空清查彻底与否，直接关系到切身利益。雍正时期候补第一次发挥作用是在公元1723年，江西布政使许兆麟调回北京，候补道员石成峨就被任命为江西布政使。

贪腐分子一旦被中央工作小组揪出来，一律受到两项严厉的处分：革职分赔、追变家产。

革职分赔，“嗣后亏空钱粮各官即行革职，著落伊身勒限追还。”——亏空官员立即罢免，罢免后勒令限期追补亏空，让你无所遁形。

追变家产，“凡亏空官员于题参时，一面任所严追，一面行文原籍地方追变家产。亏空之官查其子有出仕者，解任发追，完日开复。”——亏空官员不但要抄家，将其家产变卖充公，而且子孙后代也受到牵连。逃得了和尚，逃不了庙。你就是到了阴曹地府，也要继续追究责任，让你的子孙为你的贪婪无耻付出惨重代价。

如陕西巡抚范时捷奏报说，亏空钱粮的高陵县知县吴绍龙因为追补而破产，请求皇帝看在他上有老下有少，给予豁免。雍正立即予以反驳，“吴绍龙亏空如许银米，行追十有余年，止完银二十余两，情殊可恶，将伊妻子俱着发往乌拉。”——这个姓吴的家伙十多年才追补白银二十两，如此可恶之人还想豁免，没门！把他的妻儿老少全部发配乌拉去充军！

陕西布政使萨穆哈任内亏空库帑无数，雍正对他恨之入骨，谕令刑部，“伊子有在西安者即于彼处提拿监禁严追，有在京者十五岁以上，俱着拿交刑部监禁严追。”——萨穆哈的儿子有在西安的立即就地捉拿，有在京城年满十五岁以上，也一并捉拿、打入刑部大牢。

可以说，雍正把惩治贪腐做到绝，不给贪官污吏留下任何后路。其手段之狠，史上绝无仅有。

雍正掀起的追查地方亏空狂潮波涛汹涌，淹没了无数贪官污吏，可谓硕果累累。仅公元1723年一年，被革职抄家的各级亏空官吏多达数十人，三品以上的高官占了一大部分。其中有湖广布政使张圣弼和李世仁、粮储道许大完、湖南按察使张安世、广西按察使李继谟、直隶巡道宋师曾、江苏巡抚吴存礼、江安粮道王舜、江南粮道李玉堂等人。

雍正最初的设想是三年之内完成清查，但是三年到了，仍有不少省县的钱粮亏空案未及时查清。于是在公元1726年，雍正宣布继续开展进行为期三年的清查运动。到了公元1728年，终于渐渐进入尾声。雍正对自己的成就也颇为满意，公元1730年在训示内阁的谕旨中，雍正说道，“近观各省吏治，虽未必能彻底澄清，而公然贪赃犯法及侵盗钱粮者亦觉甚少，是众人悛改之象与朕期望之意相符，亦可遂朕宽宥之初心矣！”到公元1732年，亏空清查落下帷幕。经过漫长的十年时间，共清理出从公元1712年到公元1726年之间的亏空钱粮超过一千余万两，其中被各级贪腐分子侵食四百七十一万两，民欠五百三十九万。其硕果之丰，古今罕见。

在清查亏空的同时，雍正对新冒出的贪赃枉法也严惩不贷。公元1725年，雍正颁布反贪诏令，规定凡私吞钱粮白银一千两以上，按监守自盗律处斩，贪污军饷者一律处斩。公元1727年，舅舅隆科多被查，他前后勒索、收受贿赂十六笔，超过五十万两白银，结果被禁锢而死。同年，原礼科给事中、山西学政陈沂震退职后被人揭发，他在科举考试收取贿赂，舞弊营私。雍正罚他出资二十万两白银，助修水利。公元1728年，山东巡抚黄炳、按察使余甸收受贿赂，被处以绞刑。公元1732年，有人揭发河南学政俞政鸿纳贿营私，累计过万，旋即被斩立决。其父俞兆晟，官居户部侍郎，也被革职。

第三板斧，实行高薪养廉——火耗归公。火耗，又叫耗羡，也就是碎银熔铸成锭银时的消耗，或者钱粮在运输途中的损耗。明代以来作为赋税的附加税，康熙时期地方州、县官员假公济私，以征收为火耗为名，肆意盘剥百姓。而火耗也大都用于供养、贿赂上司，成为他们一笔重要的收入来源。

奇怪的是，如此明显的贪腐行为却被所有的当权者默许，就连“千古一帝”康熙也是半睁半闭，只要征收的火耗在老百姓可承受能力之内，一切不予过问。究其原因，是清代官员的薪俸过薄，“总督每年支俸一百五十五两，巡抚一百三十两，知州八十两，知县四十五两。若以知县论，一家一日，粗食安饱，兼喂马匹，亦得费银五六钱，一月俸不足五六日之费，尚有二十余日将忍饥不食乎？”——以知县为例，每个月领取的工资是四十五两，大致相当于今天人民币八、九千元。这可是一家人的生活依靠啊！吃、喝、穿，再加上养马等交通费用，四十五两还不够花五、六天。其余的二十多天就得去喝西北风了！

仅仅依靠那些合法收入，根本就无法支撑起奢侈的消费。所以那些当官的都绞尽脑汁，拼命搞点灰色收入，赚取外快。征收繁重的火耗，就成了敛财工具的主要途径之一。这一些，大家都懂，而且从明代张居正开始，沿袭了一、两百年。康熙也是心中有数，所以只要没人提出来，就没人反对。

但是雍正即位后，到处都在清理亏空。本来薪俸就很低，全家人都吃不饱。现在又得捧出大把大把的银子，用来弥补亏欠。那岂不是将当官逼上绝路吗？于是就有人盯着“火耗”二字，做起文章来。

最早对火耗动起歪主意的是湖广总督杨宗仁，他奏请雍正，从火耗中提取两成，作为地方的办公经费。后来钱粮亏空大省山西的巡抚诺岷和布政使高成龄又提出，干脆将每年征收的五十五万两火耗全部充公，拨出二十万两，用以垫赔那些无着落的亏空。其余的三十五万两，除去公用，剩余的就分给全省官员，称作“养廉”。有了这笔养廉金，当官的就可以改善生活，没必要冒着杀头、抄家的风险贪污受贿。再之后，山东巡抚黄炳、河南巡抚石文焯也提出类似的要求。就这样，在公元1723年、1724年，火耗成了官场上最热门的词汇之一。

事情闹到了雍正那里，雍正觉得诺岷、石文焯的方案确实可行。这么一来明媒正娶，火耗成了国家法定正税，地方官吏就无法偷偷摸摸地任意摊派，坑害老百姓。而且转化为制度性社会福利，让当官的在薪俸之外，又得到一笔不菲的收入，确实可以起到高薪养廉的作用。当官的与百姓皆大欢喜，何乐不为呢？

兹事体大，雍正就召开国是会议，让那些总理事务、王、大臣、九卿、科道等平心静气地商讨火耗归公的事。但大会之上充满了火药味，“火耗归公”及“养廉银”差点被淹没在反对者的口水之中。左都御史朱轼等大臣认为，所谓的火耗，本来就是地方州县私自摊派、私自征收的，既不合理，又不合情，更不合法、一旦实行“火耗归公”，将它变成国家法定税收，一则有增加税赋的嫌疑，二则纵容、包庇明目张胆的贪污受贿，违反了祖宗旧制，甚至流毒无穷。

吏部右侍郎沈近思也反对，“火耗归公”那是公然抢劫，在正税之外又添正税。照这样荒唐的逻辑，火耗之外还得征收火耗，无穷无尽，永无停息之日。最后，沈近思洋洋得意地宣称，我当初做知县时就知道火耗不可收。雍正问道，你当初做知县时，有没有征收火耗？沈近思不假思索地回答，不收怎么养活老婆儿子？

雍正以其之矛，戳其之盾，沈近思洋相尽出，狼狈不堪。于是又有人提出了个折中的方案，既然这事是山西巡抚诺岷挑起的，那就先在山西搞一个试点，如果确实可行，再推广到全国也不迟啊！皇帝也有脾气啊，雍正大骂群臣，会议开了老半天，什么事都没有解决。国家大事要么行，要么不行。怎可拿山西做试验？最后乾纲独断，宣布实行火耗归公和养廉银。

火耗归公和养廉银既是税赋改革，也是反腐败措施的一次创新。但是高薪并不能真正达到养廉的目的，雍正一手挥舞着胡萝卜，另一手又抡起大棒。在实行养廉银的同时，雍正也严厉地整顿吏治，每年惩治的贪腐分子都有数百人。

经过雍正声势浩大的清理亏空运动，以及刚猛有力的反腐三板斧，使得雍正一朝吏治为之一清，政风、官风、民风均为之一变。反腐带来的巨大红利也是显而易见的，到了雍正末年，约公元 1735 年，户部银库储存由十三年前的八百万两，骤增加至六千万两，财政状况得到了根本改善，“仓庾皆充实，积贮可供二十余年之用”。

正是雍正的铁腕治吏，消除了康熙晚年宽容、绥靖政策带来的负面影响，扭转了慵懒、贪墨横行的官场风气，后人誉为“雍正一朝，无官不清”。雍正的十三年，号称“承前启后的十三年”，促成了封建时代的巅峰——康乾盛世的成型。

第 5 节　特大级贪腐案：甘肃冒赈案

乾隆即位之后，虽然承袭了顺治、康熙、雍正三个皇帝的反腐体制。但是在统治初期，已经被雍正扼杀的贪腐现象又有重新抬头的迹象。公元 1741 年，发生了两起重大腐败案件。监察御史仲永檀“风闻言事”，弹劾兵部尚书鄂善收受贿银万两，鄂善被下狱审讯之后，供认受贿千两。乾隆含泪赐其自尽，这是第一个因腐败而被处死的二品高官。山西学政喀尔钦贿卖文武生员，并买有夫之妇为妾，乾隆将其罢职、抄家、斩立决。

为了抑制贪腐，乾隆加强立法，最令人瞩目的举措是删除《大清律例》中的“完赃减等”条例。“完赃减等”实行于雍正时期，该条例规定，贪官污吏一年之内将亏空全部补赔，可以免减死罪，代之以流放。如果一年还是无法补赔，可再宽限一年，在监外继续筹集资金补赔。如果第二年仍未偿清亏空，那你就进监狱，由你的家属帮你补赔，直到倾尽家产，这才处死。

在乾隆看来，“完赃减等”有姑息养奸、纵容贪腐的弊端，经过二十年的反复之后，终于在公元1758年宣布永远停止“完赃减等”条例。只要你侵盗钱粮满一千两，不管你有没有全部补赔，一律斩立决。乾隆统治前半期被处决的一、二品高官居清代各个皇帝之首，有效地遏制了贪污受贿的泛滥，其严厉程度在清代反腐史上是罕见的。

乾隆即位前四十四年间查处封疆大吏贪腐要案共十七起，但是乾隆晚年(1780年-1795年)重蹈乃祖康熙的覆辙，吏治松弛，巨贪大奸肆虐横行，又进入了腐败案件的高发期，十六年间查处封疆大吏贪腐要案多达十二起，其频率远远超过前四十四年。“乾隆季年，诸贪吏首亶望”，公元1781年爆发的以甘肃布政使王亶望为首的“甘肃冒赈案”，其涉案官员之多，时间之长，手段之恶劣，别说清代一朝了，就是悠悠数千载历史中也属罕见。乾隆痛心疾首，称此案为“从未有之奇贪异事”。

甘肃冒赈案首先得从“捐监”两个字说起。甘肃地处辽阔的大西北、黄河上游，境内多山脉，沙漠、戈壁一望无际。土地贫瘠，物产匮乏，是当时大清最穷困的省之一。老百姓全靠官府赈济粮食度日子，户部每年都调拨巨款给甘肃购买粮食。数百万张嘴巴嗷嗷待哺，简直就是一个黑乎乎的无底洞，怎么填也填不满。朝廷上文武百官揪心，作为一国之君，乾隆更加闹心啊。国家这么大，随时就会爆发战争、灾害，把款项都拨给了甘肃，那我这个皇帝就不要混下去了？

于是在公元1760年，乾隆颁布一个特别的恩诏，甘肃及外省商民可以在甘肃境内捐钱、捐粮，换取国子监生（国立大学生）的资格。有了监生的资格，无须从大老远的西北千里迢迢进京入国子监读书，你就可以直接参加乡试。也可以在取得国子监生资格之上，再捐点钱粮，又可以买来一个官做。这个优惠政策在当时被称为捐监。

捐监政策一出台，立即受到全国那些富商大贾的欢迎。如此一来，他们的子孙就不必饱受十年寒窗之苦，就可以走上仕途，光宗耀祖，这是开了天门啊！再加上甘肃捐监定价非常之低，每个监生资格只需要麦、豆四五十石，结果全国各地的富贵子弟趋之如骛，纷纷挤往甘肃，一时异常火爆。

捐监政策实行了几年，效果奇佳，甘肃做到了就地取粮，朝廷省心，乾隆也开心。但是几年之后，忧心的事又来了。天高皇帝远，甘肃的那些地方官开始胡作非为了，明目张胆地贪污、挪用捐监的钱粮，甚至直接收取银两，中饱私囊，搞得天怒人怨。公元 1766 年，大学士舒赫德上疏揭发甘肃捐监的种种弊端。乾隆不胜其烦，摆摆手，干脆停捐了吧！实行了六年的捐监优惠政策就被废除了。一夜回到解放前，废除了之后，那些老问题又来了，户部只得按旧例每年拨银百万两给甘肃购买粮食。但是甘肃的官员仍为缺粮缺钱叫苦连天。一旦发生灾害，饥民成群结队，聚集在总督府前哭闹着要吃要喝。

陕甘总督勒尔锦不得不在公元 1774 年奏请朝廷，要求恢复捐监。乾隆很无奈，恢复就恢复呗！鉴于以往实行捐监政策中出现腐败现象，乾隆决定挑选一个又红又专的理财能手，专职负责收捐监粮的事宜。于是一个叫王亶望的人粉墨登场了。

这个王亶望是江苏巡抚王师的儿子，靠着老爹的实力，王亶望自举人起家，捐钱买官，被任命为甘肃山丹、皋兰等县的知县。后来调任宁夏知府，不久又升迁浙江布政使、暂署巡抚（暂代浙江巡抚）。王亶望擅长溜须拍马，公元 1773 年，乾隆巡视天津，王亶望特意献上一把金如意，装饰以精美的珍珠。乾隆礼物没有收下，但是好意心领了。所以勒尔锦上疏之后，马上任命王亶望为甘肃布政使，让他去甘肃协助总督勒尔锦操办捐监的事。

王亶望临行前，向乾隆猛拍胸膛打包票，“随时随处，实心实力，务期颗粒均归实在！”乾隆对他也深寄厚望。王亶望上任不到三个月，就上了一道奏折，向皇帝汇报工作，到九月底捐监生已有一万九千余名，收纳豆、麦八十二万余石，除去发放二十万余石给老百姓，现在仓库里还储存着六十二万石。乾隆大喜，在奏折上朱批点赞：好！实力为之，勿始勤终怠可也！——王亶望，你干的太好了！要戒骄戒躁，不可虎头蛇尾啊！

乾隆万万想不到，此时远在千里之外的甘肃粮仓里除了老鼠屎一颗粮食也没有。王亶望跟总督勒尔锦串通一气，暗中策划一个千古罕有的贪污大行动。两人下令甘肃全省捐监只准收白银，不准收麦、豆。收到的捐银统统上交到王亶望和兰州知府蒋全迪手中。

但是之前王亶望已经向皇帝汇报了仓库里储放着六十二万石豆、麦，现在又改收白银，岂不是犯了十恶不赦的欺君大罪吗？甘肃上上下下无不为王亶望捏了一把汗，王亶望却一点也不怕，越是危险的事往往越是安全。每年夏、秋时节，王亶望跟蒋全迪窝在兰州城内，秘密炮制了一系列赈灾数字。无灾报有灾，小灾报大灾。然后让甘肃各县按照他们捏造的数字，去报销子虚乌有的捐粮册。这个就唤作冒赈。

王亶望瞒天过海，各州、县长官也各个吃了豹子胆，群起效尤。你王亶望怎么做，我们也怎么做。天塌了反正有人顶着。结果甘肃全省贪墨成风，赃贿狼藉，当官的没有一个不贪。平番县知县何汝南虚构了六万两赈灾银，占为已有。狄道州知州陈常对每名捐监生多收十两，共得赃银四万两。大家都坐在同一条船上，所以把内情封锁得严严实实。

千里之外的乾隆被蒙在鼓里，根本就不知情。反而盛赞王亶望收纳捐监粮有方，每年为户部省去了百数十万两银子，而且杜绝贪腐之风，仓库充实，政绩卓然，还在公元1777年提拔王亶望为浙江巡抚。

王亶望离开甘肃时，古董、皮毛、衣服不可胜数，一捆又一捆，雇了几百毛驴，满载而去。令接任甘肃布政使的王廷赞眼红不已，不但一脉相承，甚至变本加厉，对每名监生收银五十五两，除另征办公费四两之外，再加收“心红纸张”费二两。至此，甘肃全省一团漆黑。

再说王亶望到了浙江之后，日子过得越发逍遥自在。公元1780年，乾隆南巡。王亶望竭尽马屁之功，“添建屋宇、点缀镫彩、华缛繁费”。不久，王亶望母丁忧，回山西临汾老家料理丧事。王亶望留恋官职，上疏乾隆说治丧百日请准许他自筹资金，回浙江修葺西湖。看到王亶望难得如此一片忠心，乾隆当即批准。

另一个浙江巡抚李质颖跟王亶望尿不到一个壶里，就借着觐见皇帝商谈修葺西湖、海塘的机会，弹劾王亶望不派妻儿回山西守孝。乾隆震怒，大骂王亶望忘亲越礼，将他罢职，留在浙江修葺西湖、海塘，以功赎过。

虽说闹出事来，还被摘了乌纱帽，但是跟王亶望在甘肃犯下的滔天罪行，只能算是小风波而已。这时候又曝出李侍尧贪污大案，吸引了朝廷内外所有的眼球，完全把王亶望抛到九霄云外去。

李侍尧是清朝开国功臣李永芳的后代，可谓系出名门。李侍尧也因这个背景，仕途坦荡，平步青云。先后出任户部尚书、两广总督、湖广总督和云贵总督。公元 1773 年，李侍尧升任文华殿大学士，位极人臣。恰好当时候国际局势紧张，缅甸、越南经常闹事，于是乾隆就让李侍尧留任云贵总督，镇守南疆。

公元 1779 年，李侍尧的老部下云南粮储道海宁向乾隆揭发，李侍尧在任上专横跋扈、贪赃枉法，乾隆就让户部侍郎和珅和刑部侍郎喀宁阿奔赴云贵查案。精明能干的和珅很快就查出李侍尧贪污索贿三万五千两，抄家时缴获赃物金银、珠宝、洋货等共九百项。另有珍珠二千颗，宝石一百四十块，各类金器重达五千四百两等等。

李侍尧仗着自己年老位高，斥和珅如同驯畜生，所以和珅对他有切骨之仇，就建议按照《大清律例》，判了个斩监候。由于李侍尧身兼文华殿大学士、云贵总督，地位崇高，乾隆不敢滥杀，就召集大学士、九卿会议，商定李侍尧的罪行。结果会议维持和珅的判处，应从重从快，将李侍尧正法。乾隆却十分赏识李侍尧的才干，破天荒地予以法外开恩，颁发暂缓处决李侍尧的诏书，明年再召开大学士、九卿会议，对李侍尧进行二审。如果到时众大臣一致通过处决李侍尧，那时“朕亦不能曲法姑容”——你们就看着办吧！

乾隆无非是希望能够出现奇迹，给李侍尧一条活路。为了安抚和珅，乾隆还把他提拔为户部尚书。

李侍尧命大福大，还真的如乾隆所愿，奇迹从天而降。

公元 1781 年正月，乾隆命大学士阿桂南下浙江监督西湖、海塘的事。阿桂抵达杭州后，发现杭嘉湖道王燧与嘉兴知府陈虞盛贪赃枉法，立即揭发弹劾。此前有人向乾隆打小报告，王亶望赴任浙江巡抚时，用数百只骡马运载财货的事。再联系到王亶望将修葺西湖、海塘的工程，承包给杭嘉湖道王燧。乾隆开始对王亶望有了新看法，就让阿桂暗中仔细察访，王亶望是否跟王燧贪腐案有瓜葛？王亶望顿感大难临头，阵脚大乱，慌忙请求献出罚银五十万两，充公修葺西湖、海塘。乾隆这下子更加怀疑王亶望，这小子哪来的五十万两，其中必有猫腻。于是责令阿桂日夜严审王燧，但始终未能查出王亶望腐败的真凭实据，又不敢冒然断案。李侍尧贪污案已经让皇帝头大了，只好暂时把王亶望的事搁在一旁。

两个月后，甘肃循化爆发回民暴动。陕甘总督勒尔锦对回民暴动处置不当，屡战屡败。乾隆下诏将他革职、下狱、抄家。

李侍尧终于如愿获救了！乾隆把他从大牢里释放出来，任命他为署理陕甘总督。在浙江督工的大学士阿桂也被调到西北，跟李侍尧一起，率兵两千，入甘肃平叛。户部尚书和珅先行入甘督战。

在抄勒尔锦的家时，乾隆发现一个可疑点，勒尔锦在陕甘任所及北京城内家中的资产不过七千两白银，而他的家奴曹禄家中竟然抄出两万两白银。实在蹊跷的很啊！乾隆因而怀疑勒尔锦有将贪污赃物转移匿藏他处的嫌疑，下令李侍尧、阿桂两人留心密访，据实参奏。

勒尔锦被查处，吓坏了甘肃布政使王廷赞。他进京觐见乾隆时为了争取主动，提出愿意将献出多年积蓄的四万两养廉银，充当军饷。和珅回京复命时，又密奏乾隆，王廷赞家资丰饶，即使再献出几个四万两，还是绰绰有余。

甘肃两任布政使，一个献出五十万两来修葺西湖、海塘，另一个献出四万两充当军饷，这钱是从天上掉下来？所以乾隆断定，王亶望和王廷赞积累的钱财，一定是在甘肃收捐监粮中贪污而来的。

六月，乾隆又接到阿桂的奏折，说他在行军途中，连续遇到几天的滂沱大雨。和珅之前入甘时呈上的奏折上也提到，才走到第一站就阴雨绵绵。乾隆马上忆起过去勒尔谨和王亶望每隔几天就奏报说，甘肃旱灾连年，树木都要烤焦了，不得不打开仓库，将里头储放的六十二万石捐监麦、豆拿出来赈济灾民。

乾隆越想越觉得不对劲，勒尔谨、王亶望和王廷赞三人猫腻多多。于是命令李侍尧和阿桂，密查王亶望等三人是否贪赃枉法。李侍尧做过大贪官，对官场那几招轻车熟路，叫来甘肃按察使福宁，没几下就让他全盘托出自王亶望以来，甘肃全省官员近几年冒赈贪赃的内情。这就是乾隆“以贪治贪”的典故。

我被勒尔谨、王亶望、王廷赞三个家伙蒙骗了七年啊！这是千古罕有的奇耻大辱啊！乾隆暴跳如雷，立即诏令，将勒尔谨、王廷赞抓到刑部大堂审讯。

在审问时，勒尔谨虽说认罪，但只以一句“我一时糊涂”搪塞过去。王廷赞见无法瞒下去了，狡辩说无论捐银，还是捐豆、麦，都有收据，企图把责任推给勒尔谨。

在浙江受审的王亶望则抵赖说，规定商民捐监只收白银，不收豆、麦，那是因为捐监的人实在太少，不得已为之。至于借机分肥，中饱私囊，绝无此事。三人绕来绕去，捉迷藏似的，结果一连审问了几天，什么也没有问出来。

六月底，王亶望被押解到北京，即刻送至热河，由乾隆亲自廷审。王亶望在乾隆的连续逼问之下，精神崩溃，如实供出了他在甘肃布政使上捏造灾荒、折银冒赈的罪行。

七月，乾隆圣裁，甘肃冒赈案事实清楚、证据确凿，主犯王亶望斩立决、王廷赞绞刑、勒尔谨赐自尽。王亶望的儿子王裘等夺官，流放伊犁。几名幼子暂禁刑部监狱，待年满十二岁时再流配。

甘肃冒赈案简直就是一台惨不忍睹的绞肉机，到最后被处死的官员合计五十六人，演变为一场恐怖的血案。除了王亶望三人外，还有知府、道员五人，同知、知州八人，通判二人，知县三十五人，县丞三人。刑场上顿时尸堆如山。另有四十六人免死流放，大都是知县。革职、杖流、病故、畏罪自杀也有数十人。甘肃一省州县以上高官无人不贪，几乎被斩杀干净，各级署衙为之一空。

李侍尧再趁热打铁、顺藤摸瓜，又揪出了一大批贪官污吏，结果兰州监狱里人满为患。李侍尧不得不将其中已判死刑的七十四人转移到京城的刑部监狱。一次就宰掉了这么多人，连乾隆也看不下了。后来这批罪犯得到了乾隆的恩典，免死发配黑龙江。

王亶望抄家时缴获自财不可胜数，除了珍珠、玉器、窃占田地之外，查出的金银、房产、店铺，变卖之后共银一百零八万七千余两。其全部家产超过三百万两，连王亶望自己也承认，家里资产本不多，都是靠做官贪污受贿而来的。王亶望是个不折不扣的巨贪大腐。在清查王亶望的家产时，又冒出一宗不大不小的贪污案，闽浙总督陈辉祖用调包计，以金换银，隐瞒玉器，私吞赃银一千六百两，被乾隆赐死。

王亶望、王廷赞负责甘肃捐监事宜前后五、六年，捐监生超过三十万名，按每名捐银五十五两计，折收银在一千五百万两以上，约占大清全国年收入的三成。如此持续时间之长、范围之广、危害之大，堪称清朝立国以来第一特大贪污案。

数不清的人被卷进了一场血光之灾，有两个人却成了最大的受益者。一个是李侍尧，因办理甘肃冒赈案立下特等功，被加封为太子太保，从一个死缓刑犯摇身变为国之重臣，走向了人生的辉煌。另一个是大内高手和珅，也在此案中脱颖而出，成为一颗冉冉上升的政治明星。

第 6 节　“贪污之王”和珅

在《华尔街日报》评出的“千年来世界最富有的五十人”，和珅这颗耀眼灿烂的政治明星也赫赫在列。

但是这个首富的早年经历却很心酸。公元 1750 年，和珅出生在一个满族旗人家庭。他的老爹叫常保，是八旗副都统。他的生母是河道总督嘉谟之女，在和珅三岁时又产下和珅的弟弟和琳，但因难产撒手人寰。和珅九岁时，父亲常保又弃世，从此哥儿俩过着相依为命的苦日子。十岁时，和珅考上咸安官官学，常常被同学欺凌，吃尽了苦头。公元 1768 年，和珅时来运转，他娶了直隶总督冯英廉的孙女冯霁雯，从此仕途顺畅。

随后和珅虽然在顺天乡试中落榜，但是却承袭了三等轻车都尉的世职。三年后，补授三等侍卫，总算谋上一官半职。公元 1775 年，和珅担任乾清门侍卫，兼授正蓝旗满洲副都，成了乾隆的贴身保镖。和珅的荣华富贵，就是从这一刻开始的。

有关乾隆跟和珅的第一次相识，有多种说法，但是情节雷同。比较靠谱的是清末陈康祺《郎潜纪闻》的记载。有一回，和珅护送乾隆出宫。乾隆在马车上批阅边关守将的奏疏，突然间有人跑来报告说，一个很重要的犯人越狱了！乾隆有点不悦，随口说出了《论语》中的一句话，“虎兕出于柙”。两侧的那些警卫书读得少，根本就听不懂皇帝在说什么。只有一个和珅回答说，老爷子在骂监狱的负责人失职！乾隆非常高兴，难得有一个知音，就跟和珅拉家常。和珅能说会道，四书五经也是倒背如流。从此，乾隆对和珅另眼相看，并不断给他加官进爵。

从公元 1776 年起，和珅如坐直升机似的，扶摇直上。正月，被提拔为户部右侍郎。三月，成了军机大臣。四月，又被任命大内总管，是整个皇宫的管家。十一月，充任国史馆副总裁。十二月，又总管内务府三旗事务，垄断了内务府这个油水最肥部门的一切权力。次年正月，又被授予吏部右侍郎，负责处理云贵总督李侍尧贪污案。由于李侍尧是豪门之后，最瞧不起像和珅那样身份卑微的子弟。和珅就挟公报私，串通李侍尧的手下，狠狠地整了他一回。和珅引用《大清律例》，判处李侍尧斩监候（死刑缓期）。在抄家时，和珅还将李侍尧及其党羽的部分家产据为私有。

公元 1780 年，和珅春风得意马蹄疾。五岁的儿子丰绅殷德被乾隆指定为十公主的驸马，赏戴红绒结顶，双眼孔雀翎，穿金线花褂。和珅蹿升户部尚书，兼议政大臣。势力迅速崛起，令朝中百官大跌眼镜。和珅也从此时开始，由一个清官堕落为贪腐分子。他广植党羽，结成了一个势力强大的腐败集团。甚至连老对手李侍尧也加盟了和珅的腐败集团。和珅怙宠卖权，肆意贪赃枉法，残酷镇压不同政见者，搞得朝野人心不安。陕西有位士大夫上疏弹劾和珅，结果被满门抄斩。

公元 1781 年，和珅奉命西赴甘肃镇压回民暴动，回来之后又兼任兵部尚书、管理户部三库，和珅在朝中的权位进一步得到加强。此后，和珅的官运一路走高，几乎年年有提拔。公元 1782 年，因查办山东巡抚国泰、布政使于易简贪腐案，加太子太保，充经筵讲官。次年，赐双眼花翎，充国史馆正总裁、文渊阁提举阁事、清字经馆总裁。旋即调任吏部尚书、协办大学士，管理户部如故，垄断全国的官吏铨选大权以及财政大权。

和珅势力的不断崛起，彻底改变朝中的权力结构，出现了三足鼎立的局面，阿桂为首的武官集团、刘墉和钱沣为首的文官集团、和珅为首的贪官集团。阿桂武官集团由于经常出外征战，朝政就成了和珅贪官集团跟刘墉文官集团的天下，这两大集团为了争权夺势，冷战不断，基本上是和珅集团占上风。

和珅集团除了霸持朝政之外，还把黑手伸向全国各地的商人阶层。他们利用威逼、诱惑等手段，勾结黑社会恶势力，将商人阶层强行纳入自己的保护伞之下，征收苛重的保护费。有浙江富商陈某，因拒绝缴纳保护费，结果一夜之间全家惨遭灭门，资财全部被掠走。更可恶的是，和珅还逼良为娼、拐卖儿童，垄断盐铁、米粮，牟取暴利，干下了数不清丧尽天良的事。

和珅凭借着强盗式掠夺的卑劣手段，疯狂敛财，势力得到不断扩充、壮大，于是对阿桂武官集团、刘墉文官集团展开疯狂进攻。公元 1778 年，和珅弹劾阿桂的儿子兵部侍郎、成都将军阿迪斯贪赃枉法，矛头直指阿桂。结果阿迪斯被夺官发配伊犁充军，阿桂受到牵累，降二级留任。和珅乘胜追击，将武官集团的人马斩杀过半。

两年之后，和珅就任四库全书馆正总裁，利用手中的特权来一个突然袭击，大兴文字狱，给一批批文官戴上“私藏逆书”、“禁逆不力”等大逆不道的黑帽子，加以残酷迫害。

公元 1786 年，不甘失利的文官集团开始反扑。御史曹锡宝准备趁着乾隆在热河避暑，上疏弹劾和珅的家奴刘全恃势营私，生活腐化，衣服、车马、房屋都超过了规定的标准。不料，和珅的耳目吴省钦向和珅泄密。狡猾的和珅让刘全预先毁掉豪华的房屋，结果乾隆派人调查时查无实据，曹锡宝偷鸡不成蚀把米，被革职留任。和珅不但安然无恙，反而进封一等男，“宠遇愈隆，威势日加”。曹锡宝事件表明，和珅贪官集团在朝廷斗争中已占尽绝对的优势。

和珅的党羽亲信非常之多，盘根错节，就像一只八脚章鱼牢牢地抓住猎物，没有谁能够撼得动。其骨干分子包括弟弟和琳、国泰、毕沅、李侍尧、福长安、吴省钦、吴省兰兄弟等十二人。弟弟和琳更是骁勇善战，多次跟随名将福康安东征西讨，屡立战功，官居兵部侍郎，手握军权，是和珅最锐利的爪牙。兄弟俩作威作福，打击政敌的手段异常狠辣，就连阿桂这样德高望重的勋贵重臣，对和珅也是忌惮三分。

和珅通过遍及全国各地的党羽，各种资源在他手中得到了整合，乃至于拥有跟皇帝叫板的实力，成了一个名副其实的政治寡头。和珅担任军机大臣、领侍卫内大臣，掌管了整座紫禁城，从最有油水的内务府，到万园之园——圆明园，再到茶膳房、太医院、造办处、上驷院等等。在军事上，弟弟和琳官居兵部侍郎，和珅自己也做过京师步军统领，禁卫军中的两支特种兵——健锐营和火器营，几乎成了“和家军”。在经济上，和珅做过户部尚书，兼任崇文门监督长达八年。崇文门税关，是京城的税收总机关，负责征收北京九大城门的商品出入税，是全国最大的税关，油水多得让你捞到手软。和珅垮台后，有关部门做了个统计，崇文门税关每年税额超过十七万两白银，在全国三十个税关之中排名第四，仅次于粤海关、九江关和浒墅关。但是和珅还不知足，又通过广东十三行，垄断海外贸易。在文化上，和珅担任《四库全书》正总裁，又控制科举，读书人想做官得找和珅，做了官也要依附和珅。再加上跟乾隆皇帝结成儿女亲家，和珅更是如虎添翼，权倾天下，无人匹比。

随着和珅的地位不断攀升，其贪欲也越来越大，敛财花样百出。他为人悭吝刻薄，六亲不认，是一个天生的守财奴，堪比法国大文豪笔下的欧也妮－葛朗台。舅舅向和珅借贷，用京城里的三处店铺做抵押，后来无力偿还，店铺就被和珅没收、侵占。和珅的继外祖父伍弥泰向他借钱，也被迫拿出田契来抵押。和珅放贷，无论是亲是友，一律高利息。和珅还有一个舅舅向他贷款一万五千两白银，月利息竟然高达一分，四个月后本息合计两万一千两白银。

除了放高利贷，和珅敛财最有效的手段就是议罪银了。议罪银，又称罚银，出现在乾隆中期之后，那些高官犯了错误，贪污受贿、打了败仗什么的，只要缴纳一笔巨额赎罪金，就可以花钱消灾买平安。而乾隆后期是腐败案件高发期，大大小小受处分的官员多如牛毛，不可胜数。他们为了逃脱责罚，纷纷缴纳罚银。赎罪金的数额不定，依你可承受的经济状况而定，通常都是数万两以上。在清代，并不是人人都可以把奏疏直接呈送给皇帝的。中低层官员上一道奏折，要由有奏事资格的上级代为呈递。即使是有奏事资格的高官，往往因为身负重罪或其他原因，也不得不由他人代奏。上缴议罪银也是一样。和珅凭着跟乾隆的特殊关系，成为那些犯罪官员代奏缴银的最佳人选。如公元 1782 年，和珅代福建巡抚杨魁缴纳议罪银五万两。公元 1784 年，和珅代湖北按察史李天培缴罚银四万两。公元 1786 年，和珅代大贪官山西巡抚福崧等缴纳的议罪银更是高达二十万两。和珅通过代理缴纳，从中捞取巨额回扣。而且和珅掌管的内务府承担了议罪银的具体收缴事宜，近水楼台先得月，睡在一堆堆金山、银山上，和珅鼠窃狗盗之辈，焉能不怦然心动？就像动用自家的钱财那样随心所欲，想拿多少就拿多少。

公元 1795 年川、陕等地爆发了白莲教起义，朝廷派去征剿的各路将领有意拖延，借以要挟皇帝，捞取更多的军费。和珅趁机倒打一把，向皇帝谎报战功，而后向各路将领勒索重贿。上下沆瀣一气，勾心斗角，结果贻误战机，白莲教起义愈加猛烈，终于一发而不可收拾。

地方进献给乾隆的宝物，都要经过和珅之手，上品留给自己，次品才转给皇帝。和珅对财物的迷恋，如痴如狂。即便是乾隆的御品，只要和珅看上的，就会不择手段窃为私有。公元 1789 年，清军统帅孙士毅从越南回到京城，要将一个鼻烟壶献给皇帝，正好在宫门外碰到值班的和珅。和珅看那鼻烟壶是用一颗鸟蛋大的珍珠精心雕琢而成，贪念顿起，就厚起脸皮索取。孙士毅难为情地说，已经名列清单要献给皇帝了。孰料几天之后，和珅偷偷地把孙士毅拉到一旁，说给他看个宝物。孙士毅一瞧，差点儿晕倒，正是自己献上去的那个珍珠鼻烟壶。孙士毅刚开始以为是皇帝赏赐给和珅，后来调查了好久，才知道和珅有个贼性，见到自己喜欢的东西，无论主人是谁，都会顺手牵羊。和珅简直就是一只见血就吸的苍蝇。

公元 1796 年，领班大学士阿桂年老退居二线，从此和珅跃升为首席军机大臣。这时候乾隆虽然已经禅让给儿子嘉庆，但是正如他自己所说，"大事还是我办。"而乾隆对和珅的宠幸更是达到登峰造极的地步。由于乾隆年迈衰老，智力迟钝，连话也说不清，一切全靠和珅这个代言人，跟外界联系。和珅倚老卖老，狐假虎威，甚至矫传乾隆旨意，对嘉庆和其他大臣发号施令。就连嘉庆见了和珅也是芒刺在背。

第二年，阿桂去世，武官集团群龙无首，被和珅并吞。文官集团也只剩下刘墉和董诰，只能背地里发发牢骚，不敢公开跟和珅对着干，朝中再也无人跟和珅抗衡。这时候乾隆、嘉庆父子形同傀儡，一个痴呆症，一个恐惧症，和珅这边假传乾隆旨意，那边哄骗嘉庆，左右逢源，实际上是那个特殊年代的当权者。七次跟和珅会面的英国使者马戛尔尼曾经一针见血地说，和珅就是大清帝国的"二皇帝"。

公元1799年正月，乾隆临终前，晋封和珅为一等嘉勇公，这也是和珅一生的巅峰。正月初三，随着靠山乾隆皇帝的轰然倒塌，和珅也从巅峰坠落下来，摔得骨肉纷飞。对和珅积怨已久的嘉庆及其大臣们，决定进行秋后总算账。

乾隆尸骨未寒，嘉庆就迫不及待地解除了和珅的军权，把他软禁在宫中。初四，嘉庆又解除和珅党羽解除福长安的军机大臣职务，同时削夺和珅首辅大学士、领班军机大臣、步军统领、九门提督等职。和珅顿时成了一条被拔掉毒牙的毒蛇，任人宰割了。初五，给事中王念孙等弹劾和珅擅权专政，胡作非为，对和珅的秋后总算帐开始了。初八，嘉庆宣布逮捕和珅，把他打入刑部大牢。三天后，对和珅进行大抄家。十三日，抄家结束，当晚公布和珅的二十条罪状。十八日，这个肆虐天下长达二十年的超级大贪官，被赐死于狱中。嘉庆仅用了半个月的时间，就漂漂亮亮地打赢了一场并无悬念的反腐战争。

但是对和珅家产的清算一直持续到三月底才结束。最后官方公布的和珅财产数字是：珍珠手串二百余串。银两及衣服等件，数逾千万。黄金三万三千五百余两，银三百万余两。和珅拥有的房产也是惊人，合计有收租房屋一千间，收租田产一千二百余顷。当时有句话，"和珅跌倒，嘉庆吃饱"。和珅的财产总计超过白银八亿两（约人民币一百六、七十亿元），是当时的世界首富，相当于大清帝国十二年的财政收入。

和珅生前在蓟州为自己修筑的坟陵异常广阔、豪华，"外围墙长二百丈，内围墙一百三十丈，内有石门楼一座、石门两扇，前开隧道，正屋五间，偕称享殿。东西厢房各五间，偕称配殿。大门一座，膺称宫门。其门扇、梁攘均系红油非金彩画，门用金包钉，梁棺五彩，描画有金游龙。"

结果也被嘉庆夷为平地。

借着铲除和珅贪腐势力这股东风，嘉庆又大张旗鼓，整饬吏治。他一口气将全国八大总督撤换了五个，两江总督、陕甘总督、闽浙总督、湖广总督和云贵总督。不久又撤换了掌控全国经济大动脉的漕运总督、河道总督。

嘉庆在位二十五年，共惩处重大贪腐案件十来宗。除了和珅之外，尚有湖南布政使郑源璹擅自非法加征、侵吞税银超过八万两，湖北安襄郧道台胡齐仑贪污军费三万两，云贵总督兼漕运总督富纲恶意勒索、摊派数万两等等。处死首犯九名，其中正二品的高官两名（云贵总督富纲、刑部侍郎广兴）。在惩治贪腐分子的同时，嘉庆也大力提倡廉政建设，身体力行，禁止地方进贡宝物。

但是嘉庆瞻前顾后，欠缺杀伐决断的气魄。最明显的像和珅案中，嘉庆一味强调，只惩办罪魁和珅一人，对其党羽过于宽容。和珅的得力干将福长安说好了要将他处斩，没几天嘉庆就改变了主意，不但还给被抄的家产，而且还提拔为员外郎。

在惩办巨贪大腐中，嘉庆也是慈爱多于严酷，常常只有头口警告，以“下不为例”来恫吓。但贪腐分子都是狼子野心之辈，虚张声势是吓不倒他们的。结果嘉庆一朝反贪反腐的格局是“吏治欲肃而未肃”，雷声大雨点小。

道光以后，腐朽的封建制度已经逐渐走向末路，清政府的吏治腐败已到了无以复加的地步。庞大的清帝国成了一个病疴缠身的巨人，看起来可怕，却是一只纸老虎，很快就被西方殖民主义者的坚船利炮击得支离破碎。民族危机空前严重，清廷沦为西方列强统治中华民族的傀儡工具，仰人鼻息，苟延残喘。到了慈禧太后专政的时代，“量中华之物力、结与国之欢心。”讨好、取悦西方列强，成了清政府的首要任务。皇权威严彻底丧失，惩贪惩腐已成虚妄，无从谈起。终于革命党人在武昌一声炮响，大清土崩瓦解，化为碎片，埋葬在臭不可闻的腐烂气息深处。

进入了民国时期，延续满清末年兵荒马乱、内忧外患、民不聊生的乱世之象。各个时期的政府虽然也建立了反贪反腐机制，但是统治者往往带头贪腐，最终都是流于形式、无功而返。千里之堤，毁于蚁穴。短暂的三十八年，首先从反贪反腐的失控开始，迅速滑向政治、经济和军事的全线失控。老百姓怨声载道，最终导致全国性吏治的大崩溃和政权的大瓦解，又呈现出历史上封建王朝的兴亡周期律。

殷鉴不远。中国共产党在建国以后经历了多次全国性规模的反腐败斗争，日益树立起“为官不贪，为人民服务”的时代新风尚，这才彻底跳出封建王朝“兴亡周期律”的怪圈，砥砺奋进，以崭新、强劲的步伐，昂首迈向中国梦！